本书获中国社会科学院出版基金资助

迷局背后的博弈
——WTO新一轮农业谈判问题剖析

BEHIND THE PERPLEXED SITUATION:
AN ANALYSIS OF DOHA AGRICULTURE NEGOTIATION

翁 鸣/著

社会科学文献出版社
SOCIAL SCIENCES ACADEMIC PRESS (CHINA)

CONTENTS 目 录

导 论 ·· 1
  一　研究的背景和意义 ··· 1
  二　研究的主要内容 ··· 3
  三　本书的结构 ··· 6
  四　研究的基本思路与方法 ·· 8
  五　本书可能的贡献和有待进一步研究的问题 ················· 9

上　篇

第一章　WTO 新一轮农业谈判过程概述 ························· 13
  一　新一轮农业谈判的主要成员 ································· 13
  二　新一轮农业谈判的主要阶段 ································· 17

第二章　新一轮农业谈判的矛盾分歧及其分析 ················· 23
  一　两大主要矛盾 ·· 23
  二　分歧焦点 ·· 26
  三　不同关税削减方案的分歧及其影响 ························ 32
  四　不同国内支持削减方案的分歧及其影响 ·················· 37

第三章　世界农产品贸易不平衡性及其内在矛盾 ············· 41
  一　发达成员与发展中成员的农产品贸易不平衡性 ········ 41

二　出口成员与进口成员的农产品贸易不平衡性 …………… 44
　　三　美国、凯恩斯集团和欧盟之间的农产品贸易关系 ………… 51

第四章　新一轮农业谈判的非贸易关注问题 ………………………… 56
　　一　WTO 主要成员的立场差异 ………………………………… 56
　　二　农业多功能性与非贸易关注 ………………………………… 60
　　三　非贸易关注涉及的粮食安全问题 …………………………… 63
　　四　非贸易关注涉及的动物福利问题 …………………………… 67
　　五　对非贸易关注的几点认识 …………………………………… 71

中　篇

第五章　美国农业谈判的目标、策略及其影响因素 ………………… 75
　　一　美国农业提案及其现实和理论基础 ………………………… 75
　　二　美国农业政策与农业谈判策略 ……………………………… 81
　　三　美国农业谈判的贸易和政治因素 …………………………… 87
　　四　对美国农业谈判的几点看法 ………………………………… 91

第六章　日本农业谈判提案的理论基础及主要内容 ………………… 95
　　一　日本农业提案的理论基础 …………………………………… 95
　　二　日本农业提案的主要内容 …………………………………… 104
　　三　对日本农业谈判的几点看法 ………………………………… 111

第七章　欧盟农业谈判提案及其主要影响因素 ……………………… 115
　　一　欧盟农业谈判提案及其现实基础 …………………………… 115
　　二　欧盟农业谈判提案的政策基础 ……………………………… 123

三　影响欧盟农业谈判的其他重要因素 …………………… 129
　　四　对欧盟农业谈判的几点看法 ……………………………… 132

第八章　澳大利亚农业谈判的目标、基础及策略 ………………… 134
　　一　澳大利亚农业提案及其现实基础 ………………………… 134
　　二　澳大利亚农业提案的国内政策基础 ……………………… 139
　　三　澳大利亚农业谈判的一些策略和做法 …………………… 148
　　四　澳大利亚经验的启示与借鉴 ……………………………… 151

第九章　印度农业谈判的主要内容及其影响因素 ………………… 154
　　一　印度农业谈判的基本立场 ………………………………… 154
　　二　印度农业提案的主要内容 ………………………………… 156
　　三　印度农业谈判的现实基础 ………………………………… 160
　　四　印度经验的启示与借鉴 …………………………………… 167

下　篇

第十章　新一轮农业谈判对中国农产品进口的影响 ……………… 171
　　一　中国农产品关税税率的分布及其分析 …………………… 171
　　二　相关谈判提案对中国农产品关税削减的模拟结果 ……… 176
　　三　新一轮农业谈判对中国农产品进口影响的分析 ………… 179

第十一章　新一轮农业谈判对中国农产品出口的影响 …………… 184
　　一　新一轮农业谈判对中国农产品出口的机遇 ……………… 184
　　二　从日本市场看中国农产品出口增长的可能性 …………… 188
　　三　影响中国农产品出口的一些不利因素 …………………… 192

第十二章　经济全球化视角下的中国农业发展 …………… 198
　一　新一轮农业谈判的前景及其思考 ………………………… 198
　二　关于中国农业发展的政策建议 …………………………… 206

主要参考文献 ……………………………………………………… 214

后　记 ……………………………………………………………… 218

导 论

一 研究的背景和意义

2001年11月,在卡塔尔首都多哈举行的世界贸易组织(WTO)第四次部长会议启动了多边贸易谈判。新一轮多边贸易谈判又称"多哈发展议程",或简称"多哈回合"。"多哈回合"原计划在2005年1月1日之前结束,由于各成员在农业等问题上未能达成一致意见,使"多哈回合"谈判陷入困境。农业谈判既是新一轮多边贸易谈判中较早启动的领域,也是各成员之间矛盾和分歧相当突出的领域。农业谈判是否顺利进行和早日完成,对未来"多哈回合"谈判的总体进展发挥关键性作用。

农产品是人类赖以生存的基本生活资料,农业是解决人类生存的生产部门,无论对于发达国家还是发展中国家都具有决定性意义,所以WTO成员都竭尽全力为本国(本地区)农业争取最有利的方案。在这种背景下,农业谈判不仅错综复杂而且各方利益之争异常激烈,这里既有发达成员与发展中成员之间的利益矛盾和冲突,又有农产品出口成员与农产品进口成员之间的利益矛盾和冲突;既有发达成员之间的利益之争,也包括发展中成员之间的利益之争。就某个具体议题而言,每一个成员可能选择与自己立场相近的其他成员，组成相关的利益团队与谈判对手讨价还价。

跨入WTO大门，这只是在更大的国际贸易舞台上的一个新起点。中国成为WTO的正式成员后，面临的新一轮农业谈判任务十分繁重，这不仅仅是作为一个新成员的经验有限，而且还与当时被迫做出一些让步有关。作为世界人口大国和农业大国，中国农业发展与新一轮农业谈判有着紧密的关联，WTO农业政策走向与中国农民的经济利益密切相关，我们需要认真研究和应对。如何预见和把握农业谈判的发展趋势，构建适合基本国情的农业谈判战略，以及制定具有科学性和针对性的谈判提案等等，这些都成为我们迫切需要研究的现实问题。本项研究是在这种大背景下立项，有关部委提出了一些具体要求和建议，他们希望研究成果有助于实际工作。

在中国加入WTO前后的一段时间内，国内学术界对农业谈判问题进行了不少研究，其中包括农业提案论证，特别是对农业谈判中涉及的某些农产品进行了模拟运算，这对我国参与新一轮农业谈判提供了有力的智力支持并发挥了积极作用。但是这种短期政策研究并不能代替中长期战略研究，尤其是在"多哈回合"谈判一拖再拖的情况下，更是需要了解和把握其他主要成员的出牌意图，以及未来可能出现的发展趋势。同时，尽管有些学者描述和介绍了国外农业和WTO农业政策，也做过一些相应的分析，但是尚未从整体上形成WTO农业谈判的战略研究，正因为这一原因，本项研究具有一些新意和价值。

从理论意义上看，农业谈判关系到未来的国际农业环境和WTO农业政策，关系到农业保护和农业发展，一些发达国家高度重视农业理论研究，特别是农业谈判的战略思想和理念研究，并精心构建了适合于本国情况的农业谈判方案和策略，使理论研究与方案设计紧密结合，充分发挥了理论研究指导实践的作用。与发达国家相比较，我国对农业谈判的战略思想和理念研究十分薄弱，包括对国内外农业谈判战略思想研究，甚至尚未展开真正的研究。从这个意义上讲，本项研究具有一定的开创性和探索性。它至少可以告诉读者几点：一是发达国家是如何根据本国的实际情况，在理论创新的基础上构建其农业谈判理念、战略和方案的；二是WTO农业谈判的实质是对未来世界农业利益的博弈，其引申意义在于外国理论和谈判方案都是与一定的国家利益、集团利益相联系，是否适合中国农业发展则需要认真思考和鉴别；三是开展我国农业谈判战略的学术研究不仅重要而且紧迫，关键在于将中国农业发展理论创新与农业谈判实际有机结合起来，既充分体现中国农业的发展方向，又有完整、扎实和创新的理论内容；既能对国内农业有较强的指导作用，又对其他成员有相当的说服力。

从现实意义上看，是否具有适合本国国情、系统的理论作为指导，是否具有以理论为基础的农业谈判方案，在农业谈判中的效果是有差别的。过去我国过分强调领导决策而轻视学术研究、公众意见，其结果必然会造成一些不必要的损失，以及缺少对不可避免损失的评估和补救。理论的价值在于为社会实践提供正确的指导，因为我们缺少完整的农业谈判战略研究，所以在对农业谈判工作的指导上不免出现"理论枯竭"。为我国参加新一轮农业谈判服务，这是我们研究的现实意义所在。本项研究在理论运用于实践上有一定的新意，至少可以告诉读者几点：一是发达国家是如何将理论创新与基本国情相结合，以及理论创新运用于农业谈判实践；二是发达国家是如何听取、收集和利用社会公众的智慧和力量，以实现政府的目标和计划；三是WTO主要成员的一些具体制度、法规、政策和做法值得我们借鉴和学习。

从目前掌握的文献资料看，我国学术界对新一轮农业谈判战略研究很少。这可能与以下几个原因有关：一是农业谈判战略研究对象的工作量极大，这里不仅涉及一个国家或地区，而且涉及几十个国家或地区；不仅涉及大量繁杂的资料（包括极为繁琐的计算任务），而且这些资料往往更新很快，使得研究者往往难以驾驭和把握；二是各国农业差异很大，农业谈判战略思想与理论基础也差异很大，客观上需要我们从多学科、多方面和多角度来进行深入研究，而不是仅仅局限于农业经济学或经济学的范围内，这在相当程度上提升了研究的难度。由于上述原因，也从另一个角度反映了本项研究的意义和价值。

二　研究的主要内容

首先，本书从整体的视角对新一轮农业谈判进行描述和分析。在吸收和借鉴国内外相关研究和资料的基础上,进一步剖析影响农业谈判的两大主要矛盾和三大支柱的分歧焦点。在农业谈判中,农产品进出口是基本的、主要的内容,出口成员和进口成员理所当然地成为贸易谈判的两大对手,与此相对应,农产品出口成员与进口成员的矛盾是多哈回合农业谈判的主要矛盾之一。同时,由于 WTO 成员经济发展水平的差距,发达成员与发展中成员对本国(地区)农业支持的力度有很大差别,直接影响各成员的农业保护和农业竞争力。这种源自于经济发展水平差距的发达成员与发展中成员的矛盾,则是多哈回合农业谈判的另一个主要矛盾。在上述两大矛盾的背景下,各方在农业谈判的分歧焦点主要集中在市场准入、国内支持和竞争出口三大问题。市场准入是农业谈判的核心问题,也是农产品出口成员与进口成员激烈争论的一个焦点。国内支持是农业谈判的主要问题,也是 WTO 成员之间激烈争论的另一个焦点。相对而言,出口竞争问题已达成妥协方案,各方原则上就完全取消出口补贴的时间表达成了一致意见。在对主要成员方案分析的基础上,我们认为:各方立场和观点是基于各自的利益,并因为具体议题而发生相应的变化,这是造成农业谈判的复杂性、艰难性和不确定性的根本原因。

其次,本书从部分的视角对新一轮农业谈判的主要矛盾进行探索,即对主要成员进行描述和分析。我们选取美国、欧盟、日本、澳大利亚、印度为对象,因为这些成员不仅是多哈回合农业谈判的主要成员,而且还是谈判过程中主要矛盾双方的典型代表。其中,日本是作为 G10 的主要代表,澳大利亚是作为凯恩斯集团的领头羊,印度是作为 G20 的主要发起者和主要代表。本书对上述成员的农业资源、农业生产、农产品供给和消费、国内政策、财政支农、农产品贸易等,结合其农业谈判提案进行了较为细致的分析,力求梳理和归纳出这些成员参加农业谈判的基本立场、观点和态度,从而把握主要成员参加农业谈判的目标、战略和策略,以此解释农业谈判过程的主要矛盾和分歧产生的重要原因。以美国农业谈判为例,从对美国农业提案分析入手,揭示了美国在新一轮农业谈判的核心目标是扩大市场准入,即通过进一步开放世界农产品进口市场的大门,达到实现美国农业集团出口更多农产品的目的。美国农业提案反映了美国现实经济的需要,其目的是为美国经济利益服务。美国农业生产与农产品贸易存在着这样的逻辑关系:美国农业生产力高度发达,其主要农产品供给远远超过国内消费需要，形成了部分农产品的绝对剩余，客观上需要借助于对外出口来完成消化剩余农产品的任务。同时，美国主要农产品具有很强的国际竞争力，有能力在国际市场竞争中完成这一任务。随着美国农业生产力进一步提高，农产品输出的任务更加繁重和迫切，拓展农产品国际市场就成为关键环节。美国主要农产品出口的可能性和必要性，决定了美国农业谈判必然成为其拓展国际市场的前沿阵地，美国为其经济利益与谈判对手展开了激烈争辩。再以日本农业谈判提案为例，作为处于农业资源匮乏和农业竞争力弱势地位的国家，日本深感新一轮农业谈判可能带来较大的冲击，为了保护本国农业发展，迫切需要制定针对性强、有说服力的谈判方案，所以日本选择和构建相应的理论支柱就成为其关键所在。日本农业谈判提案的理论是以农业保护为核心，包括农业多功能性、粮食安全、贸易均衡性等观点。这些观点既有独立的视角，每一个观点都与有关的提案内容相对应，同时不同部分之间又有内在的联系，由此构成了一个既有理论观点支撑，又有谈判对策的整体方案，并为日本农政改革所需要的外部环境进行了积极争取。

本书最后从中国的视角来分析新一轮农业谈判可能带来的负面影响，并在经济全球化的视角下得出一些看法和结论。我们根据公开出版的《中华人民共和国海关进出口税则》（2008年版）和WTO有关农产品范围的规定，并以2007年WTO农业委员会主席提出的农产品关税削减方案，对我国农产品进口关税进行模拟削减。其模拟结果表明：在假设主席方案的情况下，新一轮农业谈判关税削减可能对我国产生负面影响，主要还是粮棉油糖等大宗农产品，这些农产品基本上是土地密集型农产品，也是我国比较优势和竞争优势比较薄弱的农产品。这些关系到13亿人民生存安全的重要农产品，随着关税保护程度的下降，受到国外农产品冲击程度也随之增加，所以我们不仅需要加强粮棉油糖综合生产能力建设，而且需要认真准备农业谈判并争取最佳的谈判结果。日本作为我国农产品出口第一大海外市场，其农产品关税削减与我国农产品出口增长关系密切。我们以2007年主席方案为假设，对日本农产品关税进行模拟削减，从日本市场观察我国农产品出口增长的可能性。作为150多个成员（集团）参与的世界多边贸易体系，WTO既有促进农产品资源优化配置和提高经济效率的积极作用，又在贸易制度中存在着一些不公平和不合理的因素；

我们既要利用WTO《农业协定》促进我国农产品出口贸易进一步发展，又要根据基本国情适当地调控农业进口贸易发展；我们既要运用和锁定新一轮农业谈判的积极成果，又要坚持不懈地为我国农业争取更多的实际利益。

三　本书的结构

本书分上、中、下三篇，共有导论和第一章至第十二章，它们分别是：

导论。本章介绍研究的背景和意义、研究的主要内容、研究的结构、研究的思路和方法、本书可能的贡献和有待深入研究的问题。

第一章：WTO新一轮农业谈判过程概述。本章主要回顾了多哈回合农业谈判的过程，即新一轮农业谈判开始至2007年这段时期的主要经历，包括农业谈判的主要阶段和主要成员，为全书研究提供一个背景材料。

第二章：新一轮农业谈判的矛盾分歧及其分析。本章主要针对农业谈判的两大矛盾和分歧焦点开展深入分析，并对不同关税削减方案和国内支持削减方案的分歧及其影响展开深入研究。

第三章：世界农产品贸易不平衡性及其内在矛盾。本章通过对发达成员与发展中成员的农产品贸易不平衡性、出口成员与进口成员的农产品贸易不平衡性，以及美国、凯恩斯和欧盟之间的农产品贸易不平衡性，揭示了世界农产品贸易和WTO体系存在着客观的、内在的、本质的矛盾。

第四章：新一轮农业谈判的非贸易关注问题。本章讨论了主要成员对非贸易关注的立场差异，并选择农业多功能性、粮食安全、动物福利等具体问题，分别论述了WTO主要成员对这些问题的不同态度、观点，以及相应的矛盾。

第五章：美国农业谈判的目标、策略及其影响因素。本章从美国农业提案开始，深入分析其核心目标和主要内容，并揭示农业提案的重要基础、相关政策和策略，以及重要的影响因素。主要内容包括：美国农业提案及其现实和理论基础，美国农业政策与农业谈判策略，美国农业谈判的贸易政治因素。

第六章：日本农业谈判提案的理论基础及主要内容。本章从日本的基本国情出发，结合日本提出的别具特色的理念和观点，对日本农业谈判提案进行了较为详细的分析。本章主要包括：日本农业提案的理论基础、日本农业提案的主要内容等。

第七章：欧盟农业谈判提案及其主要影响因素。本章针对欧盟成员的共同利益和本质特征，分析欧盟农业谈判提案与欧盟农业政策的内在联系。主要内容有：欧盟农业谈判提案及其现实基础，欧盟农业谈判提案的政策基础，影响欧盟农业谈判的一些其他重要因素等。

第八章：澳大利亚农业谈判的目标、基础及策略。本章从澳大利亚的基本国情出发，分析其农业提案的现实基础和政策基础。主要内容包括：澳大利亚农业提案及其现实基础，澳大利亚农业提案的国内政策基础，澳大利亚农业谈判的一些策略和做法等。

第九章：印度农业谈判的主要内容及其影响因素。本章在印度农业现状的基础上，分析印度农业谈判的基本立场和战略思想。主要内容包括：印度农业谈判的基本立场，印度农业提案的主要内容，印度农业谈判的现实基础。

第十章：新一轮农业谈判对中国农产品进口的影响。本章以 WTO 农业委员会主席方案为依据，对我国农产品关税进行模拟削减，从而判断该方案对农产品进口的影响程度。主要内容包括：中国农产品关税税率的分布及其分析，相关谈判提案对中国农产品关税削减的模拟结果，新一轮农业谈判对中国农产品进口影响的分析。

第十一章：新一轮农业谈判对中国农产品出口的影响。本章以日本市场为对象，分析在日本关税削减的情况下，我国对日本出口农产品的条件变化。主要内容包括：新一轮农业谈判对中国农产品出口的机遇，从日本市场看中国农产品出口增长的可能性，影响中国农产品出口的一些不利因素。

第十二章：经济全球化视角下的中国农业发展。本章在全球经济一体化的大格局下，观察和思考新一轮农业谈判所遇到的困境，以及我们应对的策略。主要内容包括：新一轮农业谈判的前景及其思考，关于中国农业发展的政策建议。

四 研究的基本思路与方法

本书从多层次、多角度对新一轮农业谈判问题进行研究，这是由研究对象是一个巨大的集合体，它具有的复杂性和多变性特点所决定的。世界贸易组织共有150多个成员，每个成员的基本情况各不相同，这就决定了每个成员参加农业谈判的具体目标有所不同，采取的谈判战略和策略也有差别，而且针对不同的谈判问题形成的谈判阵营也会发生一些变化，以求谈判力量的整合和提高实际效果。尽管WTO各成员参加农业谈判的主要目的是为了经济利益，但是农业谈判本身涉及多个问题，包括谈判理念、观念、立场和策略等方面，并非仅仅局限于经济领域。

由于上述情况，我们需要拓宽研究的视野和思路，这是采取多学科、多角度、多层次相结合的重要原因。本书既运用了经济学方法，也运用了哲学、国际关系学等方法；既有定性分析，也有定量分析；既有通过数量估算来分析谈判方案产生的影响，也有用哲学方法对谈判和让步背后动机的分析；既有对主要成员谈判战略的经济分析，也有对主要成员谈判战略思想的概括。例如，本书运用矛盾分析法对新一轮农业谈判中主要矛盾和分歧焦点进行研究，运用逻辑学方法对主要矛盾和分歧产生的原因进行因果探求。运用定量分析的方法，预测新一轮农业谈判可能对我国农产品进出口带来的影响。

从全书的基本思路来看，首先从整体的视角，抓住新一轮农业谈判中的主要矛盾，即农产品出口成员与进口成员之间的矛盾、发达成员与发展中成员之间的矛盾，并运用矛盾分析法，对两大矛盾和分歧焦点的背后原因进行深层次的研究。这两大矛盾存在于世界农产品贸易基本格局之中，是由世界农产品贸易的不平衡性及其内在矛盾所决定的。为了进一步探究这些矛盾的来源，本书从部分的视角，对美国、日本、欧盟、澳大利亚、印度五个主要成员分别进行研究。他们不仅是世界上农业发展不同情况的典型代表，而且包括了农业谈判过程中针锋相对、互补让步的有关双方。通过对基本国情、发展现状、农业政策等分析，勾画出这些主要成员的农业谈判战略和相关策略，从而可以清晰地认识他们的战略思路和政策走向，同时可以从本质上认识和把握农业谈判的主要矛盾和分歧焦点。在上述研究的基础上，本书将研究的落脚点放在我国农产品贸易和农业发展问题上，即新一轮农业谈判可能对我国农产品进出口的影响。在全球经济一体化的发展趋势下，如何正确看待多哈回合农业谈判以及我们应对政策的思考。

五 本书可能的贡献和有待进一步研究的问题

多哈回合农业谈判涉及150多个成员的农业发展问题和相互之间的利益矛盾，突出这一研究领域的繁杂和多变特征，客观上要求我们在吸收已有科研成果和资料的基础上，进行研究途径和方法的创新，力争比较真实地反映农业谈判的主要矛盾和分歧，以及这些矛盾和分歧产生的深层原因，从而把握住新一轮农业谈判的本质和主线。本书的主要创新点有：

第一，研究视角上的新探索。随着中国加入WTO后，新一轮农业谈判问题研究更加专业、深入，但是基本上集中在某一时段具体谈判方案上，我国需要展开农业谈判战略性研究，特别是对一些主要成员的研究。本书基于这种背景和有关部门要求，在研究视角上做出较大的创新和拓展，不仅从整体的视角对农业谈判主要矛盾进行深入分析，而且从部分的视角论述美国、日本、欧盟、澳大利亚和印度这五个典型的主要成员，进一步探究其主要矛盾和分歧产生的原因。

第二，研究方法运用的创新。因为研究对象的庞大和复杂，以及涉及一些非经济问题，所以我们需要综合运用多种学科知识，进行有针对性、综合性的研究。从这个意义上讲，本书相对于以前的研究成果而言，在研究方法运用上有一些新的尝试，突破了传统的经济学范式研究模式。例如，本书运用矛盾分析法对农业谈判的主要矛盾进行分析；对日本农业谈判的理论观点进行一些哲学层面上的思考与分析。

第三，研究范围有相当拓展。由于研究对象的繁杂，以往的有关研究成果基本上局限于某个谈判方案的模拟和测算方面，或者描述性地介绍某一国家（集团）的农业政策，几乎不涉及这些政策背后的战略思想的研究。从这个意义上讲，本书在对新一轮农业谈判的主要矛盾和分歧研究的基础上，对五个主要成员的基本国情、农业现状和农业政策进行深入分析，从而把握这些主要成员有关农业谈判的战略思想和策略，并进一步解释了农业谈判主要矛盾产生的根源。

本书也存在很多有待进一步研究的问题，例如农产品与非农产品贸易在谈判中的关联性问题，对各成员内部不同利益集团之间的利益冲突讨论很少等等，这既有客观原因也有主观原因。需要我们不断努力，去完成尚未完成的研究任务。

上篇

第一章
WTO 新一轮农业谈判过程概述

多哈回合农业谈判启动以来,这一轮农业谈判经历了三个阶段,即议题谈判阶段、框架谈判阶段和模式谈判阶段。尽管谈判已经整整 7 年,但是由于各方分歧颇大,难以协调到各方取得一致的意见,使得原来预计的 WTO 谈判时间表不得不一再推迟,这充分反映出多哈农业谈判过程的艰难和曲折。对多哈农业谈判历程及其主要矛盾和焦点进行描述与分析,为整个课题研究提供了一个背景材料,有助于问题展开讨论。

一 新一轮农业谈判的主要成员

从新一轮农业谈判的主要成员构成来看,除了原有的美国、欧盟、凯恩斯集团、日本等主要成员外,还出现了一些新的变化和发展,一些代表发展中成员利益的协调组织的出现,尤其是 G20 集团在维护发展中成员利益方面的积极作用,在一定程度上改变了原来由西方发达国家决定或控制农业谈判的格局,这表明发展中国家力量开始崛起。另外,各方为更好地争取并维护自身利益,提升与谈判对手的要价筹码,往往加入立场相近的集团或同一些利益相近的成员组成新的集团。坎昆会议后,在农业谈判中集团化趋势更加显著[①],这些谈判集团及力量主要有美国和凯恩斯集团、欧盟和G10集团、G20集团以及关注特殊产品和特殊保障机制成员的联盟,此外,还有由身份重叠的最不发达成员集团、非洲集团和非洲—加勒比—太平洋国家集团的成员组成的松散型谈判组织。上述主要成员集团之间的谈判和博弈,决定了农业谈判的进展状况。

1. 美国和凯恩斯集团

这两个集团借助于拥有农产品竞争力较强的优势,试图利用新一轮农业谈判的机会,大力推行农产品贸易自由化。他们极力推动农产品市场开放,主张大幅度提高市场准入机会、实质性削减农产品关税和关税高峰。通过降低农产品关税,促进其农产品出口,以此保证本国农业生产发展和农村社会稳定,这是美国和凯恩斯集团的共同利益所在,也是他们希望实现的共同目标。从推进农产品贸易自由化的角度来看,美国和凯恩斯集团的态度最为积极,他们被称为农业谈判的进攻方。

美国是启动多哈回合农业谈判的主要力量,其核心目标是扩大市场准入。美国依靠其强大的经济实力,对农业的国内支持水平高,并实行通过出口信贷和粮食援助等隐蔽方式得到出口补贴。在多哈回合农业谈判中,美国既要维持对农业的一定水平的支持和补贴,在框架协议中提出"新蓝箱"概念,即虽然这种补贴不与产量挂钩,但与价格直接挂钩。美国反对严格在粮食援助和出口信贷等方面的纪律,为其实施农业补贴创造一个较大自由度的空间。与此同时,美国又极力要求大幅度削减农产品关税,为促进美国农产品出口海外市场创造更为有利的条件。美国强调自身利益,表示其国内支持的削减取决于其产品获得的市场准入机会。

凯恩斯集团是以出口为主导的谈判利益联盟,该集团既包括澳大利亚、新西兰、加拿大等发达成员,也包括巴西、阿根廷、智利、泰国、马来西亚等发展中成员。凯恩斯集团成员对国内农业的支持水平较低,这不仅反映一些发展中成员的农业支持水平低下,而且也反映澳大利亚等发达成员的农业支持水平相对比较低。因为凯恩斯集团成员具有共同的农业支持低水平的特点,所以该集团对农业改革的呼声最高,他们不仅主张大幅度

[①] 农业部农产品贸易办公室:《中国农产品贸易发展报告》,中国农业出版社,2006年8月,第117页。

削减农产品关税,而且要求大幅度削减乃至取消"黄箱"和"蓝箱"等相关国内支持措施,要求实现激进的农业贸易自由化,属于农业谈判的进攻方。但在国营贸易企业方面,澳大利亚、新西兰、加拿大等成员持防守战略。

2. 欧盟和 G10 集团

从总体上讲,这两个集团成员缺乏农业比较优势,这些成员的农业竞争力较弱,需要从国际市场进口较多的农产品。这些成员的农业生产主要集中在温带产品和畜牧产品,他们的农业谈判目标是尽力维持对农业的保护和支持,减少市场进一步开放带来的冲击。他们强调农业的特殊性和多功能性,要求对农业给予非贸易关注,即农业向社会提供农产品以外,还在环境保护、乡村社区生活方式、动物福利、历史遗产和文化教育等方面发挥重要作用。在市场准入方面,他们反对大幅度削减农产品关税,强调农业政策的灵活性,即 WTO 成员在不同产品之间有选择和调整的空间,以便保护重要产品。他们试图通过增加敏感产品数量、减少敏感产品关税、削减或配额数量扩大,最终实现保护本国农业的目的。

欧盟是贸易保护主义者的主要代表之一,他们主张渐进式农业改革,反对激进的农产品贸易自由化。欧盟曾坚持采用乌拉圭回合公式进行关税减让,提出削减国内支持不能影响其共同农业政策的改革;同意取消出口补贴,但附加了许多条件[①]。欧盟极力保护其敏感产品,防止扩大市场开放对其成员国农业的负面影响。他们希望对发展中成员进行再分类,提出发展中成员的特殊和差别待遇应当仅给予非洲集团和加勒比及太平洋等最不发达成员,并提出在发展中成员内一些相对比较发达的成员也应给予最不发达成员的零关税和免配额待遇。

G10 集团的农业谈判立场较欧盟更为保守,他们是在农产品贸易自由化的巨大压力下,不得不进行农业改革。由于日本、韩国、瑞士、挪威、冰岛、中国台湾、毛里求斯、以色列等成员所处地理环境、地理位置或耕地面积不理想等自然原因,其农业竞争力较弱,所以他们以保护国内农民利益为根本目的,竭力维护衰退中的农业产业,为此经常受到其他成员(特别是以出口为主导的凯恩斯集团成员)的批评和指责。G10 集团曾坚

[①] 农业部农产品贸易办公室:《中国农产品贸易发展报告》,中国农业出版社,2006 年 8 月,第 118 页。

持乌拉圭回合公式，反对关税封顶和扩大关税配额，要求继续保留特殊保障措施；表示如果在市场准入领域得到可接受的结果，就可以支持确定取消出口补贴的最后期限及平行性等问题；原则同意应将重点放在解决对扭曲贸易作用最大的措施上，同意实质性削减"黄箱"，加强"蓝箱"纪律①。

3. G20集团及其他发展中成员联盟

在多哈回合农业谈判中，发展中成员要求考虑自身利益的呼声已明显增强，这是WTO中逐渐崭露头角的新生力量。这些发展中成员强调：国内支持和出口竞争方面的严重不平衡以及发展中成员的发展需要，要求发达成员实质性地开放市场，主张发展中成员关税减让承诺取决于发达成员在国内支持和出口补贴方面的承诺②。发展中成员要求充分考虑在关税削减方面给予发展中成员的优惠和照顾，例如，给予发展中成员的特殊产品、特殊保障机制等特殊和差别待遇政策，以保证发展中成员的经济发展。

G20集团成立于2003年8月，也就是坎昆会议召开前夕，是维护发展中成员利益的一支重要力量，成员包括巴西、印度、中国、阿根廷、南非、印度尼西亚、埃及等发展中大国，其中巴西、印度、阿根廷、南非和中国是该集团的基本力量和核心成员。巴西和印度作为组织者，从G20集团的形成开始就发挥出积极的作用。G20成员的农业人口占世界农业人口的65%以上，其农产品贸易占发展中国家农产品贸易的大部分。在坎昆会议上，G20首次亮相就维护发展中成员的利益，并显示出其重要价值和作用。此后，G20积极与欧盟对话，对打破谈判僵局和恢复谈判发挥了重要作用。G20提出的农业谈判模式提案具有建设性作用，其中许多内容被各方所接受，最终反映在"7月框架协议"之中，有力地协调了发达成员与发展中成员之间的利益平衡，推进了农业谈判进程。尽管G20集团有些成员同时是凯恩斯集团成员，但是这些成员具有维护发展中成员的特殊利益和差别待遇的共同要求和目标，同时也具有大幅度削减发达国家扭曲贸易的国内支持，以及取消出口补贴的共同要求和目标，这是G20发挥作用的重要意义。

坎昆会议以来，在农业谈判领域逐步形成了G33联盟，这是在特殊产

---

① 农业部农产品贸易办公室：《中国农产品贸易发展报告》，中国农业出版社，2006年8月，第118页。

② 农业部农产品贸易办公室：《中国农产品贸易发展报告》，中国农业出版社，2006年8月，第118页。

品和特殊保障机制问题上立场比较一致的成员所组成的。该联盟由印度尼西亚牵头，成员包括韩国、印度、中国、多米尼加、秘鲁、菲律宾、斯里兰卡、肯尼亚、洪都拉斯和毛里求斯等45个成员。这些成员强调特殊产品应作为市场准入的独立问题进行考虑，由成员自定产品、免于关税削减和关税配额扩大，自动使用特殊保障机制，特殊保障机制标准要简化，适用所有产品，强调数量和价格触发均可使用[①]。

另外，由最不发达成员集团、非洲集团和非洲—加勒比—太平洋国家集团成员组成的G90集团，该集团是为了维护最不发达成员的群体利益，他们强调最不发达国家的关税削减应该享受例外、特殊优惠安排，以及侵蚀、特殊产品和特殊保障机制等问题。一些新加入的成员关心他们的共同利益，强调面临的特殊困难，以及在加入WTO谈判中做出的较多让步和承诺，要求在新一轮谈判中给予特殊关注并通过具体灵活性条款得到解决。

二 新一轮农业谈判的主要阶段

多哈回合农业谈判启动以来，大体上可以划分为三个主要阶段，即议题谈判阶段、框架谈判阶段、模式谈判阶段。农业谈判是一个具有内在逻辑性、逐步递进的过程，随着谈判内容的展开和细化，各方利益之间的矛盾和分歧更加明显，与此相关的各方利益之争和博弈也更加激烈，农业谈判的敏感性和难度增大，实际谈判进度远远慢于多哈发展议程确定的2005年初结束谈判的时间表[②]。

1. 议题谈判阶段

这一阶段是从2000年3月至2003年9月，即在2001年11月WTO第四次部长会议之前就已展开农业谈判。该阶段的主要任务：一是WTO成员提交谈判提案，各方充分表达自己的立场、主张和建议；二是农业委员会特别会议针对提案中涉及的问题展开讨论和磋商；三是各成员经过讨论和磋商，在市场准入、国内支持和出口竞争议题上形成基本共识，争取在

---

① 农业部农产品贸易办公室：《中国农产品贸易发展报告》，中国农业出版社，2006年8月，第119页。
② 农业部农产品贸易办公室：《中国农产品贸易发展报告》，中国农业出版社，2006年8月，第117页。

2003年9月WTO第五届部长级会议（坎昆会议）之前就各成员承诺的模式达成一致意见。

美国、欧盟、日本、瑞士等成员提出了涉及农业谈判的全部主题的综合性提案，而凯恩斯集团则针对不同领域的特定主题提出了建议。在此期间，共有126个成员提交了45份建议案和3份技术性文件[①]。在坎昆会议召开之前，美国、欧盟从自身利益出发达成的联合提案，对发展中成员的特殊和差别待遇、新成员以及其他问题涉及不多，由此引起发展中成员不满。在这次会议开幕前，G20集团提出一项全球农产品贸易改革的建议，认为本次会议应本着公平竞争的原则，要求包括美国和欧盟在内的发达成员必须对其引起贸易扭曲的政策做出实质性改革，同时应充分考虑发展中成员农业发展的实际需要，给予发展中成员以特殊和差别待遇，同时大幅度减少或取消国内支持，增加发展中成员的市场准入机会，但是发达成员没有做出重要让步[②]。

在坎昆会议上，巴西、印度等一些发展中成员对WTO拟定的框架草案提出了批评意见，认为这一方案在一定程度上背离了多哈宣言对于发展问题的重视，忽视了发展中成员的特殊需要，同时未能对发达成员扭曲贸易的政策进行有效的约束。由于美国、欧盟与以巴西、印度、南非、中国等为代表的G20集团发生重大分歧，结果导致坎昆会议失败。

议题谈判阶段具有承上启下的重要作用，它体现了乌拉圭回合《农业协定》的要求，是新一轮农业谈判的起步阶段，通过根本性的改革计划，建立公平的、以市场为导向的农业多边贸易体制；同时，它又是收集和征求各成员的提案和意见，为以后的农业谈判各阶段铺垫基础。但是，坎昆会议遭受挫折，这预示着新一轮农业谈判道路上困难重重。

2. 框架谈判阶段

这一阶段是从2003年9月至2004年7月，主要任务是确定农业谈判的具体原则和基本内容，并将谈判中分歧较大的实质性问题推迟到模式谈判阶段来解决。坎昆会议遭受挫折后，WTO取消了原定的农业谈判计划，谈判一时陷入低迷状态。但是谈判各方都不愿意承担会议失败的

[①] 农业部农产品贸易办公室：《中国农产品贸易发展报告》，中国农业出版社，2006年8月，第115页。

[②] 薛荣久、樊瑛等著《WTO多哈回合与中国》，对外经济贸易大学出版社，2004年7月，第404页。

责任,他们利用多种场合表明继续推进农业谈判的愿望。面对发展中成员的压力,美国和欧盟同意考虑对国内支持措施重新进行分类,以便有效地进行削减;欧盟表示愿意取消用于发展中成员所关注的部分商品的出口补贴,并且可以考虑取消其他商品的出口补贴[①]。2004年3月农业谈判再度活跃起来,WTO农业委员会安排了5次农业谈判会议,特别是2004年7月末连续40多小时不间断谈判,各方终于在8月1日达成了《农业谈判框架协议》(亦称"7月框架协议"),新一轮农业谈判取得了阶段性成果。

《农业谈判框架协议》基本保留了乌拉圭回合《农业协定》的框架,仍从市场准入、国内支持、出口竞争三方面来规范和约束农产品国际贸易。框架协议指出,在市场准入方面,使用分层公式削减关税,高税率则多削减,通过公式解决关税升级问题;在同意给予"敏感产品"一定灵活性的同时,要求通过削减关税与扩大关税配额相结合的方式改善这些产品的市场准入水平[②]。框架协议还允许发展中成员采取较小的减让幅度,并且可以自行确定一些与其粮食安全、生计安全、农村发展需要有关的特殊产品。在国内支持方面,按照分层公式总体削减对农产品贸易具有扭曲作用的"黄箱"、"蓝箱"和微量允许水平;对特定产品的综合支持量(AMS),将通过一定方式加以限定。总之,要保证削减结果与长期改革的目标相一致。在出口竞争方面,框架协议规定要确定最终取消出口补贴的具体日期,并要求平行取消出口信贷、出口国营贸易和粮食援助等措施中的补贴和贸易扭曲成分,同时给予发展中成员特殊和差别待遇。另外,框架协议还涉及对WTO新成员的特别关注等其他议题。

3. 模式谈判阶段

这一阶段开始于2004年10月,其主要任务是在《农业谈判框架协议》基础上,确定市场准入、国内支持、出口竞争三方面的减让公式及具体参数,以便最终落实WTO所有成员在关税减让、扭曲贸易的国内支持削减和出口补贴削减等方面的承诺。随着农业谈判进入实质性阶段,也就是减让公式及参数的具体化,一些主要成员的分歧日趋表面化,严重影响

[①] 农业部农产品贸易办公室编《新一轮农业谈判研究》(第三辑),中国农业出版社,2005年8月,第36页。

[②] 农业部农业贸易促进中心编《WTO新一轮农业谈判框架协议解读》,中国农业出版社,2005年4月,第6页。

了农业谈判的进展。框架协议达成以后,农业谈判的分歧仍然主要集中于三大支柱谈判方面,其中包括市场准入中的分层公式具体形式,是采用瑞士公式或乌拉圭公式还是其他公式,这关系到关税削减的力度问题。一些成员竭力要求采取关税削减力度较大的瑞士公式,并有利于解决关税高峰和升级问题;另一些成员则力主采取乌拉圭公式,保留一定的自主性和弹性;关税封顶问题,是对某些农产品的高关税进行封顶限制,还是按照既定公式的比例进行削减,这关系到某些国家的敏感性产品,特别是关系到影响国家粮食安全的粮食作物;与出口补贴有关的其他形式补贴的削减,例如出口信贷、粮食援助等,这关系到平行削减相关补贴的问题;对国内支持措施的总体削减与分项削减,以及对"蓝箱"、"绿箱"水平的严格约束等。

从2004年10月开始的模式谈判持续到2005年9月,由于主要成员缺乏动力,谈判进展缓慢[1]。2005年10月,农业委员会召开农业特会,为了争取在年底的第六届WTO部长级会议上取得谈判模式的较大进展,主要谈判方表示做出努力的意愿。尽管欧盟等做出了一定的让步,但是由于各方在关键问题上依然分歧较大,导致人们对香港会议的预期目标尚未完全实现。

2005年12月,WTO在中国香港召开了第六届部长级会议,并取得了一定的谈判成果。这些成果主要包括:在出口竞争方面,会议明确在2013年底之前取消所有的出口补贴,同时提出要规范其他具有同等效力的出口措施,出口信贷、粮食援助和出口国营贸易企业等方面需要通过进一步谈判来加以规范;在国内支持方面,各方同意对扭曲贸易的国内支持总量和综合支持总量分四层进行削减,发达成员将对扭曲贸易的国内支持进行实质性削减,而没有综合支持总量的发展中成员免于微量允许减让、免于总体削减[2];在市场准入方面,会议明确关税削减公式分四层。对于关系到粮食安全、农民生活及乡村发展的一些产品,发展中成员可以使用特殊产品和特殊保障机制。

香港会议后不久,WTO召开了有关会议及高层磋商,推动农业谈判进一步减少各方分歧,但因各方分歧依然较大而无法按照《香港部长宣言》提出的在2006年4月底之前完成模式谈判。2006年7月,WTO六个重要

---

[1] 农业部农产品贸易办公室:《中国农产品贸易发展报告》,中国农业出版社,2006年8月,第116页。

[2] 农业部农产品贸易办公室:《中国农产品贸易发展报告》,中国农业出版社,2006年8月,第116页。

成员（美国、欧盟、日本、澳大利亚、巴西、印度）在日内瓦召开部长级会议，就削减关税、补贴等实质性问题进行紧急磋商，力争突破多哈回合农业谈判的僵局。但是，由于各方分歧严重而无法取得进展，他们决定暂时中止已持续五年之久的多哈谈判。用WTO总干事拉米的话来解释，谈判僵局系于一个"三角死角"——欧盟需要降低农产品关税；美国需要削减农业补贴；G20集团则需要减让工业品关税。但是这三方都不愿意最先采取行动，都需要以另一方的让步作为自己让步的前提①。此后，农业谈判再次陷入低谷。

2007年初，以美国、欧盟、印度和巴西为主的相关成员进行了密集磋商，试图在各自关注的问题上达成一致的看法。但是，由于各方没有做出相应的让步，最终以德国波茨坦会议上四方磋商破裂而告结束，新一轮农业谈判又回到多边磋商的轨道，实际进展非常有限。

2007年4月，农业特会主席亲自起草并提交了一份"挑战性文件"，并于当年7月提交了模式草案，这不仅推动了农业谈判，也为WTO成员密集磋商提供了必要的基础。根据主席草案，美国的国内支持总量将削减至130亿~164亿美元，欧盟关税削减幅度为52%~56%。对于欧盟和G10成员关注的敏感产品以及美国关注的综合支持总量等，这份草案给出了较为现实的处理方式。②

对于上述模式草案，虽然各方普遍表示愿意以此作为谈判基础，但是主要成员之间的分歧依然明显。例如，主席草案将美国的国内支持总量削减与欧盟的关税削减挂钩，欧盟不再就这一问题向美国讨价还价，但G20集团提出美国应削减到120亿美元，以保证做出了实质性削减。美国表示可接受的程度是削减到164亿美元；对于敏感产品的关税配额问题，欧盟和G10成员坚持以8位税目产品的国内消费量为基础进行配额扩大，而澳大利亚、新西兰、巴西、阿根廷等坚持以4位税目产品的国内消费量为基础进行配额扩大；对于特殊产品减免关税的问题，中国、印度、印度尼西亚等G33成员要求对部分特殊产品的关税免予削减，美国、澳大利亚、新

---

① 曹海丽、楼夷：《多哈回合搁浅之后》，《财经》2006年第16期。
② 农业部农产品贸易办公室：《中国农产品贸易发展报告》，中国农业出版社，2008年10月，第151页。

西兰、泰国等坚持特殊产品也要削减关税。另外，在非农谈判议题上，美国、欧盟、G10等发达成员不断对发展中成员提高要价，发展中成员则强调发达成员应该在农业谈判中做出更大让步，否则他们不能确定在非农谈判的最终出价。此后，多哈回合农业谈判不仅没有摆脱困境，而且受美国总统大选、世界粮食危机和金融危机等影响，增添了农业谈判前景的不确定性。

  多哈回合农业谈判历经艰难和坎坷并陷入困境，这是由于多种复杂因素造成的，既有农业谈判以外的原因所造成，例如各成员的经济发展程度和农业发展程度的差异，又有农业谈判本身的原因所造成。从谈判议题来看，目前WTO成员已超过150名，农业谈判议题广泛而复杂，许多矛盾和分歧积累起来形成巨大障碍，多边贸易谈判的难度正在变得越来越大；从谈判力量来看，不仅成员集团化趋势更加显著，而且谈判力量形成多元化格局，特别是发展中成员力量的崛起，在相当程度上突破了原来少数发达成员控制和掌握农业谈判的局面；从谈判理念来看，各方过度计较自身利益，实施以对手让步为己方妥协的前提条件的谈判策略，容易使得谈判陷入困境；从谈判机制来看，现有的WTO谈判机制在相当程度上无法解决农业谈判僵局的问题，需要制度创新和改革。

第二章
新一轮农业谈判的矛盾分歧及其分析

多哈回合农业谈判屡遭挫折，这既与 WTO 多方谈判的复杂结构直接有关，也与各方的谈判立场、观点和态度密切相关，这些因素集中表现为影响谈判进展的主要矛盾与分歧焦点，即两大主要矛盾和三大支柱方面的分歧焦点，研究这些矛盾和分歧有助于把握农业谈判问题的实质。

一 两大主要矛盾

多哈回合农业谈判中充满着各种各样的矛盾和分歧，其中农产品出口成员与进口成员之间的矛盾、发达成员与发展中成员之间的矛盾是农业谈判的两大主要矛盾。

1. 农产品出口成员与进口成员的矛盾

在 WTO 农业谈判中，农产品进出口问题是基本的、主要的内容，与此相对应，农产品出口成员和进口成员自然地成为贸易谈判的两大对手。由于出口成员、进口成员分别被称为进攻方和防守方，农产品出口成员与进口成员的矛盾又称为进攻方和防守方的矛盾。多哈回合农业谈判启动的一个重要原因，就是农产品贸易自由化的呼声比较高，许多成员希望通过贸易自由化来扩大农产品出口。《多哈部长宣言》提出新一轮农业谈判的重要目标之一，就是要大幅度提高农产品市场准入机会。扩大农产品出口成为新一轮农业谈判的趋势，这表明新一轮农业谈判开始之际就孕育着农产品出口成员与进口成员之间的矛盾，并且随着市场准入谈判的不断深入和具体化而使这种矛盾激化。

出口成员出于自身利益的考虑，要求借助于WTO贸易谈判进一步推动农产品自由化，实现其扩大农产品出口，促进农业发展、增加农民收入和推动农村发展的目的。进口成员因无力与出口成员进行市场竞争，同样出于自身利益的考虑，只能借助于关税保护进行抗衡，他们主张农业谈判应兼顾农业多功能性，特别关心农产品市场过度开放会带来严重的负面影响，所以他们要求农产品市场适度开放，而不是在短期内大幅度开放市场。

在多哈回合农业谈判中，美国和凯恩斯集团热衷于激进的农产品贸易自由化，要求大幅度提高市场准入程度，极力主张大幅度削减农产品关税，主要扮演进攻方的角色。与此同时，G10集团和欧盟则主张渐进式农业改革，反对激进的农产品贸易自由化，主要扮演防守方的角色。除了美国、凯恩斯集团作为典型的农产品出口成员，以及G10集团、欧盟作为典型的农产品进口成员，其他许多成员或多或少地具有出口倾向或进口倾向。显而易见，农产品进出口关系到大多数成员的切身利益，特别是关系到美国、欧盟、凯恩斯集团、G10集团等主要成员的重要利益，无论是从农业谈判的内在逻辑演绎，还是现实利益冲突，出口成员与进口成员的矛盾都表现为多哈农业谈判的一个主要矛盾。

上述矛盾不仅贯穿于谈判过程并体现在激烈的讨价还价，而且还表现在农产品贸易摩擦和争端。从农业谈判来看，它主要反映在市场准入方面，包括关税减让、关税配额及其管理等。此外，这一矛盾还反映在与农产品市场开放密切相关的非关税壁垒等方面，例如技术壁垒。技术壁垒主要指商品进口国所制定的强制性和非强制性的商品标准、法规，以及检验商品的合格性评定所形成的贸易障碍[①]。进口成员可以运用颁布法律、法令、条例，以及建立技术标准、认证制度、检验制度等方式，对进口农产

---

① 农业部农产品贸易办公室编《新一轮农业谈判研究》（第二辑），中国农业出版社，2004年5月，第3页。

品实施苛刻的技术检查、卫生检疫、商品包装符合标准等,增加农产品进口的难度,最终达到限制农产品进口和保护国内农业生产的目的。出口成员则往往指责对方有意设置贸易障碍,一旦双方矛盾激化就难免会发生农产品贸易争端。

2. 发达成员与发展中成员的矛盾

发展中成员与发达成员的最大区别在于各自经济发展程度上的差异,发达成员可以借助于自身强大的经济实力,为其农业提供较多的支持和保护,并且可以运用技术优势设置技术壁垒,在保护本国市场的同时力争打开发展中成员市场。发展中成员由于经济实力有限,无力为其农业提供较多的支持和保护,所以他们要求关注发展中成员与发达成员之间发展的差异性,以及国际农产品贸易发展的不平衡性,他们不仅强调发达成员的高关税壁垒和高额补贴对发展中成员农产品出口造成的障碍,而且强调农业对发展中国家粮食安全、农民生计和农村发展的重要意义。他们要求 WTO 给予自己特殊和差别待遇,以保证发展中成员的现实利益。

多哈回合贸易谈判的一个重要特征,就是发展中成员和最不发达成员的发展和利益受到空前关注。在《多哈部长宣言》的前言中,公开声明"大多数 WTO 成员属于发展中国家,我们寻求将他们的利益和需要放在本宣言所通过的工作计划的中心位置";"我们致力于处理最不发达国家在国际贸易中被边缘化的问题,提高他们在多边贸易体制中的有效参与"。

在《多哈部长宣言》中,有关发展中成员和最不发达成员的内容占了一半左右,19 个议题中有 13 个议题涉及发展中成员和最不发达成员的谈判。这些内容为发展中成员争取自己利益和落实差别待遇提供了有力根据和有利条件。

多哈回合贸易谈判在一定程度上是对乌拉圭回合谈判结果的修正。在乌拉圭回合谈判中,在相当大的程度上,由几个主要发达成员主导多边贸易体制决策进程,他们主要考虑本身的利益,在推动对自己有利的协议条款时异常积极,而在落实对发展中成员有利的协议时消极对待,由此造成乌拉圭回合所达成的协议出现了一些不平衡现象,发展中成员对这种现象很不满意。多哈回合谈判表示要重视发展中成员的现实利益,这要求提高发展中成员在谈判中的地位,并给予发展中成员和最不发达成员利益的照顾。当然，要真正实现对发展中成员的特殊和差别待遇，这需要发达成员作出一定的利益让步。

上述情况表明，在农业谈判开始之际就孕育着发展中成员与发达成员的矛盾，随着发展中成员在农业谈判中地位的提升和力量聚集，这种矛盾也会进一步激化。2003年9月，在WTO第五次部长会议（坎昆会议）上，发展中成员与发达成员围绕着农业问题发生了较为激烈的意见分歧，实际上可以看作是历史遗留问题的一次爆发。由于WTO成员可以被划分为发达成员和发展中成员及转型经济成员两大类型，从这个意义上讲，发展中成员与发达成员之间利益问题几乎涉及大多数WTO成员，所以发展中成员与发达成员的矛盾也就成为多哈农业谈判的一个主要矛盾。

作为多哈回合农业谈判的一个主要矛盾，发展中成员与发达成员的矛盾必然贯穿于谈判过程并反映在谈判的许多方面，并且涉及面更为广泛。从农业谈判来看，它几乎涉及国内支持、出口竞争和市场准入三大支柱，尤其是反映在发展中成员的特殊与差别待遇问题。另外，发展中成员与发达成员的矛盾还反映在其他多个议题，例如，最不发达成员、小经济体、知识产权、非农业等议题。发展中成员期待WTO多边贸易体制处理他们的特殊需要和相关问题，并希望在帮助他们从国际贸易中获得利益上发挥更大作用。与此同时，发达成员则主要关注自己的利益。例如，在多哈回合特殊与差别待遇议题谈判中，美国认为：现行的有关特殊和差别待遇已经基本满足发展中成员的经济发展需要，发展中成员应把注意力集中在充分挖掘现有条款的潜力，而不是要求新的更多的优惠待遇[1]。对此，发展中成员的观点比较一致，他们希望在最大限度范围内得到更优惠的待遇，尽可能争取较多的利益，以促进自身经济更快的发展。

二　分歧焦点

从总体上看，在上述两大矛盾的背景下，各方在农业谈判的分歧焦点主要集中在市场准入、国内支持和出口竞争三大支柱。由于多边谈判需要

---

[1] 薛荣久、樊瑛等著《WTO多哈回合与中国》，对外经济贸易大学出版社，2004年7月，第40页。

主要成员承担妥协让步及利益损失,但是各方缺乏应有的决心和勇气,各方在许多议题上分歧仍然相当大,这导致农业谈判进展非常缓慢。

1. 市场准入

市场准入是农业谈判的核心问题,也是农产品出口成员与进口成员激烈争论的焦点。尽管《农业谈判框架协议》达成后,经过一段时间的磋商和谈判,各方在模式谈判上取得一定进展,但是各方在市场准入等关键问题上仍存在较大距离。

(1)关税削减。早在议题谈判阶段,不同成员的提案、建议就显示出各自立场和态度的差异。美国主张在多哈回合农业谈判中平衡各成员农产品关税水平,要求其他成员比美国更大幅度地削减农产品关税[①],因为美国农产品关税为12%,远低于日本、欧盟等成员的农产品关税水平。美国建议以逐年递进削减的方式,大幅降低各成员农产品关税的税率水平,包括配额外关税。凯恩斯集团主张对农产品的所有关税实行大幅削减,并推出"瑞士公式"作为削减的模式。日本强调各国农产品的进口关税,都是根据其地理与自然状况、特定产品的情形,以及前期谈判结果所确定的,因此,在比较各成员的关税水平时应考虑上述因素[②]。日本、韩国等希望对大米等影响粮食安全的重要农产品,允许其延缓关税削减的进程。

2004年7月,各方达成《农业谈判框架协议》以来,市场准入谈判的核心内容是关税分层并在各层设置不同的降税幅度,以实现高关税减税幅度高和消除关税高峰的目的。但是因为涉及各成员的实际利益,他们所处的攻防地位、农业竞争力以及关税水平和结构的不同,所以,他们各自的谈判立场和提案内容差异较大。尽管经过各方多次磋商,已达成统一意见的方案是发达成员和发展中成员都分为四层削减关税,每层进行平均线性削减、高层多减的方法来完成。但是如何确定分层切割点、削减幅度、关税封顶和公式本身是否内置灵活性等方面的分歧仍然难以解决[③]。以关税

---

① 薛荣久、樊瑛等著《WTO多哈回合与中国》,对外经济贸易大学出版社,2004年7月,第56页。
② 薛荣久、樊瑛等著《WTO多哈回合与中国》,对外经济贸易大学出版社,2004年7月,第56页。
③ 农业部农产品贸易办公室编《中国农产品贸易发展报告》,中国农业出版社,2006年8月,第120页。

削减公式为例,美国提出:发达成员第一层(税率为 0~20%)削减 55%~65%,第二层(税率为 20%~40%)削减 65%~75%,第三层(税率为 40%~60%)削减 75%~85%,第四层(税率为 60%以上)削减 85%~90%;欧盟提出:第一层(税率为 0~30%)削减 35%,第二层(税率为 30%~60%)削减 45%,第三层(税率为 60%~90%)削减 50%,第四层(税率为 90%以上)削减 60%,并提出关税封顶在 100%;G10 集团提出:发达成员第一层(税率为 0~20%)削减 27%或 32%±7%,第二层(税率为 20%~50%)削减 31%或 36%±8%,第三层(税率为 50%~70%)削减 37%或 42%±9%,第四层(税率为 70%以上)削减 45%或 50%±10%,并反对关税封顶;G20 集团提出:发达成员第一层(税率为 0~20%)削减 45%,第二层(税率为 20%~50%)削减 55%,第三层(税率为 50%~75%)削减 65%,第四层(75%以上)削减 75%,并提出关税封顶在 100%。上述情况表明,美国要求关税削减幅度最大,欧盟提出的关税削减幅度小于美国,而 G10 集团的关税削减幅度最小,G20 集团的关税削减程度大致介于美国与欧盟之间,所以它被称为是兼顾进攻和防守利益的中间方案。

(2)敏感产品。在议题谈判阶段,各主要成员对敏感产品的立场和态度就已存在明显的差异。美国主张对所有农产品关税进行大幅度削减,日本等进口成员则反对大幅削减敏感产品的关税。《农业谈判框架协议》指出,"在不损害分层方式的总体目标下,成员们可以指定有待谈判的适当数量的税目作为敏感产品处理,同时考虑这些产品的现有承诺。"这表明敏感产品的削减幅度可以有条件的低于一般产品;同时,《农业谈判框架协议》规定对敏感产品的实质性改善,"将通过适用于每一产品的关税配额承诺和关税削减相结合加以实现",这又表明需要以扩大关税配额进行补偿。各方在敏感产品问题上的分歧主要集中于敏感产品数量、敏感产品的封顶,以及敏感产品关税配额。

美国要求敏感产品数量为关税税目总数的 1%,要求按基期国内消费量的一定比例扩大关税配额对敏感产品少减进行补偿[①]。欧盟主张将敏感

[①] 农业部农产品贸易办公室编《中国农产品贸易发展报告》,中国农业出版社,2006 年 8 月,第 121 页。

产品的数量定为8%，并且不需要对敏感产品进行关税封顶，以农产品进口量作为关税配额扩大的基础。G10集团提出敏感产品的数量为10%～15%，关税配额扩大的基础应为乌拉圭回合承诺的配额量[1]。日本甚至认为，对敏感产品进行关税削减和扩大关税配额，存在着重复削减和过度削减的疑虑。G20集团主张敏感产品数量为1%，并以国内消费量作为关税配额扩大的基础。由此可见，在敏感产品问题上，美国尽量压缩敏感产品数量并扩大敏感产品的关税配额，G10集团和欧盟则力争保住较多的敏感产品及较少的关税配额，G20集团则是采取一种中间方案。

（3）发展中成员特殊和差别待遇。多哈回合是发展回合，促进社会经济发展是本轮多边贸易谈判的主题，给予发展中成员的特殊和差别待遇，是本轮谈判的一个重要组成部分。G20集团提出，发展中成员第一层（税率为0～30%）削减25%，第二层（税率为30%～80%）削减30%，第三层（税率为80%～130%）削减35%，第四层（130%以上）削减40%，关税封顶在150%。欧盟的建议案比较接近于G20集团，而美国提出发展中成员关税分层削减幅度略小于发达成员的削减幅度，但有较长的实施期。显然，在发展中成员的特殊和差别待遇上，美国与G20集团之间有着明显的分歧，需要进一步谈判协商。在特殊产品和特殊保障机制上，特殊产品和特殊保障机制之友联盟（G33）提出，发展中成员可自选至少占税目总数的20%作为特殊产品，并可免减和少减特殊产品的关税，不需要对这些产品的关税配额扩大及关税封顶[2]。

2. 国内支持

多哈回合谈判的目标之一，是对贸易产生扭曲的国内支持进行实质性的削减。经过数年多边农业谈判，主要谈判方已就发达成员扭曲贸易的国内支持总量和综合支持量削减的分层基本达成一致[3]，即按照支持量分为三层进行削减。分歧焦点在于扭曲贸易的国内支持总量、综合支持量和微

---

[1] 农业部农产品贸易办公室编《中国农产品贸易发展报告》，中国农业出版社，2006年8月，第122页。

[2] 农业部农产品贸易办公室编《中国农产品贸易发展报告》，中国农业出版社，2006年8月，第122页。

[3] 农业部农产品贸易办公室编《中国农产品贸易发展报告》，中国农业出版社，2006年8月，第120页。

量允许的削减幅度等。

（1）国内支持总量。美国提出：欧盟的国内支持总量位于高层，应削减75%；美国和日本位于中间层，削减53%；其他成员（不包括综合支持量为零的发展中成员）位于低层，削减31%。欧盟提出：自己削减70%，美国和日本削减60%，其他成员削减50%。G10集团提出欧盟削减75%，美国和日本削减65%，其他成员削减45%。G20集团提出：欧盟削减80%，美国和日本削减75%，其他成员削减70%[1]。上述表明，各方的主要分歧在于各层的削减幅度，以及各层切割点之间的差距。需要指出的是，欧盟对自身的削减程度低于其他主要成员对欧盟的要求。

（2）综合支持总量。美国认为：欧盟的综合支持总量处于高层，需要削减83%；美国和日本位居中间层，削减60%；其他成员处于低层，削减37%，并坚持以1999~2001年作为特定产品综合支持总量封顶的基期。欧盟提出：自己削减70%，美国削减60%，日本可以选择按高层削减或在额外减让承诺条件下按中间层削减，其他成员削减50%。欧盟是以乌拉圭回合农业协议实施期为特定产品综合支持总量的封顶基期。G10集团提出：欧盟削减70%，美国和日本削减60%，其他成员削减40%，特定产品综合支持总量的封顶基期与欧盟相同。G20集团要求欧盟削减80%，美国和日本削减70%，其他成员削减60%，并以乌拉圭回合农业协议实施期作为基期，按基期内单个产品年均综合支持总量水平进行封顶[2]。上述表明，欧盟对自身的削减幅度与美国、G20集团的要求有一定差距。

（3）微量允许。美国与欧盟在微量允许的削减上存在一定差距，美国提出由农业产值的5%减少至2.5%，欧盟则要求由农业产值的5%减少至1%。在微量允许减让谈判中，欧盟明显地采取防守策略。另外，G20集团建议根据总体上削减的结果，再确定微量允许减让的幅度。

（4）"蓝箱"政策。对于"蓝箱"支持数量限制，美国和欧盟提出按照农业产值的2.5%进行封顶，美国与欧盟已就这个问题达成一致意见。但对严格"蓝箱"纪律，美国反对同时实施数量削减和纪律约束，欧盟同

---

[1] 农业部农产品贸易办公室编《中国农产品贸易发展报告》，中国农业出版社，2006年8月，第123页。
[2] 农业部农产品贸易办公室编《中国农产品贸易发展报告》，中国农业出版社，2006年8月，第123页。

意通过纪律约束确保"蓝箱"的扭曲作用小于"黄箱"[①]。G20集团提出同时实施数量削减和纪律约束,以保证"蓝箱"对贸易的扭曲作用被限定在较小程度。另外,欧盟和G10集团要求严格"新蓝箱"纪律,防止美国利用"新蓝箱"进行转箱,确保对国内支持削减的实际效果。

(5)"绿箱"政策。美国、欧盟、G10集团将"绿箱"视为实施农业支持和保护的主要方面,他们反对实质性修改"绿箱"标准,反对给"绿箱"封顶。发展中成员受其经济实力的限制,较少使用"绿箱"政策。G20集团提出审核"绿箱"政策的内容,要求对"绿箱"封顶,并对粮食安全计划、生产者直接支付、收入保险计划等具体条款提出修改意见。在如何规范"绿箱"政策上,发展中成员与美国、欧盟、日本等发达成员存在着较大的分歧。

(6)发展中成员特殊和差别待遇。虽然美国、欧盟和G10集团认可发展中成员在其经济发展中需要的特殊和差别待遇,提出对于未使用综合支持总量的发展中成员免于微量允许削减和总体削减,但仍然与发展中成员的要求存在距离。G20集团提出,发展中成员应享受更多的灵活性,包括特定产品综合支持总量封顶基期、微量允许削减幅度和"蓝箱"封顶基期等[②]。

3. 出口竞争

出口竞争是多哈回合农业谈判的三大支柱之一,也是农业谈判取得一些实质性进展的方面。经过反复磋商和争论,美国、欧盟、G20集团等主要成员就完全取消出口补贴的时间表达成一致意见,欧盟为此作出了让步和妥协。但是美国、欧盟、G20集团、澳大利亚等主要成员之间,在平行削减其他形式出口补贴方面仍存在较大矛盾和分歧。

美国出于自身利益的考虑,一方面要求其他成员取消国营企业在出口贸易中的垄断权及补贴行为,另一方面对其他成员要求对出口信贷、粮食援助等实施规范和约束,仍然坚持其反对意见。欧盟主张取消国营企业在出口贸易方面的垄断权,以及严格信贷纪律和粮食援助纪律,以保证出口

[①] 农业部农产品贸易办公室编《中国农产品贸易发展报告》,中国农业出版社,2006年8月,第123页。

[②] 农业部农产品贸易办公室编《中国农产品贸易发展报告》,中国农业出版社,2006年8月,第124页。

竞争的公平和公正。澳大利亚等成员反对取消国营企业在出口贸易方面的垄断权。G20集团要求保留发展中成员的国营企业在出口贸易方面的垄断权，并提出应在粮食援助上取消贸易扭曲行为。由此可见，在平行削减其他形式出口补贴方面还存在着两方面的主要分歧：一是美国与其他成员在出口信贷和粮食援助上存在分歧；二是美国、欧盟与G20集团、澳大利亚等成员在出口国营贸易企业是否拥有垄断权上存在分歧。

在多哈回合农业谈判中，各主要成员以自身利益为目的展开了反复、艰难的磋商。如果从农业谈判的进攻与防守的角度来看，美国在市场准入方面具有较高的雄心并扮演进攻者，在出口竞争的补贴方面也扮演进攻者；但在国内支持以及出口竞争的出口信贷和粮食援助方面，则扮演着防守者。欧盟几乎在三大支柱的谈判中都处于保守态势，但在国内支持及出口竞争的个别议题上保持策略上的攻势[①]。凯恩斯集团基本上扮演进攻方，但在国营企业的进出口垄断权等议题上扮演防守方。作为发展中成员的主要代表，G20集团强调特殊和差别待遇对发展中成员的重要性和现实意义，该集团的提案经常兼顾进攻方和防守方的利益，在一定程度上具有缓解矛盾和分歧的作用。上述情况说明，各方立场和观点是基于各自国家（集团）的利益，并因为具体议题而发生相应的变化，从而形成多哈回合农业谈判的复杂性和不确定性。

三 不同关税削减方案的分歧及其影响

农产品关税及其削减始终是WTO新一轮农业谈判的重点议题，也是主要成员之间矛盾和分歧的焦点。这个问题之所以成为谈判重点和分歧焦点的原因，在于它对主要成员的利益有着重大的影响和作用。

1. 不同关税削减方案的差异和分歧

在WTO新一轮农业谈判中，主要成员在已达成的四层关税削减的基础上，各自提出的分层切割点和减税幅度存在着不同的意见。由于矛盾和分歧主要集中在发达成员的关税削减问题，我们将各方对发达成员的关税

[①] 农业部农产品贸易办公室编《中国农产品贸易发展报告》，中国农业出版社，2006年8月，第125页。

削减方案进行比较。美国、欧盟、G20集团、G10集团等提出发达成员、发展中成员在关税削减中,应实施的分层切割点和减税幅度,见表2-1。

表2-1 主要各方对发达成员的关税分层削减方案比较

单位:%

谈判方	美国		欧盟		G20		G10	
各方关于关税分层削减提案的具体内容	分层	减幅	分层	减幅	分层	减幅	分层	减幅
	0~20	55~65	0~30	35	0~20	45	0~20	27
	20~40	65~75	30~60	45	20~50	55	20~50	31
	40~60	75~85	60~90	50	50~75	65	50~70	37
	60以上	85~90	90以上	60	75以上	75	70以上	45

资料来源:农业部农产品贸易办公室。

从各方提案来看,美国方案的高层切割点低,即前三层按关税的20%递增来划分,第四层切割点定为60%;同时关税削减的幅度最大,最小减税幅度为55%,最大减税幅度为90%。G10集团方案的减税幅度最小,最小减税幅度仅为27%,最大减税幅度为45%;而且第四层切割点为70%以上,高于美国的方案。欧盟方案的第四层切割点高达90%,明显超过其他主要成员的方案,欧盟的减税幅度明显小于美国,但是大于G10集团。G20集团方案的第四层切割点高于美国、低于欧盟,减税幅度小于美国、大于G10集团和欧盟。从总体上讲,美国方案不仅具有关税削减力度大的特点,而且具有关税削减切割点低的特点,体现出进攻方的特性。G10集团和欧盟表示出不愿大幅度削减关税,特别是保护高关税农产品的意愿明显,这两个集团体现出防守方的特性。G20集团方案则是介于美国与G10集团、欧盟之间,又被称为兼顾进攻和防守利益的中间方案。

2. 不同方案对关税削减产生的影响

根据美国、欧盟、G10集团和G20集团提出的关税分层削减方案,2006年美国、欧盟、澳大利亚、巴西、日本、印度等成员对各自的关税削减结果进行了模拟。虽然农业谈判框架协议规定了关税削减是在约束税率的基础上进行,但是为了接近实际减税情况,上述成员模拟了关税削减前后的约束税率和实施税率情况,见表2-2、表2-3和表2-4。上述成员模拟关税削减前后的最高关税,见表2-5。

表 2-2 WTO 六个重要成员在削减前平均关税

单位：%

成员	美国	欧盟	澳大利亚	日本	巴西	印度
约束税率	11.28	22.80	4.01	41.83	35.66	113.82
实施税率	11.27	22.79	1.43	29.50	10.13	37.89

资料来源：《中国农产品贸易发展报告》(2007)，第97页。

表 2-3 WTO 六个重要成员模拟削减后平均关税

单位：%

成员		美国	欧盟	澳大利亚	日本	巴西	印度
G20方案	约束税率	6.47	10.69	2.42	21.80	25.73	74.78
	实施税率	6.46	10.69	1.21	16.36	10.03	34.46
美国方案	约束税率	5.30	7.99	1.90	18.33	15.80	38.31
	实施税率	5.29	7.99	0.99	13.67	9.29	29.16
欧盟方案	约束税率	7.46	13.16	2.77	25.83	25.73	74.78
	实施税率	7.46	13.15	1.31	19.13	10.03	34.46
G10方案	约束税率	8.66	16.24	3.13	31.07	29.08	85.30
	实施税率	8.65	16.24	1.35	22.51	10.07	35.60

资料来源：《中国农产品贸易发展报告》(2007)，第97页。

表 2-4 WTO 六个重要成员模拟削减后平均减幅

单位：%

成员		美国	欧盟	澳大利亚	日本	巴西	印度
G20方案	约束税率	44.79	48.79	43.37	48.76	28.19	34.22
	实施税率	44.75	48.68	15.08	45.32	0.78	4.39
美国方案	约束税率	59.11	32.87	57.77	62.70	56.37	66.81
	实施税率	59.07	62.77	30.64	59.32	5.46	12.90
欧盟方案	约束税率	35.03	38.56	33.77	38.55	28.19	34.22
	实施税率	35.01	38.45	7.61	35.49	0.78	4.39
G10方案	约束税率	24.79	26.80	24.08	26.78	18.59	24.62
	实施税率	24.77	26.70	4.87	24.67	0.59	2.67

资料来源：《中国农产品贸易发展报告》(2007)，第97页。

表2-5　WTO六个重要成员模拟削减前后最高关税

单位：%

成员		美国	欧盟	澳大利亚	日本	巴西	印度
削减前	约束税率	439.87	407.82	29.00	1705.92	55.00	300.00
	实施税率	439.87	407.82	28.50	1705.92	55.00	182.00
G20方案减税后	约束税率	218.75	254.89	21.03	1066.20	46.80	240.00
	实施税率	218.75	254.89	20.66	1066.20	38.50	100.00
美国方案减税后	约束税率	201.25	234.50	18.85	980.90	38.50	187.50
	实施税率	201.25	234.50	18.53	980.90	27.00	100.00
欧盟方案减税后	约束税率	245.00	285.47	22.48	1194.14	46.80	240.00
	实施税率	245.00	285.47	22.09	1194.14	38.50	100.00
G10方案减税后	约束税率	280.00	326.25	24.65	1364.73	49.80	255.00
	实施税率	280.00	326.25	24.23	1364.73	44.00	105.00

资料来源：《中国农产品贸易发展报告》(2007)，第97页。

以上说明了不同方案对主要成员的关税削减产生了不同影响，这里我们结合上述表格，对不同方案及其对有关成员的影响进行分析。

(1) 美国方案对欧盟减税幅度要求很高。按照美国提出的减税方案，欧盟对约束税率的削减幅度为32.87%，对实施税率的削减幅度为62.77%。对比G20集团、欧盟和G10集团的方案，这3个主要成员对欧盟减税幅度（约束关税和实施关税）分别为48.79%、48.68%，38.56%、38.45%，26.80%、26.70%，对欧盟实施关税减税幅度上远小于美国方案。显而易见，美国方案对欧盟农产品关税削减的实际作用十分明显。这不仅与欧盟的关税水分很低有关，而且与关税削减的高层分割点较低有着密切关系，这说明美国方案具有极强的针对性特点。如果按照美国方案，欧盟成员国将实际降低农产品关税60%以上，这对美国农产品大幅进入欧盟市场是非常有利的，同时对欧盟成员国带来极大的冲击，由此可见，欧美在关税削减上存在着实质性分歧和利益冲突。

(2) 美国方案对农产品高关税限制明显。按照美国提出的减税方案，G10集团成员部分农产品进口高关税将会大幅度削减。以日本为例，现有的农产品最高关税为1705.92%，按美国方案进行关税削减后，日本农产品的最高关税为980.90%，而按G20集团、欧盟和G10集团方案进行关税削减后，日本农产品的最高关税分别1066.20%、1194.14%、1364.73%。

显而易见，美国方案对日本农产品高关税的削减和限制作用显著，这与美国方案设计关税削减的高层分割点较低有着密切关系。如果按照美国方案，日本等成员利用高关税保护其重要农产品的措施将会受到严重影响，这对美国农产品大幅度进入日本市场是非常有利的，同时对日本带来相当大的冲击。相对于日本而言，韩国农产品约束关税大于100%的税目比例达到10.1%，其比例要远大于日本的0.3%，[①] 美国方案对韩国的冲击会更大一些。由此可见，美国、凯恩斯集团与G10集团在关税削减上存在着实质性分歧和利益冲突。

(3) 美国方案对日本减税幅度要求很高。按照美国提出的减税方案，日本对约束税率的削减幅度为62.70%，对实施税率的削减幅度为59.32%。对比G20集团、欧盟和G10集团的方案，这3个主要成员要求日本减税幅度（约束关税和实施关税）分别为48.76%、45.32%，38.55%、35.49%，26.78%、24.67%，对日本实施关税减税幅度上远小于美国方案。显而易见，美国方案既对日本关税的削减十分明显，尤其是该方案既起到限制日本高关税的作用，又对日本平均关税的削减幅度较大，真正对日本等农产品进口成员的关税削减形成了很大压力。如果按照美国方案，日本等进口成员的市场准入条件将大大放宽，农产品进口有可能将大幅度增加，这对美国农产品增加对G10成员出口是非常有利的，同时对G10成员带来极大的冲击，由此可见，日本等G10成员竭力抵制美国、凯恩斯集团的提案，是与美国方案对自身农业生产的冲击压力密切相关的。

(4) 美国方案对挤压关税水分作用明显。目前WTO部分成员存在关税水分的问题，尤其是一些发展中国家有着不少的关税水分。以印度为例，近几年印度的约束关税是113.82%，而实施税率是37.89%，约束关税与实施关税之比大约是3:1，两者差距非常大。按照美国提出的减税方案，印度在削减后的约束税率为38.31%，削减后的实施税率为29.16%，约束关税与实施关税之比大约是1.3:1。对比模拟关税削减前后，印度在约束关税与实施关税的差距明显缩小了。如果将美国方案与G20、欧盟及

[①] 农业部农产品贸易办公室编《新一轮农业谈判研究》（第三辑），中国农业出版社，2005年8月，第160页。

G10 的方案进行对比，印度按后三个成员集团方案模拟减税后，约束税率与实施关税之比分别为 2.17∶1、2.17∶1、2.40∶1，即按照美国方案削减关税后，印度的约束税率与实施关税的差距远小于其他三个成员方案，这说明美国方案挤压关税水分的作用十分明显。

（5）欧盟、G10 方案与美国方案差距明显。相对于美国大幅度降低关税，G10 和欧盟方案都表示出明显的差距。按照 G10 方案模拟，日本约束关税平均削减 26.78%、实施关税平均削减 24.67%；欧盟约束关税平均削减 26.80%、实施关税平均削减 26.70%。按照欧盟方案模拟，日本约束关税平均削减 38.55%、实施关税平均削减 35.49%；欧盟约束关税平均削减 38.56%、实施关税平均削减 38.45%。这与美国方案的模拟结果有较大差距，它反映出欧盟、G10 的贸易保守主义色彩。

（6）印度、巴西存在着明显的关税水分。目前，WTO 部分成员的约束关税与实施关税存在明显差距，尤其是不少发展中成员存在这种关税水分。印度的平均关税水分较高，约束关税与实施关税之间差距较大，其约束关税为 113.82%，实施关税仅为 37.89%。巴西的关税水分不高，但是约束关税与实施关税之间仍存在一定差距，其约束关税为 35.66%，实施关税为 10.03%。按照 G20 方案，印度模拟关税削减后的约束税率为 74.78%、减幅为 34.30%，实施关税为 34.22%、减幅为 4.39%；巴西模拟关税削减后的约束关税为 25.73%、减幅为 28.19%，实施关税为 10.03%、减幅为 0.78%。由此看来，印度等关税水分较大的发展中国家将坚持以约束税率为基础税率，避免对实施税率大幅度减让使市场冲击过大，这表明美国、中国等成员希望以约束税率为基础税率进行有效减税是在短期内难以实现的。

通过上述分析，我们可以了解到：在不同的关税削减方案之中，隐含着主要成员之间的利益冲突，作为进攻方的美国和凯恩斯集团是想方设法地攻入对方的市场，而作为防守方的 G10 集团和欧盟则是千方百计地守住自己的市场。

四　不同国内支持削减方案的分歧及其影响

农业国内支持及其削减始终是 WTO 新一轮农业谈判的另一个重点议

题，同样这是主要成员之间矛盾和分歧的焦点。由于发达成员具有雄厚的财政实力支持农业发展，国内支持削减方案主要涉及美国、欧盟、日本等发达成员的实际利益。

1. 主要发达成员的国内支持使用水平

在WTO成员中，美国、欧盟、日本既是发达成员和主要成员，也是国内支持使用水平最高的几个成员，对这三个主要成员进行分析具有典型意义。根据WTO成员通报，美国、欧盟和日本扭曲农产品贸易的国内支持使用水平如下，见表2-6。

表2-6　主要发达成员扭曲贸易的国内支持使用水平

内容成员	综合支持总量 承诺量	使用量	比例(%)	微量 承诺量	使用量	比例(%)
美国(亿美元)	191.03	84.00	44	198.50	70.44	35
欧盟(亿欧元)	671.59	436.44	65	243.36	7.45	3
日本(亿日元)	39729.00	7085.00	18	9122.00	317.00	3

内容成员	蓝箱 农业产值的5%	使用量	占产值比重	总量 削减基数	使用量	比例(%)
美国(亿美元)	99.25	60.00	3.0	488.78	214.44	43.9
欧盟(亿欧元)	121.68	222.23	9.1	1137.18	666.21	58.6
日本(亿日元)	4561.00	927.00	1.0	53413.00	8329.00	15.6

注：美国数据年份为2001年，欧盟数据年份为2000～2001年，日本数据年份为2000年。
资料来源：《中国农产品贸易发展报告》(2007)，第98页。

从主要发达成员的情况来看，在综合支持总量方面，如果以使用量与承诺量的比例来衡量，欧盟的比例最高，高达65%；美国的比例位居其次，达到44%；日本的比例最低，仅为18%。在微量允许方面，如果以使用量与承诺量的比例来衡量，美国的比例最高，高达35%；欧盟和日本的比例都仅为3%。在"蓝箱"措施方面，如果以使用量占农业产值的比重来衡量，欧盟的比重最高，达到9.1%；美国和日本的比例分别为3%、1%。日本的国内支持使用水平较低，远低于美国和欧盟的国内支持使用水平。由此可见，美国和欧盟是世界上国内支持使用水平最高的两大成员（集团），毫无疑问，美国和欧盟是WTO农业国内支持需要削减的主要对象。

我们进一步分析，可以发现值得注意的几点：一是主要发达成员的国内支持削减重点应是综合支持总量，因为美国、欧盟和日本在综合支持总量中使用量与承诺量的比例，都明显高于微量允许和"蓝箱"措施中使用量与承诺量的比例；二是美国在微量允许中使用量与承诺量的比例远远高于欧盟和日本，这表明美国对某些特定农产品的支持量相当大，例如美国对棉花种植的高水平支持；三是欧盟的"蓝箱"使用远超过美国和日本，是世界上应用"蓝箱"措施最多的贸易集团；四是从国内支持使用的总体水平看，主要发达成员的使用量占承诺量的比例并不高，在新一轮农业谈判中可以压缩水分的空间相当大，关键是发展中成员的谈判力量和方针策略，以及主要发达成员是否愿意做出实质性让步。

2. 不同方案对国内支持削减产生的影响

根据美国、欧盟、G20 和 G10 提出的国内支持削减方案，2006 年美国、欧盟、日本等成员对各自的国内支持削减进行了模拟，美国、欧盟和日本在模拟后的结果如下，见表 2-7。

表 2-7 主要发达成员的国内支持削减模拟情况

主要成员	国内支持削减模拟	扭曲贸易国内支持削减			综合支持总量削减		
		欧盟-15（百万欧元）	美国（百万美元）	日本（10亿日元）	欧盟-15（百万欧元）	美国（百万美元）	日本（10亿日元）
G20方案	削减后约束水平	22061	12056	1362	13431.8	5730.9	993.25
	约束水平削减幅度(%)	80	75	75	80	70	75
	实施水平削减幅度(%)	68	15	36	72	45	51
美国方案	削减后约束水平	27576.25	22665.28	2560.56	11417.03	7641.20	1112.44
	约束水平削减幅度(%)	75	53	53	83	70	72
	实施水平削减幅度(%)	60	-59	-21	72	45	51
欧盟方案	削减后约束水平	33091.5	19289.6	2179.2	20147.7	7641.2	1390.55
	约束水平削减幅度(%)	70	60	60	70	60	65
	实施水平削减幅度(%)	52	-36	-3	58	27	32
G10方案	削减后约束水平	27576.25	16878.4	1907	20148	7641	1390.55
	约束水平削减幅度(%)	75	65	65	70	60	65
	实施水平削减幅度(%)	60	-19	10	58	27	32

资料来源：《中国农产品贸易发展报告》(2007)，第 99 页。

通过上述国内支持削减的模拟情况，我们可以得出以下几点推论和结论：
（1）发展中成员要求切实对国内支持削减。除了美国方案要求欧盟将综合支持总量削减83%以外，无论是综合支持总量还是国内支持总量，G20提案对美国、欧盟、日本的国内支持削减要求幅度都是很高的，即发展中国家对国内支持削减的要求远远超过发达国家，这表明发展中成员要求发达成员作出让步的愿望比较强烈。发展中成员要求削减国内支持的动力主要来自两个方面：一方面发展中成员基本上不涉及自身国内支持削减的问题，削减任务主要集中在一些发达成员；另一方面发展中成员希望能够减少自身与发达成员在国内支持方面的差距，以求创造一个农产品贸易公平竞争的国际环境。

（2）美国等并不希望大幅度削减国内支持。由于美国、欧盟是国内支持削减任务的主要承担者，而国内支持大幅度削减无疑将会影响农业和农村发展，从维护自身利益的角度看，美国、欧盟并非愿意大幅度削减国内支持，不同国内支持削减方案的模拟结果证实了这一点。对美国来说，美国、欧盟和日本方案均未对其国内支持的总体削减起到实质性作用；对日本来说，美国、欧盟方案尚未对其国内支持的总体削减起到实质性作用，G10方案对国内支持的总体削减较少；对欧盟来说，美国、欧盟和G10对其国内支持都具有实质性削减作用，但其削减幅度小于G20方案。

（3）国内支持削减问题凸显农业谈判分歧。美国、欧盟和日本是造成农产品贸易扭曲的国内支持政策的主要实施者，理所当然也应该成为国内支持削减的主要承担者。与此相对应，绝大多数发展中成员缺乏足够的财政实力，无法投入大量财政资金扶持农业发展，所以，这些成员的国内支持削减任务极少或根本没有。主要发达成员与发展中成员之间存在着国内支持方面的不平衡性，这种不平衡性和利益矛盾不可避免地要反映在农业谈判之中，导致美国、欧盟等方案与G20方案之间存在明显差异及其谈判桌上讨价还价的原因。由此可见，国内支持削减谈判是发达成员与发展中成员之间利益矛盾的一个突出点。

第三章
世界农产品贸易不平衡性及其内在矛盾

多哈回合农业谈判的两大矛盾存在于世界农产品贸易基本格局之中。首先，这反映在发达成员在 WTO 全部成员的农产品贸易中占 70% 左右，而大多数发展中成员的农产品贸易约占 30%，这种严重的不平衡状况影响了发展中国家的经济发展，由此引起了发展中国家的强烈不满；其次，这反映在出口集团与进口集团之间农产品贸易不平衡趋势，尤其是体现在典型出口成员与典型进口成员之间农产品贸易状况，进口成员力争贸易主动权并维护自身的粮食安全，农产品贸易自由化则进一步加剧了这种贸易失衡并引发新的矛盾和分歧。

一　发达成员与发展中成员的农产品贸易不平衡性

虽然对发达国家有不同的定义标准，但是，公认的发达国家包括美国、加拿大、英国、法国、德国、意大利、荷兰、比利时、卢森堡、葡萄牙、西班牙、丹麦、瑞典、瑞士、冰岛、挪威、芬兰、希腊、爱尔兰、奥地利、澳大利亚、新西兰、日本和新加坡等 24 个国家。另外，近几年以色列、韩国、匈牙利、捷克等国家经常出现在发达国家的序列之中。根据 WTO 成员及其资料来源的可获得性，我们将上述 28 个国家，以及中国香港特区作为 WTO 的发达成员，其余成员作为 WTO 的发展中成员，以此为依据来划分成员分类的范围，并确定上述两部分成员在农产品贸易中各自所占的比重。

根据上述分类标准，我们对 WTO 发达成员和发展中成员统计的结果如下：2000～2005 年发达成员在全部成员的农产品贸易中所占比重分别为 72.29%、66.50%、71.68%、66.06%、70.56%、68.23%。这 6 年发达成员在全部成员的农产品贸易中所占平均比重为 69.22%。见表 3-1。同期，发达成员在全部成员的农产品出口贸易中所占比重分别为 70.93%、64.65%、69.93%、69.12%、68.85%、66.18%。发达成员在全部成员的农产品出口贸易中所占平均比重为 68.28%。同期，发达成员在全部成员的农产品进口贸易中所占比重分别为 73.62%、68.33%、73.41%、73.03%、72.23%、70.20%。发达成员在全部成员的农产品进口贸易中所占平均比重为 71.80%。

表 3-1 WTO 发达成员与发展中成员在世界农产品贸易中所占比重

单位：%

	农产品进出口贸易	2000	2001	2002	2003	2004	2005
发达成员	全部农产品贸易	72.29	66.50	71.68	66.06	70.56	68.23
	农产品出口贸易	70.93	64.65	69.93	69.12	68.85	66.18
	农产品进口贸易	73.62	68.33	73.41	73.03	72.23	70.20
发展中成员	全部农产品贸易	27.71	33.50	38.32	33.94	29.44	31.77
	农产品出口贸易	29.07	35.35	30.07	30.88	31.15	33.82
	农产品进口贸易	26.38	31.67	26.59	26.97	27.77	29.80

注：以 WTO 成员为统计范围；根据联合国粮农组织的统计数据进行计算。

借助于上述统计结果，我们对多哈回合农业谈判与农产品贸易格局的关联性进行分析，可以得出以下一些推断和结论。

1. 发达成员占有世界农产品贸易的大部分

在 150 个 WTO 成员中，尽管发达成员数量所占全部成员总数的比重不足 1/5，发达成员的人口数量也远少于发展中成员的人口数量，但是，发达成员却享有农产品贸易额的近 70%；与此同时，发展中成员占全部成员总数比重的 4/5，但却仅仅享有农产品贸易额的约 30%。这说明 WTO

少数发达成员占有大部分农产品贸易量,而大多数发展中成员只占有小部分农产品贸易量。发达成员对大部分农产品贸易量的占有,既包括农产品出口贸易,也包括农产品进口贸易。显而易见,发达成员根据自身利益的需要,利用拥有的经济实力优势,大力开展农产品国际贸易,力争从农产品贸易中获得更多的利益;与此相反,发展中成员因受其经济实力的限制,实际参与农产品国际贸易远不如发达成员,自然从农产品贸易中获利远不如发达成员,甚至在农产品贸易中明显处于不利或吃亏情况,即发达成员占据强势地位,而发展中成员处于弱势地位。发达成员与发展中成员在农产品国际贸易上的不平衡状态,这不仅显示出两者在自然资源利用方面的巨大差距,而且也表明了两者在 WTO 农业决策中话语权不对等的情况。

2. 农产品贸易不平衡性制约了发展中成员

一方面,由于发达成员与发展中成员在经济发展、贸易运用能力等多方面的原因,造成了他们在农产品贸易发展的不平衡状态;另一方面,这种贸易发展的不平衡性又制约了发展中成员的经济发展,扩大了发展中成员与发达成员之间的差距。国际经济学的重要观点表明:贸易能够使双方受益,即一国与其他国家互相销售自己的产品和劳务通常总是对双方都有利[①]。发达国家的市场机制比较完善,经济发展程度较高,并占有全球的大部分资本要素,这些国家是贸易自由化过程中的最大受益者。作为一个典型的例子,美国积极发展对外贸易获得了非常明显的收益。与此相反,有些发展中成员(尤其是最不发达成员)采取封闭式的自给自足政策,不愿主动发展对外贸易,这样既不能发挥本国(地区)的特有优势,也无法引进先进思想和技术,从而导致本国(地区)与国际社会的隔离,不仅影响了农业生产发展,而且也影响了本国(地区)经济的进一步发展。

3. 发展中成员要求改变这种贸易不平衡性

随着发展中国家(地区)的经济增长和参与国际社会事务日益增加,他们越来越多地认识到发展农产品贸易的重要性。特别是随着 WTO 中发

---

① 保罗·克鲁格曼、茅瑞斯·奥伯斯法尔德著《国际经济学》(第四版),中国人民大学出版社,1998 年 11 月,第 3 页。

展中国家（地区）数量的上升，发展中国家（地区）的领导人及其代表多次发出呼吁，他们期待着参与农业谈判的实质性决策，要求改变农产品贸易的严重不平衡状态。多哈回合农业谈判的一个重要特征，就是考虑到发展中国家（地区）的呼声和要求，对乌拉圭回合所达成的协议以及实施过程中出现的不平衡，即对发达成员主要考虑自身利益，在制定规则和实施过程中出现有利于发达成员而忽视发展中成员的不平衡现象，进行一定程度上修补，从这个意义上讲，多哈回合又被称为发展回合。多哈回合谈判的成功启动，有助于发展中国家（地区）更多地参与农产品国际贸易竞争和合作，有利于发展中国家（地区）逐步缩小与发达国家（地区）的差距。由于多哈回合贸易谈判具有帮助和促进发展中国家（地区）加快发展的要求，这为发展中国家（地区）成员参与机制决策和规则制定提供了机会，也为改变农产品贸易发展的不平衡性提供了可能性。

4. 贸易不平衡性是农业谈判分歧的根源之一

发达成员与发展中成员在世界农产品贸易中的不平衡性，不仅仅是发达成员与发展中成员之间差距的体现，而且是发达成员与发展中成员之间利益矛盾的体现。多哈回合农业谈判要缩小这种贸易不平衡状态，则必然要求发达成员将一部分利益让给发展中成员。发达成员是否会真正做出实质性让步，在哪些方面让步和让步程度有多大，以及发达成员的实际让步是否满足发展中成员的要求，这些问题都需要经过艰苦谈判和反复磋商。从关贸总协定到乌拉圭回合谈判来看，历来是西方贸易大国在WTO中占有强势地位，西方贸易大国（集团）不时操纵多边贸易体系的决策进程，不断提出新的贸易自由化要求，并按照自己的意志实施农产品贸易自由化。新一轮农业谈判表明发展中国家（地区）作为一支具有众多成员的独立力量，在WTO舞台上与发达国家展开博弈，不可避免地要发生利益冲突，这又给农业谈判带来了新的不确定因素，并预示着多哈回合农业谈判前景的艰难与曲折。由此可见，世界农产品贸易发展的不平衡性是农业谈判发生矛盾冲突和陷入困境的重要原因之一。

二 出口成员与进口成员的农产品贸易不平衡性

在WTO成员中，典型的出口成员是美国、凯恩斯集团，典型的进口成员是 G10 集团。欧盟作为一个典型的地区性联盟，其农产品贸易侧重于集团内部，所以经常地被认为是偏重于农产品进口贸易的集团。上述几个集团具有代表性和典型意义，研究它们之间的农产品贸易进出口关系，特别是农产品贸易数量关系，有助于我们理解和把握农产品出口成员与进口成员的矛盾和分歧。正因为如此，我们运用联合国粮农组织数据库的资料，对上述四个集团的农产品贸易流向进行大量的统计。为了便于了解这种贸易流向，我们将其主要脉络绘制成图 3-1，并分成若干个贸易区进行分析。

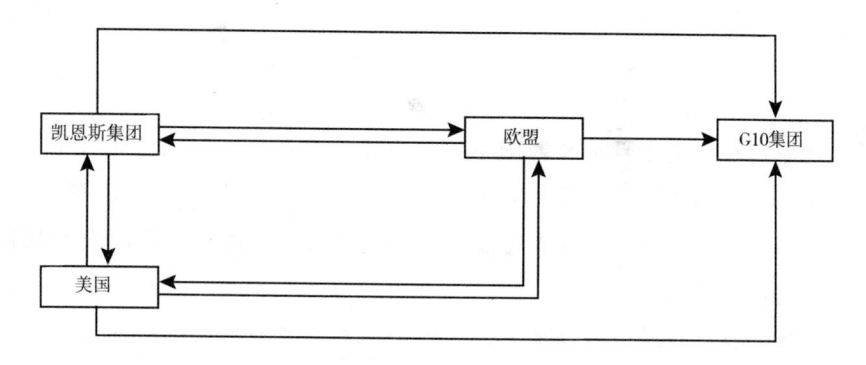

图 3-1　发达成员之间农产品贸易流向

1. 美国向 G10 集团出口大量农产品

美国是典型的农产品出口成员，而 G10 集团是典型的农产品进口成员，这是一种典型的进攻和防守的情况。我们考虑的重点是美国农产品出口 G10 集团，2004 年 G10 集团的全部农产品出口额仅占世界农产品出口额的 1.6%，这包括向美国出口农产品在内。由于 G10 集团全部农产品出口额相对很小，G10 集团向美国出口农产品可以忽略。美国向 G10 集团出口农产品的基本情况，见表 3-2。

日本和韩国是 G10 集团的两个主要成员。2004 年美国向日本出口农产品高达 84.93 亿美元，占美国向 G10 集团出口农产品总额的 61.80%；美国向韩国出口农产品达 24.88 亿美元，占美国向 G10 集团出口农产品总额的 18.10%；美国向台湾地区出口农产品为 20.64 亿美元，占美国向 G10 集团出口农产品总额的 15.02.%。日本、韩国和台湾地区进口美国农产品合计占 G10 集团进口美国农产品总额的 95%，其余 7 个成员进口美国农产

表3-2 美国向G10集团出口农产品的情况

单位：千美元

美国出口G10	日本	韩国	台湾地区	其他7个成员	总计
1998年	9101630	2265627	1798534	679978	13845769
1999年	8892286	2447888	1945061	654304	13939539
2000年	9290066	2545768	1995744	718157	14549735
2001年	8883065	2588193	2009463	650275	14130996
2002年	8382257	2671971	1966011	656415	13676654
2003年	8935310	2852601	2035660	769435	14593006
2004年	8493545	2488176	2064321	697571	13743613

注：根据FAO数据库统计数字进行计算。

品的比重很小。由于日本和韩国不仅是重要的农产品进口国，而且是G10集团中人口较多的发达国家，具有较强的市场购买力和较高的消费水平，所以日本和韩国不仅是美国农产品出口的重点市场，而且是美国农产品输出扩大的主要目标。

从日本农产品进口市场来看，美国是日本的第一大农产品来源国。有关研究报告指出[1]，日本是世界上第二大农产品进口国，从谷物产品、油籽产品、园艺产品、畜禽产品和水产品五大类农产品来看，2002年这五大类农产品进口额分别占日本全部农产品进口额的10.21%、4.14%、24.60%、19.44%、27.95%。2002年美国农产品占日本全部农产品进口市场份额的28.41%。日本在进口谷物产品、油籽产品、园艺产品、畜禽产品和水产品中，美国产品占有较大的份额。

从韩国农产品进口市场来看，美国是韩国的第一大农产品来源国。有关研究报告指出[2]，虽然韩国农产品进口额在世界上排名在第10名之后，但是，韩国人均农产品进口额较高，而且韩国农产品进口增长趋势十分明显，现已成为亚洲第三大农产品进口国。2002年美国农产品占韩国农产品进口市场份额的25.94%。在韩国进口的谷物产品、油籽产品、园艺产品、畜禽产品中，美国产品占有较大的份额。

---

[1] 翁鸣：《中日韩农产品贸易比较及市场分析》，2004年5月，农业部委托课题。
[2] 翁鸣：《中日韩农产品贸易比较及市场分析》，2004年5月，农业部委托课题。

2. 凯恩斯集团向 G10 集团出口大量农产品

与上述情况相似，凯恩斯集团是典型的农产品出口成员，而 G10 集团是典型的农产品进口成员，这又是一种典型的进攻和防守的情况。同样，我们主要考虑凯恩斯集团向 G10 集团出口农产品，由于 G10 集团全部农产品出口额相对很小，G10 集团向凯恩斯集团出口农产品可以忽略。日本、韩国和台湾地区是 G10 集团中进口农产品较多的成员，这 3 个成员从凯恩斯集团进口农产品合计占 G10 集团全部成员从凯恩斯集团进口农产品总额的 90% 左右。凯恩斯集团向 G10 集团出口农产品的基本情况，见表 3-3。

表 3-3 凯恩斯集团向 G10 集团出口农产品情况

单位：千美元

出口成员	1998 年	1999 年	2000 年	2001 年	2002 年	2003 年	2004 年
凯恩斯集团—日本	10038242	9677911	7998546	9478780	9605524	10474821	13197531
凯恩斯集团—韩国	1611645	1960982	2094639	2414279	2584436	2520420	3719711
凯恩斯集团—台湾地区	988398	1077354	1185089	1308932	1445805	1669759	1853432
总　计	13803354	13856336	12352029	14280092	14796961	15982557	20437682

注 1：根据 FAO 数据库统计数字进行计算。
注 2：总计包括凯恩斯集团向日本、韩国、台湾地区等 10 个成员出口农产品的总额。

虽然美国是向 G10 集团出口农产品最多的国家，但从集团的角度看，凯恩斯集团无疑是世界上向 G10 集团出口农产品最多的贸易集团。在凯恩斯集团中，澳大利亚、泰国、加拿大、印度尼西亚、巴西、新西兰、智利等都是日本、韩国等 G10 集团成员进口农产品的重要来源国。有关研究报告指出[1]，2003 年日本农产品进口总额中，澳大利亚、泰国、加拿大、印度尼西亚、巴西、智利、新西兰、菲律宾、马来西亚分别占有 6.52%、6.05%、5.37%、2.35%、2.02%、1.92%、1.80%、1.43%、0.84%，这 9 个凯恩斯集团成员合计占有 28.30%。2003 年韩国农产品进口总额中，澳大利亚、泰国、巴西、新西兰、加拿大、印度尼西亚、菲律宾、马来西亚、阿根廷、智利分别占有 7.48%、4.01%、3.98%、2.13%、1.88%、1.73%、1.70%、1.64%、0.86%、0.76%，这 10 个凯恩斯集团成员合计占有 26.15%。

---

[1] 翁鸣：《中日韩农产品贸易比较及市场分析》，2004 年 5 月，农业部委托课题。

从凯恩斯集团成员对日本出口农产品来看,据有关研究报告分析①,加拿大、澳大利亚及泰国是日本进口谷物的主要来源地;巴西、加拿大、澳大利亚、阿根廷、马来西亚等是日本进口油料作物的重要来源地;澳大利亚、加拿大、新西兰是日本进口鲜冷冻牛肉的重要来源地;澳大利亚和新西兰是日本进口鲜冷冻羊肉的主要来源地;加拿大、智利是日本进口鲜冷冻猪肉的重要来源地;澳大利亚、印度尼西亚、智利、泰国和菲律宾是日本进口水产品的来源地;澳大利亚、新西兰、泰国是日本进口蔬菜的来源地;澳大利亚、泰国和南非是日本进口蔗糖和甜菜糖的主要来源地。

从凯恩斯成员对韩国出口农产品来看,据有关研究报告分析②,加拿大、澳大利亚及泰国是韩国进口谷物的重要来源地;巴西、澳大利亚、印度尼西亚、马来西亚等是日本进口油料作物的重要来源地;澳大利亚、新西兰是韩国进口鲜冷冻牛肉的重要来源地;智利、加拿大是韩国进口鲜冷冻猪肉的重要来源地;澳大利亚、新西兰是韩国进口鲜冷冻羊肉的主要来源地;新西兰、菲律宾、南非、巴西、印度尼西亚、泰国是韩国进口部分水果的来源地。澳大利亚、泰国是韩国进口蔗糖和甜菜糖的主要来源地。

与美国相比较,凯恩斯集团对 G10 集团的农产品出口增长较快。1988~2004 年凯恩斯集团对日本的农产品出口额增长约 48%,与此同时,美国对 G10 集团的农产品出口增长趋势尚不明显。凯恩斯集团是众多农产品出口成员组合而成,由于农业生产与自然条件、地理位置关系密切,以及农产品贸易与地理位置、特色品种关系密切,凯恩斯集团在总体上的自然优势、地理优势和品种优势超过美国,这是凯恩斯集团农产品出口增长较快的一个关键原因。

3. 欧盟向 G10 集团出口大量农产品

尽管人们经常将欧盟看作为农产品进口集团,但是,实际上并非完全如此。从欧盟与 G10 集团之间农产品贸易来看,欧盟体现出一个农产品出口集团。这里,我们考虑的重点是欧盟农产品出口 G10 集团,由于 G10 集团全部农产品出口额相对很小,G10 集团向欧盟出口农产品可以忽略。欧盟向 G10 集团出口农产品情况,见表 3-4。

---

① 翁鸣:《中日韩农产品贸易比较及市场分析》,2004 年 5 月,农业部委托课题。
② 翁鸣:《中日韩农产品贸易比较及市场分析》,2004 年 5 月,农业部委托课题。

表 3-4　欧盟向 G10 集团出口农产品情况

单位：千美元

年　份	1998	1999	2000	2001	2002	2003	2004
欧盟—G10 集团	—	11211050	11429576	10686801	12845451	14381856	15617690

注：根据 FAO 数据库、欧盟数据库的统计数字进行计算。

从欧盟成员对日本出口农产品来看，根据有关研究报告分析[①]，法国、丹麦、意大利、荷兰、德国、英国、西班牙等成员都是日本进口农产品和食品的来源地。丹麦、法国是日本进口肉类产品的来源地；荷兰、德国、西班牙是日本进口食糖产品的来源地；比利时、法国、意大利是日本进口巧克力及其含可可食品的来源地；法国、意大利是日本进口葡萄酒的主要来源地；英国、法国是日本进口蒸馏酒的主要来源地；意大利是日本进口烟草的来源地；德国、荷兰、丹麦是日本进口蛋白质的来源地。

从欧盟成员对韩国出口农产品来看，根据有关研究报告分析[②]，英国、法国、荷兰、德国、丹麦、比利时等成员都是韩国进口农产品和食品的来源地。比利时、丹麦、法国、荷兰是韩国进口猪肉的主要来源地；荷兰、德国是韩国进口固体糖的主要来源地；荷兰、比利时和意大利是韩国进口可可粉、巧克力及其他含可可的食品的主要来源地；法国、意大利是韩国进口葡萄酒的主要来源地；英国、法国是韩国进口蒸馏酒的主要来源地。

与凯恩斯集团相似，欧盟对 G10 集团的农产品出口增长较快。1989~2004 年欧盟对日本的农产品出口额增长约 39.31%，与此同时，美国对 G10 集团的农产品出口增长趋势并不明显。欧盟对日本出口农产品增长较快，除了其众多成员国集成的自然条件等优势外，还有两个重要原因，一是欧盟处于不断扩张的过程中，其成员数量不断增多，农产品出口总量自然随着增长；二是几个 G10 集团成员位于欧洲，欧盟对这些 G10 集团成员出口货物运输非常方便，具有特殊的地理条件。与欧盟

---

① 翁鸣：《中日韩农产品贸易比较及市场分析》，2004 年 5 月，农业部委托课题。
② 翁鸣：《中日韩农产品贸易比较及市场分析》，2004 年 5 月，农业部委托课题。

相比较，地处北美地区、单一国家成员的美国，则不具备上述的集团优势和地理优势。

4. 进口与出口成员之间不一致引发的矛盾

进口成员与出口成员之间贸易不平衡引发矛盾的关键，在于农产品出口与农产品进口的供需均衡性是否得到满足。日本、韩国等G10集团成员的农业资源比较匮乏，不得不进口大量农产品作为国内供给的重要补充。但是出口成员与进口成员的贸易关系并非简单地取决于进口成员的进口需要，在相当的程度上还要满足出口成员的出口需要。当出口成员与进口成员的要求不一致时，就不可避免地会产生矛盾和分歧。对此进一步分析，我们可以得出以下一些推断和结论：

(1) 进口成员与出口成员的目的不一致性。从进口成员来看，尽管他们从国外大量进口农产品，解决由于国内资源不足出现的供给问题，但这并不意味着放弃本国农业发展。以日本为例，按照其农林水产省的统计口径（按食品供给热量计算），2003年日本农产品自给率只有40%，其余60%来源于国际市场。但是，日本政府始终强调粮食安全的重要性和必要性，千方百计地坚持大米的高自给率。从出口成员来看，他们拥有丰富的农业资源，其农产品产出远远超过本国的消费需要，这些成员出口农产品是为了推动本国的农业发展。如果不为剩余农产品寻找出路，就会因农产品消费不足而影响农业生产，最终导致农业萎缩、农村凋零和农产品竞争力下降的局面。以澳大利亚为例，澳大利亚对谷物和肉类消费量分别只占本国同类农产品生产量的10.15%和37.73%，剩余谷物和肉类产品除少量用于存储和加工外，其余大部分通过出口海外市场的方式进行消费，对于澳大利亚来说农产品出口具有举足轻重的作用。

(2) 保证粮食安全是进口成员的本能要求。一般来说，绝大部分国家（地区）都重视粮食安全问题，这是基于对农业是国民经济的重要基础的共同认识。其中，进口成员往往更加重视粮食安全问题，因为这些成员的综合农业生产能力比较薄弱，一旦缺少必要的农业保护措施，很容易受到海外农产品的冲击而严重丧失农业生产能力。出于这样的考虑，G10集团反对激进的农业改革方案，特别是反对大幅度提高市场准入程度，抵制大幅度削减敏感农产品的高关税，包括对降低关税和增加配额的双重削减。一个现实问题不得不令人深思,如果出现世界粮食供求关系紧张,农产品出口国是否有义务和责任保证进口国的粮食安全,以及现有的自由贸易体系是否保证进口国的粮食安全。2007年以来,世界粮食供求关系突然趋于紧张,一些出口国纷纷采取各种措施限制粮食出口,甚至有的国家明令禁止粮食出口,这无疑对粮食进口国造成了很大的损害,同时也刺激了进口成员对粮食安全的本能要求,以及对农产品贸易自由化的疑惑和反感。

(3) 贸易权利是农业谈判分歧的根源之一。农产品贸易自由化的本意是自由地发展农产品贸易,但是各方因受自身利益和立场的影响,对如何运用贸易权利有着不同的理解和把握。出口成员强调为了实现贸易自由化,应减少和消除阻碍贸易自由化的关税壁垒和非关税壁垒;进口成员则强调这种贸易自由化符合农产品出口国的利益,而不利于农产品进口国的利益。日本政府指出,现存的WTO贸易制度体现了出口国有出口的自由,也有不出口的自由;但是进口国却只有进口的自由,而没有不进口的自由。显而易见,日本认为这种贸易自由化带来的贸易权利,对进口成员和出口成员并非平等享受。出口成员与进口成员能否平等地享受贸易权利,无疑就成为农业谈判分歧的深层次原因之一。

需要特别指出的是,在统计美国、凯恩斯集团和欧盟分别向G10集团出口农产品过程中,为了取得有价值的资料,我们选择了联合国粮农组织FAOSTAT数据库作为数据来源。通过该数据库中的贸易矩阵,即对不同国家和不同农产品及加工品的组合方式,得到有关国家(地区)之间的农产品贸易额。尽管使用这种方式存在一定的误差,但是因受各种条件限制,我们无法通过其他方式获得这方面数据。

三 美国、凯恩斯集团和欧盟之间的农产品贸易关系

虽然美国和欧盟、凯恩斯集团和欧盟之间并非是典型的进攻与防守关系,美国与凯恩斯集团更是人们想象中的进攻对进攻的关系,通过对这三者之间农产品贸易数量的分析,有助于我们深入了解和准确把握美国、凯恩斯集团和欧盟之间的农产品贸易关系。

1. 美国与欧盟之间的农产品贸易关系

美国与欧盟之间农产品贸易的基本情况，并非是美国对欧盟的农产品贸易一直保持顺差，而是美国对欧盟的农产品贸易出现了逆差，见表3-5。以1998~2004年为例，1998年美国对欧盟的农产品贸易仍为顺差，但从1999年起出现了农产品逆差并且逆差值不断扩大。2004年美国对欧盟的农产品贸易逆差已达到55.47亿美元，逆差额占双方农产品贸易额的29.02%。

表3-5 美国与欧盟之间的农产品贸易情况

单位：千美元

年 份	1998	1999	2000	2001	2002	2003	2004
美国出口欧盟	7940463	6413207	6243590	6403957	6144964	6453993	6783749
欧盟出口美国	7387201	7939803	8066448	7935764	8635793	10642013	12330755

资料来源：美国农业部数据库统计数字。

美国对欧盟的农产品贸易出现逆差，这表明美国农产品在世界上最大的、最集中的发达国家市场遇到很大的困难。为什么会使世界上最具竞争力的美国农产品在欧盟市场受到强大的阻力，这个问题值得认真思考，它是美国与欧盟之间农产品贸易摩擦的关键，也是多哈回合农业谈判欧美双方产生分歧和矛盾的根源。从总体上讲，欧盟农产品竞争力明显弱于美国农产品竞争力，这是一个不争的事实，但是两大集团之间农产品贸易现状却没有真实反映，要解释这一问题的答案只能是欧盟共同政策。

欧盟共同农业政策采取三大原则，即单一市场、共同体优先及共同财政责任。其中的"单一市场"原则强调欧盟内部农产品市场，据WTO统计，2003年欧盟15个成员国之间农产品出口额占世界农产品出口总额的42.2%[1]，这大大压缩了美国在欧盟市场上农产品销售的空间。"共同体优先"原则决定了欧盟关于农产品对外贸易政策的基调是高度贸易保护[2]。欧盟共同农业政策对推动其农业生产和发展起到了巨大的积极作用，但

---

[1] WTO International Trade Statistics 2004, trade IV. 8.
[2] 陈耀东：《从欧美农产品贸易摩擦看欧盟共同农业政策取向》，《欧盟一体化现状》2007年第2期。

这是建立在农产品市场高度保护的基础之上，其基本政策是共同价格制度、进口农产品的差价税制度及出口农产品的出口补贴制度，正是这三方面政策的共同作用，不仅改变了美国农产品在欧盟市场上的竞争力状况，而且也改变了欧盟农产品在美国市场上的竞争力状况，造成美国对欧盟的农产品贸易出现逆差，进而严重影响美国农产品贸易的发展，导致欧美之间农产品贸易的摩擦，也是美国与欧盟在本轮农业谈判中矛盾和分歧的延续。

通过上述分析，我们可以认识到：美国与欧盟之间分歧既不能归结为发达成员与发展中成员的利益矛盾，也不能简单地归结为出口成员与进口成员的利益矛盾，实际上应该归于发达成员之间的利益矛盾，这是发达成员内部农业发展不平衡性以及农业保护政策所造成的利益矛盾的结果。

2. 欧盟与凯恩斯集团之间的农产品贸易关系

尽管凯恩斯集团与美国都是典型的出口成员，但是两者与欧盟的农产品贸易关系却有较大差异，凯恩斯集团与欧盟之间农产品贸易的现实情况，形成了凯恩斯集团对欧盟保持农产品贸易顺差，而且农产品贸易顺差金额巨大并且趋于增加，见表3-6。

表3-6 欧盟与凯恩斯集团之间的农产品贸易情况

单位：百万欧元

年 份	1999	2000	2001	2002	2003	2004
欧盟—凯恩斯集团	5188	6109	5961	5942	5790	6008
凯恩斯集团—欧盟	22829	25385	27820	27766	27738	29466

资料来源：欧盟数据库。

凯恩斯集团与欧盟的农产品贸易具有两个基本特点：首先，双方之间农产品贸易额存在很大差距，即凯恩斯集团向欧盟出口农产品远超过欧盟向凯恩斯集团出口农产品，他们存在一种进攻与防守的关系。很明显，欧盟处于农产品贸易中的弱势地位，是防守的一方；而凯恩斯集团处于农产品贸易中的强势地位，是进攻的一方；其次，凯恩斯集团向欧盟的农产品出口额超过美国向欧盟的农产品出口额，即在与美国相比较中，凯恩斯集团对欧盟的农产品出口占有明显的优势。

凯恩斯集团的农产品出口特点是与两个方面密切有关：一是凯恩斯集团成员分布广泛，其中许多成员位于南半球的热带或亚热带地区，自然资源非常丰富，生产的农产品不仅品种繁多而且颇具特色，这有助于增强凯恩斯集团对欧洲市场的适应性和竞争力；二是不少凯恩斯集团成员与欧盟存在着某种传统的经济贸易联系，以英联邦为例，澳大利亚、新西兰、加拿大、马来西亚和南非等均与英国有着特殊的政治、经济关系，这些国家既是凯恩斯集团的成员，同时也是英联邦的成员，长期以来他们保持着向欧洲国家提供农产品等原料的传统，而一些欧盟国家也似乎习惯于这种传统的供应方式。

欧盟共同农业政策对凯恩斯集团农产品出口影响巨大。由于加入欧盟的原因，一些欧洲国家取消了过去给予某些出口国的优惠待遇，这不可避免地影响了凯恩斯集团农产品出口贸易的更快发展。例如，英国加入欧共体后，澳大利亚不再享受向英国出口农产品的关税优惠待遇。因此，凯恩斯集团与美国一起要求欧盟扩大市场准入。

3. 美国与凯恩斯集团之间的农产品贸易关系

美国、凯恩斯集团都是典型的出口成员，这并不妨碍互相之间发展农产品贸易。美国与凯恩斯集团的农产品贸易不仅金额数量巨大，而且双方之间农产品贸易增长趋势十分显著，见表3-7。1998~2004年，美国向凯恩斯集团出口农产品金额增长31.26%；与此同时，凯恩斯集团向美国出口农产品金额增长42.37%。在美国与凯恩斯集团的农产品贸易中，凯恩斯集团保持着贸易顺差。

表3-7 美国与凯恩斯集团之间的农产品贸易情况

单位：千美元

年　份	1998	1999	2000	2001	2002	2003	2004
美国出口凯恩斯	11142394	10947169	11763825	12376324	13164652	14555192	14625594
凯恩斯出口美国	18505887	18757481	19724085	20310693	21352532	23151867	26346616

注：根据 FAO 数据库、欧盟数据库的统计数字进行计算。

美国、凯恩斯集团的共同战略目标是推动农产品出口，其重要的贸易特征是大进大出。这种农产品贸易的特征是与两个方面密切有关。一是美国、凯恩斯集团都是进攻型成员,他们借助于自身强大的市场竞争力,不仅向进口成员及其他成员大力推销农产品,而且这两者之间农产品出口竞争也相当激烈,各自全力将其农产品推销到对方市场;二是在凯恩斯集团内部,一些成员与美国有着特殊的贸易伙伴关系。例如,加拿大与美国同属于北美洲贸易自由区的伙伴,智利、哥伦比亚等国家与美国签订了双边自由贸易协定或类似协定。上述成员与美国之间贸易来往十分密切,这种特殊关系对促进两大集团之间农产品贸易增长发挥了积极作用。

第四章
新一轮农业谈判的非贸易关注问题

在 WTO 新一轮农业谈判中,非贸易关注是一个特殊的议题,也是众多成员之间争论和分歧的一个焦点。非贸易关注不仅直接涉及农业谈判的具体问题,而且还包含着农业谈判背后的不同思想、理念之间的碰撞和冲突;它既有发达国家与发展中国家共同关心的话题,又有不同国家各自分别关心的利益所在;它不仅是人类社会问题的重要反映,而且是影响全球贸易自由化进程的重要因素。

一 WTO 主要成员的立场差异

非贸易关注(non-trade concerns)是指那些不符合 WTO 自由贸易的基本原则,但却涉及国民、国家或整个世界的多方面社会福利的现存问题[①]。我们可以这样来理解:非贸易关注虽然不直接产生于贸易领域内,但却受到人们高度关注并对自由贸易有着重要影响的那些思想、理念、观点和行为等。非贸易关注涉及的问题十分广泛,其中包括农业多功能性、粮食安

---

① 农业部农产品贸易办公室编《新一轮农业谈判研究》,中国农业出版社,2003 年 5 月,第 148 页。

全、动植物检验检疫、动物福利和知识产权保护等，这些都是人们经常讨论的重要内容。

从广义上讲，非贸易关注问题包括两个方面：一是指纯粹意义上的农产品自由贸易活动无法体现和实现农业生产的全部价值，从而导致从事贸易活动的某一方利益的损失和减少的问题；二是开展农产品贸易可能引发和影响的问题，如动植物产品贸易可能引致的动植物和人类卫生以及食品安全问题[①]。从狭义上讲，非贸易关注是指纯粹的农产品自由贸易活动无法体现和实现农业生产的全部价值，从而导致从事贸易活动的某一方利益的损失和减少的问题，[②] 即广义的非贸易关注的第一个方面。

非贸易关注问题引起许多国家和地区的高度关注，他们纷纷要求国际组织重视非贸易关注问题，以致于WTO《农业协定》明确提出贸易自由化改革"要考虑非贸易关注，包括粮食安全和环境保护的需要"。2004年7月，WTO在农业谈判阶段性重要成果《农业谈判框架协议》中，再次重申"非贸易关注将在谈判中得以考虑"。与此同时，WTO成员之间关于非贸易关注问题的争论和分歧从未停止过，现实利益之争是造成WTO成员对非贸易关注问题立场差异的主要原因，这大致可分为三类：一是以欧盟、日本等成员为主的支持派；二是以凯恩斯集团和美国为主的反对派；三是以部分发展中成员为主的中间派。

日本是一个农业资源紧缺的国家，人均可耕地面积非常少，这就造成农业经营规模小、集约化程度高，成为世界各国中农业生产成本和补贴最高的国家之一。在农产品贸易自由化进程中，日本面临着进一步削减关税保护和减少国内支持的巨大压力。在这种情况下，日本学者在原来日本稻米文化的基础上，提出农业多功能性理念。需要注意的是，日本将农业多功能性应用于国内农业发展目标的同时，将其作为一种应对WTO农业谈判的理论基石，即反对美国、凯恩斯集团推行激进贸易自由化的一种理论工具，有效地应用于新一轮农业谈判之中。

日本认为，农业不仅具有商品生产的功能，而且具有保证粮食安全、

---

① 倪洪兴著《非贸易关注与农产品贸易自由化》，中国农业大学出版社，2003年3月，第1版，第10页。

② 倪洪兴著《非贸易关注与农产品贸易自由化》，中国农业大学出版社，2003年3月，第1版，第10页。

保护生态环境、传承文化和保持乡村繁荣等多种功能，这些功能是与农产品生产过程紧密相联系，具有溢出和公共品的特征，并非仅仅依靠市场机制就能得到农业多功能性的全部价值，激进的农产品贸易自由化不但不会获得这种全部价值，反而会破坏这种全部价值的实现，所以新一轮农业谈判必须充分考虑并有效地解决非贸易关注问题。基于这样的考虑，要确保农业多功能性全部价值的实现，必须允许各成员国（地区）根据不同的农业生产条件和具体情况，采取多种有效的国内支持和市场保护政策措施。在市场准入方面，扩大市场准入机会应该考虑非贸易关注的需要，关税减让要允许保持一定的关税保护水平并具有一定的灵活性。在国内支持方面，不仅要允许使用与生产脱钩的"绿箱"政策，而且允许使用不脱钩的其他支持政策。

欧盟的农业资源并不丰富，自20世纪60年代以来，实行以共同农业政策为主体的农业高度保护体系，其农产品贸易在相当程度上来自于内部成员之间。随着农产品贸易自由化压力的增大，欧盟同样需要应对外部要求其开放市场的压力，需要有相关理论作为其政策的支撑。欧盟十分重视农业的多功能性，但是其立场和关注的侧重点与日本有所区别。欧盟主张农业多功能性的侧重点不是粮食安全，而是环境保护、食品质量安全和乡村发展，其目的之一是维持对成员国农业的高补贴支持政策，以此改善其农业生产的生态环境和提高农产品质量，为欧盟公民提供高标准的生活质量。

欧盟认为，无论是发达成员还是发展中成员，都应当认可农业多功能性，应该承认农业作为公共品来源的特殊作用。在工业化和城市化高度发展的状况下，环境保护和食品安全是各国重要的社会发展目标，保持乡村地区平衡发展和可持续发展是发挥农业多功能性的重要作用。因为目的在于保护环境、提高食品安全水平和增强农村社区活力的措施，其贸易扭曲影响是最小的，所以应该属于免于削减的"绿箱"政策范围。欧洲作为世界上最重视动物福利的地区，欧盟强调：贸易自由化不应损害改进动物福利的努力，农业生产者改进动物福利的努力应该鼓励，由此增加的额外成本应该得到补偿，作为对农业的支持措施应列入"绿箱"政策。扩大市场准入要考虑有利于乡村发展和食品安全，关税削减要适度并要有一定的灵活性。欧盟在《2000年议程》中明确指出：要构建起能够体现农业多功能性和与此相关的多种效益的欧洲农业发展模式，突出强调环境保护、食品安全、传统农业色彩、农村活力和农民就业，以及动物福利等问题。

凯恩斯集团是一个由农产品出口成员组成的利益集团，具有优越的农业资源和强劲的农业竞争力，农产品出口是这些成员发展农业的一种重要方式，其农业谈判目标是大力推动农产品贸易自由。与美国相比，凯恩斯集团成员对农业的保护和支持水平普遍较低，他们不仅要求大幅度增加市场准入程度，而且要求取消或实质性削减农业补贴。凯恩斯集团坚决反对关于农业多功能性的提案，因为农业多功能性意味着承认农业生产的特殊性和对农业实行过度保护的合理性。凯恩斯集团认为，虽然每个 WTO 成员都拥有提出非贸易目标的权利，其中包括粮食安全、环境保护、农村发展等，但是关键在于分辨出哪一项政策是实现这些目标的最佳选择，以及排除某些政策名为农业多功能性，实为贸易保护主义的嫌疑。对于某些成员借机实施农产品贸易保护主义的做法，凯恩斯集团明确表示支持发展中国家的粮食安全、环境保护和农村发展等目标，但是不支持他们提出的农业多功能性观点。

美国坚决反对将农业多功能性纳入新一轮农业谈判，因为其农业谈判的核心目标是扩大市场准入，而日本、欧盟等成员提出非贸易关注和农业多功能性，往往具有明显阻碍扩大市场准入的倾向。美国是农产品贸易自由化的主要鼓吹者，一方面，美国拥有丰富的农业资源、先进的科学技术和雄厚的财政实力，造就其许多农产品极具竞争力，并成为世界上最大的农产品出口国；另一方面，美国消费者不仅要求农产品质量水平高，而且要求农产品多样性和便利性，美国需要大量进口外国农产品来满足本国市场。因此，推动农产品贸易自由化是美国的利益所在。美国承认各国有权追求粮食安全、环境保护、就业保障等农业非商品产出目标，对解决农业多功能和非贸易关注问题的合理性没有提出质疑，但强调应以不扭曲贸易的方式来解决这些问题。美国认为，WTO 规定的"绿箱"政策已经对粮食安全、农村发展、环境保护、农民就业等方面给予了应有的补偿，这些政策措施是帮助各成员实现非贸易关注目标的有效手段，所以不需要针对非贸易关注问题采取扭曲生产和贸易的农业补贴支持措施。美国担心，如果农业多功能主张被接受作为实行农产品贸易限制的理由，农产品贸易则将面临巨大的不确定性风险，美国的利益也会因此受到影响。

大多数发展中国家都具有一个共同特征，即农业人口比重大、农业生产规模小和农业竞争力总体上不强。这表明：对于发展中国家来说，一方面，农业对保证粮食安全、农村社会发展等具有特殊的重要意义。与发达国家相比，发展中国家更需要对农业的保护；另一方面，由于农业占国民经济的比重较大，发达国家进一步开放农产品市场，有利于发展中国家扩大农产品出口，有利于推动这些国家的经济发展。在非贸易关注问题上，不少发展中成员并不赞同将农业多功能性理念纳入农业谈判框架，一个重要原因是国内财力有限而难以对农业支持有明显的增长。但是，发展中成员经常借用农业多功能理念，强调他们在粮食安全、农民生计和农村发展方面的需求，或为争取某些发展中成员享有的优惠待遇和政策，或为解决国内社会矛盾和冲突提供政策调整的空间。例如，东南亚国家联盟认为农业对大多数东南亚国家来说，不仅通过生产农产品给农民带来收入，还有助于适度使用自然资源，保证农村生活质量并保存农村文化[①]。在政策主张上，由印度尼西亚、菲律宾、巴基斯坦、尼日利亚和古巴等组成的G33集团要求农业协议给予发展中成员的特殊产品（SP）和特殊保障机制（SSM）待遇，SP产品可由发展中成员根据粮食安全、农民生计和农村发展需要自主选择，免予关税削减和关税配额扩大承诺。一些非洲国家成员则强调粮食安全对其社会稳定和人民生活的重要性和特殊性。印度认为，发展中国家获得的食物只能通过特定的最低水平的自给自足来保证，所以发展中成员应该保留国内政策的灵活性和免于削减承诺。

二 农业多功能性与非贸易关注

农业多功能性是指农业除了提供生产食物和植物纤维等主要功能以外，还提供社会发展、环境保护、粮食安全、人文教育等多种重要功能。农业多功能性来源于日语的"农业多种机能"，这一概念可以追溯到20世纪90年代初日本的"稻米文化"，日本文化的许多内容与水稻种植有关，许多日本民俗传统也与水稻种植相联系，例如日本的一些节日和庆典与稻

[①] 倪洪兴著《非贸易关注与农产品贸易自由化》，中国农业大学出版社，2003年3月，第1版，第47页。

米的播种、生长和收获有关，保护水稻生产也就是保护了日本的"稻米文化"。由此可见，农业多功能性具有日本农耕文化的渊源和基础。值得注意的是，后来日本学者不断完善农业多功能性理念，并将其逐渐演化成为阻碍农产品贸易自由化进程的一个重要理论根据。

农业多功能性概念的提出，是与人们追求和探索社会、经济和自然环境协调发展的大背景分不开的。1992年联合国环境与发展大会通过了《二十一世纪议程》，1996年世界粮食首脑会议上通过了《罗马宣言和行动计划》，这两次会议都提出了农业多功能性概念，并得到了一些国家和地区的赞同和响应。1999年联合国粮农组织大会和2000年联合国可持续发展委员会分别对农业多功能性进行了审议，但在审议中发生了激烈的争论。欧盟、日本、韩国等极力主张农业的多重功能，强调农业对粮食安全、自然环境、农村发展和文化传承等方面具有不可替代的重要作用，因此，各国要重视和研究农业多功能性问题。与此同时，美国、凯恩斯集团则反对将农业多功能性概念化，他们认为如果同意农业多功能性，就会为日本、欧盟等成员对农业实行过度保护提供理论依据，从而将阻碍农产品贸易自由化的进程。

在农业多功能性面临激烈争议和无法达成共识的情况下，欧盟、日本等成员利用乌拉圭回合谈判已达成的《农业协定》中"非贸易关注"概念，将农业多功能性纳入非贸易关注之中，这样既避免了因观点不同引发激烈争论陷入僵局，又能在一定的场合继续提倡农业多功能性并提出相关的建议。2000年日本、韩国、欧盟组织召开了首届国际非贸易关注大会，共有40个国家和地区的代表出席会议。会议坚持每个国家享有追求农业非贸易目标的自主权，包括农村地区社会经济发展，以及粮食安全、自然环境等方面。会议认为，农业的特殊性要求WTO对农业实行区别对待，未来的WTO农业贸易改革应充分考虑农业的特殊性和多功能性[1]。在新一轮农业谈判中，许多WTO成员提出了有关非贸易关注和农业多功能的观点及建议，但是各自强调的侧重点有所不同。其中，欧盟强调环境保护、农产品供给能力、动物福利等，日本和韩国重点关注粮食安全，挪威侧重于保护历史文化遗产和生物多样性，瑞士更加关心粮食安全及环境和风景的

---

[1] 倪洪兴著《非贸易关注与农产品贸易自由化》，中国农业大学出版社，2003年3月，第1版，第6页。

相关保护。

农业多功能性与非贸易关注是两个紧密相关的不同概念。由于农业多功能性的客观存在，农产品贸易无法实现农业生产的全部价值，从而导致贸易双方的社会福利受到影响。农业多功能性引申的政策含义，在于人们应重视农业的多种功能，通过政策调整和改善农产品贸易对贸易双方的社会福利变化不平衡状况，尤其是要消除农产品贸易对进口国社会福利产生的负面影响。上述表明，这种既不产生于农产品贸易过程，又不符合WTO自由贸易的基本原则，但却对贸易双方的社会福利有着重要影响的农业多功能性，不仅有理由被纳入非贸易关注的范围，而且还成为非贸易关注的最重要内容。

农产品自由贸易无法体现和实现农业生产的全部价值，这可以从农业多功能的三大特性来分析。学术界一般认为，农业多功能有三个主要特性，即农业多功能的联合生产特性、外部性经济特性和公共产品特性。联合生产特性是指在某一生产过程中，同时有两种或更多种产品被生产出来，这些产品或是有形的或是无形的。在农业生产中存在大量联合生产的情况，农业多功能最突出的联合生产特征是农业具有商品生产功能和非商品生产功能联合的特征。例如，林业生产出来的水果可以通过市场交易成为商品，但同时林业生产维持的生态环境和空气质量却无法通过市场交易成为商品。外部性是指一个经济主体的经济活动对他人福利所产生的影响，这种影响并不是在有关各方以价格为基础的市场交易中发生的，因此其影响是外在的。如果给其他人带来福利损失，称之为"负外部性"；反之，如果给其他人带来福利增加，则可以称为"正外部性"。农业多功能的外部性是由农业的非商品生产功能决定的，当农业生产活动产出有益于生态环境、粮食安全、农村社区发展等非商品时，农业多功能的外部性就得到体现。农业多功能的公共产品特性表现为农业生产出来的非商品具有非竞争性和非排他性，前者是指一部分人对某种农业非商品的消费不会影响另一些人的消费，后者是指某种农业非商品在消费过程中所产生的利益不能为某些人所专有。例如，在农作物生长有助于保持新鲜空气，这是一项能为人们带来好处的功能，它能使某个区域内的所有人都能生活在新鲜的空气中，要让某些人不能享受新鲜空气的好处是不可能的。一些学者认为，WTO农业谈判中涉及的非贸易关注本质上是农业多功能性问题，因为"造成农产品自由贸易无法体现和实现农业生产全部价值的原因在于农业的多功能特性以及与之相关的市场失灵"①。

我们进一步分析可知：在农产品贸易过程中，出口成员将其农产品让渡给进口成员时，实际上让渡的仅仅是农产品的使用价值，并未把伴随着农产品生产而诞生，但并不附属于农产品本身的一些特殊的使用价值让渡出来，也就是说让渡的仅仅是农业生产的一部分价值。尽管在农产品交换过程中实现了等价交换，但是，这种等价交换仅仅局限于农产品本身，实际上表面的商品交换掩盖了人类农业生产活动的全部价值和使用价值，这是由农业的自然再生产和经济再生产相结合的生产过程及其特点所决定的。

农业多功能性决定了农产品贸易具有与其他一般货物贸易不同的特殊性，这就表明农产品贸易不仅要考虑对农业商品生产的影响，还要考虑对农业非商品产出的影响。但是，要真正实现对这一问题的准确把握，确实存在着难度，主要原因有三个：一是农业非商品产出的特征决定了农业多功能性的价值有时难以给予准确的量化和统计；二是由于各自农业生产条件和社会经济文化情况不同，不同国家（地区）对非贸易关注的理解和认识存在着很大的差异；三是出自本国（地区）利益的考虑，非贸易关注经常被赋予某种政治色彩，成为农产品贸易自由化之争的一个重要问题，并变得复杂化和功利性。

三 非贸易关注涉及的粮食安全问题

粮食是人类赖以生存和发展的必需品，粮食安全是一个国家经济安全的最重要方面。2001年世界粮食安全委员会对粮食安全概念的权威性界定是：只有当所有人在任何时候都能够在物质上和经济上获得足够、安全和富有营养的粮食来满足其积极和健康生活的膳食需要及食物喜好时，才实现了粮食安全。该委员会制定了衡量世界粮食安全的7项指标，更多地考虑民众，特别是贫困群体的食物消费和营养状况。WTO《农业协定》明确指出，农业改革应注意到非贸易关注，包括粮食安全和环境保护的需要。

---

① 倪洪兴著《非贸易关注与农产品贸易自由化》，中国农业大学出版社，2003年3月，第1版，第11页。

在 WTO 中，粮食安全被确认为在非贸易关注范围之内。

根据上述粮食安全的概念，粮食安全的构成要素有四个：一是粮食的充足供给；二是粮食供应的稳定性；三是粮食的可获得性；四是粮食的质量安全性及消费偏好。对于一个国家而言，实现粮食安全的主要途径有粮食生产、粮食进口，以及安全合理的粮食储备。依靠本国农业生产，基本解决国内的吃饭问题，用较高的粮食自给率保证粮食安全，无疑是实现粮食安全的最可靠途径，但不一定是低成本的。从总体上看，不同国家的自然资源、经济发展水平、人口数量等方面存在着很大差异，所以，各国实现粮食安全的途径和要求也不尽相同。发展中人口大国的粮食安全尤为重要，如果这些国家发生粮食短缺，不仅粮食进口需求量相当大，而且容易引发世界粮食价格迅速上涨，从而不利于粮食进口。从粮食安全的角度来看，发展中人口大国进口粮食需要考虑两个问题：一是短期内世界市场是否能够满足这些国家的粮食进口量；二是这些国家是否能够承担大量进口粮食所带来的经济负担。

由于各种原因，世界上部分国家常年需要进口相当数量的粮食，甚至有些国家的粮食消费是以进口来源为主。在世界粮食贸易中，进口国与出口国所处的位置不同，贸易双方的利益不同，这就决定了他们对粮食安全的立场和观点存在很大差异，甚至有时是针锋相对的。出口国极力推动农产品贸易自由化，他们认为贸易自由化体制可以保障进口国的粮食安全，所以，进口国不必担心粮食安全问题，甚至没有必要付出一定的成本或代价来生产最低数量的粮食作物。美国认为[1]，除了非贸易扭曲的国内支持可以提高粮食安全以外，进一步的农业贸易自由化和推进合法的辅助计划是加强粮食安全的重要因素，同时考虑国际粮食援助及相应的信贷计划，即纳入美国的农产品自由贸易提案。进口国则强调保护和发展本国粮食生产对其粮食安全的重要性，特别是那些主要依赖粮食进口的国家，更是担心一旦世界粮食供求紧张会对其粮食安全带来的严重影响。日本、韩国、欧盟认为[2]，实现粮食安全的最佳途径是将发展国内生产与进口和储备结

---

[1] 农业部农产品贸易办公室编《新一轮农业谈判研究》，中国农业出版社，2003 年 5 月，第 1 版，第 164 页。

[2] 农业部农产品贸易办公室编《新一轮农业谈判研究》，中国农业出版社，2003 年 5 月，第 1 版，第 170 页。

合起来。在未来的贸易体制中,应允许成员采用国内支持和边境措施,维持一定的生产水平,而且要实现粮食进出口之间的平衡。许多发展中国家希望将非贸易关注作为继续支持农业发展的理论依据,要求保留国内支持政策的灵活性和免于削减承诺。印度提出,发展中国家食物的获得只能通过特定的最低水平的自给自足来保证,因为廉价进口大量粮食会造成对这些国家的农业生产和农民生计的严重冲击。印度尼西亚认为,促进农业生产增强了当地居民的粮食安全,可以使农民维持生存的方式多元化,这有助于缓解农村贫困和提高社会稳定性。摩洛哥主张,应给予发展中国家农业更大的灵活性,以便确保农村发展和推动整个国家经济发展及社会稳定。一些发展中的小岛国家指出,贸易自由化带来了进口商品的急剧增加,从而导致粮食生产持续下降,增大了这些岛国食物不安全。毛里求斯认为,不同国家之间存在着不同情况,所以没有一个适用于所有国家的粮食安全等问题的单一方式。

进口国与出口国之间争论的一个关键性问题,即 WTO 框架下的农产品贸易是否能够完全保证进口国的粮食安全。在世界粮食供求较为宽松的情况下,农产品贸易自由化有利于进口国的粮食需求。对于粮食进口国来说,这时的粮食安全可能是一种低成本的替代国内生产的方式,也是贸易双方较为理想的情况。但是世界粮食供求出现紧张的情况,粮食进口就不是一种理想的替代国内生产的方式,从而对进口国的粮食安全产生负面影响。

从乌拉圭回合谈判达成的《农业协定》来看,它的长期目标是建立一个以市场为导向的农产品贸易体制,其本质是推动农产品贸易自由化。事实上,农产品贸易自由化是由出口国倡导并积极推动的,在相当程度上反映了出口国的利益。虽然《农业协定》要求对设立粮食出口禁止或限制的成员,应适当考虑此类出口禁止或限制对进口成员粮食安全的影响,但是与推行农产品贸易自由化的主基调相比,其作用是微不足道的。日本认为,出口国与进口国之间准则中存在的不均衡现状,WTO 贸易制度体现了出口国有出口的自由,也有不出口的自由,但在进口国却只有进口的自由,而没有不进口的自由。进一步分析可知,出口国的不出口自由影响到进口国的粮食安全,如何改善出口国与进口国之间准则的不平衡状况,这是 WTO 在非贸易关注方面需要认真解决的问题。

从各个国家来看，粮食是一种关系人民生存和社会安危的战略物资，保证粮食安全是一个国家的首要任务。当国际市场出现粮食短缺或持续不稳定时，出口国和进口国对粮食安全的把握上存在着很大差异，这种差异性根源于对粮食的控制权。出口国拥有粮食生产和贸易的主动权，满足本国粮食需求永远是第一位的。进口国则被动地争取粮食进口，以解决国内粮食生产不足的问题。在这种情况下，进口国承担的粮食安全风险远远高于出口国的风险。

近年来发生的世界粮食危机验证了上述分析。2007年12月17日，联合国粮农组织总干事迪乌夫指出，近一年国际小麦价格上涨了52%，达到了历史最高的每吨130美元。与此同时，全球小麦的储备减少了11%，创下了自1980年以来的最低水平，仅够全球人口12周的消费，全球玉米的储备也仅够世界人口8周的消费。从粮食供给方面看，全球气候变暖带来的洪涝、干旱等灾害导致重要产粮区的粮食产量下降，诸如澳大利亚、加拿大，以及欧洲等小麦主要产区因为干旱而导致小麦减产；一些中亚国家受干旱的影响，粮食严重歉收，有的国家甚至面临大饥荒的威胁。从粮食需求方面看，由于世界人口不断增长，以及满足生物能源的需求持续上升，正在消耗大量的粮食。迪乌夫认为，由于供应和需求因素的共同作用，加上粮食价格、石油价格高涨，世界面临一个"非常严重的危机"。

在这次粮食危机过程中，一些出口国纷纷采取抑制粮食出口的新政策，以缓解自身粮食紧张的局面。阿根廷政府调高了主要农产品的出口关税，其中大豆的出口关税从原先的27.5%提高到35%，玉米的出口关税从20%提高到25%，并暂停小麦出口登记业务。越南政府和印度政府曾采取禁止大米出口的措施，以稳定国内大米价格。俄罗斯政府对小麦出口征收10%关税，对大麦出口征收30%关税。与此同时，一些进口国则采取暂停征收或调低进口关税，以及提高进口预算等政策缓解供应压力。欧盟在2007/2008年度，除燕麦、荞麦以及小米之外，对其他粮食的进口关税暂停征收。韩国政府为了稳定国内供应和食品价格，分别调低了小麦、食用玉米、大豆的进口关税，并取消了饲料玉米的进口关税。日本政府则将小麦进口财政预算提高一倍，以应对小麦价格的继续上涨。

出口国采取抑制粮食出口的政策，进一步加剧了国际市场上粮食供求的紧张状况,对进口国的粮食安全增加了新的威胁。在这次粮食危机中,受害最为严重的是发展中国家以及高度依赖粮食进口的国家和经济体。为了解决民众的吃饭问题,这些国家不得不进口国际市场上的高价粮食。特别是一些非洲国家的粮食供给受到严重影响,甚至一些地方因粮食短缺发生了社会动荡和骚乱。例如,海地、塞内加尔、喀麦隆、科特迪瓦、毛里塔尼亚等国家的粮食价格出现大幅度上涨后,民众不满情绪骤然激化,从而爆发了抗议粮食涨价的暴力示威或流血冲突。由于粮食安全引发的社会不安定,使这些国家的社会经济发展遭受了严重破坏。

这次粮食危机带给人们一个重要教训,即粮食安全不能单纯依靠贸易自由化来解决,更不能将粮食贸易自由化与实行粮食自给自足政策对立起来。既要不断完善现存的农产品贸易体制,使其发挥有利于进口国的粮食安全的积极作用,又要从基本国情出发,提高粮食的自给自足的能力。联合国食物权问题特别报告员奥利维耶·德许特曾指出,世界银行和国际货币基金组织"严重低估了投资农业的必要性",国际货币基金组织迫使负债的发展中国家以粮食自给为代价,投资可以出口创汇的农作物。联合国前秘书长安南认为,应当实施长期战略,推动"非洲农民迅速提高产量,以便让非洲能够实现粮食自给"。

四 非贸易关注涉及的动物福利问题

动物福利(animal welfare)是指为了使动物能够康乐而采取的一系列行为和给动物提供相应的外部条件[①]。动物福利强调保证动物康乐的外部条件,提倡动物福利的主要目的有两方面:一是从以人为本的思想出发,改善动物福利可最大限度地发挥动物的作用,即有利于更好地让动物为人类服务;二是从人道主义出发,重视动物福利,改善动物的康乐程度,使动物尽可能免除不必要的痛苦。

1822 年马丁提出禁止虐待动物的议案获得英国国会的通过,"马丁法令"成为世界上第一部反对虐待动物的法律,它对欧洲乃至全世界动物福

---

① 宋伟:《善待生灵——英国动物福利法律制度概要》,中国科学技术大学出版社,2001 年 12 月第 1 版,第 3 页。

利运动发展都产生了重要影响。动物福利的基本原则有五条：（1）享有不受饥饿的自由。保证提供充足的清洁水、保持良好健康和精力所需要的食物，主要满足动物的生命需要；（2）享有生活舒适的自由。提供适当的房舍或栖息场所，动物能够舒适地休息和睡眠；（3）享有不受痛苦、伤害和疾病的自由。保证动物不受额外的疼痛，并预防疾病和对患病动物及时治疗；（4）享有生活无恐惧和悲伤感的自由。保证避免动物遭受精神痛苦的各种条件和处置；（5）享有表达天性的自由。提供足够的空间、适当的设施，以及与同类动物伙伴在一起。

动物福利在很大程度上归结于伦理学研究。早在1892年，亨利·萨尔特就提出动物享有道德权利，应该得到人类的关怀。彼得·辛格在《动物解放》一书中指出，在伦理上没有正当理由认为动物所感受的痛苦没有人的重要[1]。他通过伦理学的论证，说明为什么人类需要对具有感受痛苦能力的非人类动物，根据不同的天性平等地考虑它们的利益。他提出根据人类平等的伦理原则，要求人们也把平等的考虑扩大到动物。西方学者提出的动物伦理有两层意思，广义的动物伦理是指人类对于动物做出符合一定道德伦理标准的行为规范；狭义的动物伦理是指人们对于用于科学实验、教学和产品检测等方面的动物的行为规范。西方国家的普遍做法是首先对动物试验制定法规和准则，提出强制性和指导性行为规范，以实现人道地对待和关照动物的福利。改变动物所受到的不公平待遇，是动物福利的出发点和基本目的。

一个国家的动物福利状况取决于多种因素，既有经济发展因素，也有历史、宗教、伦理、法律等人文因素。即使在不同的发达国家之间，同样存在着动物福利的差距。"动物福利"的国家差距主要体现在三个方面：（1）在公众理念和认知的差距；（2）动物福利立法的差距；（3）动物饲养、运输、试验及屠宰等规范准则的差距。拥有"动物福利"优势的西方国家不仅积极推行其主张，而且要求国际社会认同他们的思想和观念，甚至要求按照他们的规则和标准实施。处于"动物福利"劣势的国家则难以适应这种要求，尤其是一些发展中国家尚未解决人的温饱问题，实现人的福利是现阶段最迫切的需求，动物福利则远远安排不上日程表。很显然，

---

[1] 彼得·辛格：《动物解放》，青岛出版社，2004年9月第1版，第9页。

这种"动物福利"理念和应用的差距不仅仅是反映在国内社会经济方面，而且还突出反映在农产品国际市场的交往方面。

欧洲是动物福利思想的发源地，也是动物福利实践最为充分的地区。在近现代，一些欧洲思想家，包括来自哲学、宗教学、法学、伦理学等领域的学者，都曾对推动动物福利发展产生过积极的影响。英国最早制定了动物福利法案，对动物福利的兴起具有重要影响。欧盟国家不仅拥有大批具有动物福利理念的民众，拥有一批极具社会影响力的动物福利团体，而且在动物福利政策方面领先于其他地区。在 WTO 成员对动物福利存在不同认识的背景下，WTO 推行的农产品贸易自由化不仅与动物福利目标不一致，而且与欧盟国家现行的动物福利政策发生矛盾。世界农场动物福利协会指出①，2012 年欧盟各国将禁止传统畜禽饲养所用的多层铁丝笼舍方式，但是，WTO 鼓励欧盟市场进一步开放，欧盟农民认为这将把他们置于一个不公平的不利地位。即欧洲农民以更人道但成本更高的生产方式生产鸡蛋的话，那么，他们将无法与没有动物福利设施的廉价进口鸡蛋竞争。与此同时，英国已经禁止使用小牛隔栏和母猪隔栏，瑞士已经禁止使用多层铁丝笼，瑞典已经禁止使用母猪隔栏和生产笼，欧盟各国已经禁止使用小牛隔栏。如果从仍在使用隔栏和旧式笼子的其他国家进口畜禽产品，就会与许多欧洲国家公众的理念、情感和习惯相抵触。

由于担心农产品贸易自由化带来对动物福利的影响，以及对农业生产和农场利益的冲击，欧洲动物福利团体、动物保护组织和农民团体纷纷四处游说，要求欧盟发挥其积极作用，切实保护欧盟农民的利益，不断对欧盟委员会施加压力。2003 年 1 月，欧盟理事会明确提出，欧盟成员在进口第三国动物产品之前，应将动物福利作为考虑的一个因素。2006 年 1 月，欧盟委员会公布了《欧盟 2006～2010 年动物福利行动计划》。这份计划表明，欧盟将继续在世界范围内，包括通过世界卫生组织和欧洲理事会，提倡制定动物福利标准；通过世界贸易组织，提倡推广对动物福利标准的认知和宣传其重要性。欧盟认为，欧盟在动物福利领域的一个主要目标是提高全世界的动物福利标准。

欧盟在新一轮农业谈判中有关动物福利的基本立场为：确保农产品贸

---

① 世界农场动物福利协会：《密集化养殖和农场动物福利》，2008 年第 2 版，第 17 页。

易不会破坏其在改进动物福利方面的努力。2000年6月,欧盟在提交WTO的一份建议中指出①,动物福利是一个重要性日益显现的问题,越来越多的消费者提出他们有权了解动物产品的福利状况,以便根据这些情况做出购买选择。贸易自由化对动物福利的冲击是不能否认的,尤其是农场动物受到的福利待遇和活体动物的运输条件更值得关注。所以,确保WTO成员实施和维持高水平的动物福利标准是一项重要任务。为此,欧盟提出了一些相关的建议:(1)推进动物福利多边协定的修改和完善,关键在于进一步明确WTO规则和贸易中采用的动物福利法案之间的法律关系,以达到动物福利措施实施的简便化;(2)按照TBT协定有关条款,提供适当的食品标签,例如某种产品的动物福利标准等生产条件,以便让消费者根据标签的信息选择动物产品;(3)贸易自由化可能趋向或加重市场竞争条件的不公平程度,并导致出口国的动物福利水平的下降。为了保证动物福利水平的稳定,应考虑对高标准动物福利的产品给予适当资助,以降低这些产品的高成本。

相对于欧盟而言,许多WTO成员并未表现出对动物福利的热情,尤其是不少发展中国家更是将西方国家的动物福利视为奢侈品。这些发展中国家受到两大方面的制约:一是发展中国家的动物福利理念尚未形成,现有的动物福利水平低下,远远落后于发达国家;二是改善人的福利是发展中国家现阶段的最紧迫任务,没有财力再用于动物福利。印度拉赫曼公司的一位专业人员指出,采用发达国家的动物福利标准,来解决发展中国家的动物福利问题是不恰当的。每个发展中国家应该有自己的发展标准,他们应该根据本国情况决定解决问题的优先次序。在77国集团举办的发展中国家动物福利通报会上,尼加拉瓜代表认为,对于发展中国家来说,人们完成农业生产活动,需要借助于动物的帮助;同时,动物作为廉价的运输工具和人们食物的重要组成部分。从农产品贸易来看,发展中国家的农民同样面临着进口动物产品的残酷竞争,对他们来说自由贸易规则也是一种威胁。例如,多米尼加共和国、牙买加、印度和肯尼亚等国家的奶农不得不面对来自欧盟、北美国家进口奶粉的竞争。由于使用工厂化养殖方式和得到政府的补贴,进口奶粉的价格更加便宜,许多发展中国家的贫困农户

---

① WTO文件:G/AG/NG/W/19, 28 June 2000。

可能因此被迫退出市场。

随着动物福利对农产品贸易的影响增大，WTO成员之间的分歧将会逐步显现。2003年2月，WTO农业委员会提出的《农业谈判关于未来承诺模式的草案》第一稿及其修改稿已将有关动物福利支付列入"绿箱政策"之中，这表明：动物福利对农产品国际贸易的影响已上升至WTO规则的层面。一些学者认为，在未来的农产品贸易中，不同国家之间因"动物福利"引发的矛盾将呈现上升趋势[①]。动物福利对农产品贸易产生的影响可能有几种情况：一是发达国家提高国际兽医局（OIE）标准，目前OIE标准已有关于动物福利的基本要求，如果发展中国家没有达到这些要求，他们的动物产品就无法进入发达国家市场，也无法向WTO提出贸易纠纷仲裁；二是虽然发展中国家的动物产品已达到OIE标准，但是仍然低于进口国的标准，进口国的消费者可能选择价格较贵、动物福利较好的产品，发展中国家的动物产品在进口国市场没有销路；三是发达国家限制进口已经达到OIE标准的动物产品，由于进口国在国际贸易中占有主动权，即使进口国违反了WTO规则，但是这种贸易诉讼会耗费出口国大量的人力、经费，实际上造成了对出口国的伤害。

五　对非贸易关注的几点认识

在新一轮农业谈判中，非贸易关注并非是WTO农业谈判争论的主要问题，但绝不意味着这一问题不重要或者容易达成共识，因为WTO首先要集中讨论和解决的是市场准入、国内支持和出口竞争三大支柱性问题。在很大程度上，主要成员在这三个问题上的激烈争辩掩盖了非贸易关注问题的分歧。

非贸易关注不仅涉及WTO成员国的经济利益，而且还涉及成员国公众的思想观念、道德文化和价值评判，这种根源于成员基本国情的多样性和差异性，使得非贸易关注问题具有复杂性、关联性和不易改变的特点。这种情况决定了不易找到一种共同适用的农业政策，同时也就表明了WTO成员之间矛盾和分歧的长期存在。

---

① 翁鸣：《动物福利问题对农产品国际贸易的影响及对策》，《农业展望》2008年第10期。

非贸易关注涉及的一些具体问题，目前尚未完全用经济学方法进行定量分析，这不仅造成了学术研究的滞后，而且带来了政策选择的困难。确定非贸易关注对社会福利影响的计量方法和技术手段，这有助于推动非贸易关注问题的深入研究，也有利于农业谈判中矛盾和分歧的解决。

非贸易关注不仅包括许多具体议题，例如农业多功能性、粮食安全、动物福利、知识产权等，而且这些议题大多数与发展中成员的利益密切相关。作为"发展回合"，新一轮农业谈判需要更多地关注发展中成员的利益，特别是随着发展中成员数量增多和话语权上升，发展中成员要求维护自身利益的愿望更加强烈，反映在非贸易关注问题上的分歧和矛盾不仅体现在发达成员之间，而且将更多地体现在发展中成员与发达成员之间，这为我们研究新一轮农业谈判及其困境提供了新的分析思路。

中篇

第五章
美国农业谈判的目标、
策略及其影响因素

WTO 新一轮农业谈判不仅超过了原来预定的时间表，而且已经陷入谈判的困境和僵局，这与美国的谈判要价有着直接的关系。作为 WTO 主要发起国和世界农业强国，美国对农业谈判进程具有举足轻重的影响力，但是由于美国追求自身利益的完美而不愿做出灵活的让步，因此美国被普遍认为应承担主要责任。美国农业谈判的目标、内容以及策略，是与其农业政策紧密相关的；同时，美国贸易政策的基本特征，也是影响多哈农业谈判进程的重要原因。

一 美国农业提案及其现实和理论基础

美国不仅是世界农业大国，而且是最具农业综合竞争力的国家。美国农业谈判提案是为其农业战略目标服务的，即农业支持和农业保护，避免和抑制由于农产品全面过剩而可能导致的农业危机，推动农业的健康发展。美国借助于 WTO 新一轮农业谈判，充分利用自身的农业优势和经济实力，极力宣传和推动农产品贸易自由化，拓宽农产品输出的国际贸易渠道，为本国农业集团利益服务。

1. 农业提案的核心目标和主要内容

美国在新一轮农业谈判中的核心目标是扩大市场准入，即通过进一步开放世界农产品进口市场的大门，达到实现美国农业集团出口更多农产品的目的。与此同时，美国在国内支持和出口竞争方面也提出了较高的要价。美国农业的国内支持水平高，并通过出口信贷和粮食援助等形式进行隐蔽的出口补贴，美国在农业谈判中力图维持对农业的一定水平支持和补贴，或者保持比对手更少的国内支持削减幅度，反对严格粮食援助和出口信贷方面的纪律，这有助于提高或者至少是保持美国农产品在世界市场上的竞争优势。美国要求取消农产品出口补贴，主要是为了削减欧盟农产品竞争力。显而易见，美国农业谈判是基于其强大的农业竞争力，围绕扩大市场准入这一核心目标展开的。

美国农业谈判的具体提案主要体现在以下几个方面：

市场准入。（1）关税减让。美国主张大幅度削减关税，削减甚至取消关税高峰和关税升级，采取单一的关税形式；提出采用系数为25%的瑞士公式削减所有农产品关税，关税越高削减幅度越大，5年内将所有农产品关税削减至25%以下，同时给予发展中成员特殊和差别待遇。坎昆会议前美国与欧盟提出"混合公式"，即一定比例的农产品关税可以按乌拉圭回合公式削减，其他农产品的关税则按瑞士公式削减。（2）关税配额及其管理。美国主张大幅度增加关税配额数量，削减乃至取消配额内关税；同时规范关税配额管理，对配额分配数量的限制；给予所有的利益方贸易权利，给予私有部门一定比例的配额；在5年内取消配额内关税等。（3）特殊保障措施条款。美国主张取消特殊保障措施。（4）进口国内贸易。美国主张进一步限制进口国营贸易企业的特殊权利，建立应答机制以增加透明度。

国内支持。美国要求各成员对贸易扭曲的国内支持进行实质性减让，大幅度削减对贸易扭曲的国内支持，改革现行的国内支持结构。美国主张大幅度削减乃至完全取消具有扭曲作用的"黄箱"，但是要满足两个条件：第一，其他成员，特别是欧盟也要大幅度削减扭曲补贴；第二，美国获得扩大的市场准入机会。美国提出采取统一公式在5年内将"有贸易扭曲作用"的国内支持总量削减到其农业国内产值的5%以内，同时要求确定一个最终取消所有贸易扭曲国内支持的具体期限。美国强调，由于"黄箱"、

"绿箱"、"蓝箱"存在着贸易扭曲程度的差异,主张取消"蓝箱",削减"黄箱",维持现有的"绿箱"。

出口竞争。(1)出口补贴。美国强调按照《多哈宣言》有关本轮谈判取消农产品出口补贴的要求,集中讨论停止出口补贴的具体方式和最后时间,并建议在5年内平均削减出口补贴,直至最终取消。(2)出口信贷。美国认为出口信贷对食品进口国和有财政供给问题的发展中国家的粮食安全具有一定的作用,而且补贴成分较小,所以只能制定对出口信贷、出口信贷担保、贷款和保险计划进行严格管理的规则,而不应将其削减甚至取消,应把它纳入WTO通报程序。(3)粮食援助。美国主张仅仅以捐助方式实施粮食援助,可能会增加捐助国的财政负担,以至于国际援助粮食来源的减少,使受援国的粮食安全压力上升。所以,应允许成员以优惠方式的粮食援助存在。

其他议题。美国强烈反对有关成员将食品安全、标签等非贸易关注问题纳入农业谈判之中,美国认为这些问题应该分别归属于食品法典委员会、卫生与植物卫生措施协定、技术性贸易壁垒协定等讨论与处理范围。实际上,这是美国针对G10集团、欧盟提出有关非贸易关注问题所采取的反措施。

2. 发展农产品出口的现实需要

美国农业提案反映了美国现实经济的需要,它是为美国经济利益服务的,更确切地说,它是为美国农业集团利益服务的。因为在美国政府看来,"国家与市场之间、政府与企业之间在海外市场的拓展上形成了一种结盟关系。从这个角度讲,国家并没有什么独立性可言,国家就是本国企业利益的代言人,这一观念其实早已深坎在美国的政治体制中。"[1]

美国农业生产力高度发达。美国地域辽阔土地肥沃,联合国粮农组织统计资料显示,2000年美国可耕地为17602万公顷,占世界全部可耕地的12.59%,是世界上可耕地最多的国家,比中国可耕地面积多28.36%。美国气候温和,适合多种农作物生长。美国农业生产力十分发达,普遍使用拖拉机、联合收割机等农业机械,美国每公顷可耕地的拖拉机数量是世界平均水平的1.39倍,生物学、遗传学、化学、电子通讯、遥感测量等科技

---

[1] 王勇著《中美经贸关系》,中国市场出版社,2007年6月第1版,第6页。

成果被广泛地应用于农业生产之中。美国农业生产者普遍具备较高的文化知识和农业专业技术水平,并拥有完备的农民专业合作组织体系。以上因素共同形成了高度发达的美国农业生产力。虽然美国农民不足全国总人口的2%,但是,美国农业生产劳动率很高,每个农业劳动力平均耕地450英亩,最多可耕种2000多英亩土地,人均年创产值6~7万美元,可养活120多人。从各类农产品来看,美国谷物单产是世界谷物平均单产的1.8倍,其中稻谷、玉米单产是世界平均单产的1.9倍,小麦单产低于世界平均单产。美国粗粮单产是世界平均单产的2.5倍,美国水果单产是世界水果平均单产的2.5倍,美国蔬菜单产是世界蔬菜平均单产的近3倍,美国烟叶单产是世界烟叶平均单产的1.5倍,美国奶类单产是世界奶类平均单产的8.5倍。

美国农业具有很强的竞争力。美国不仅具有发达的农业生产力,而且具备很强的农业综合竞争力,尤其是大豆、玉米、小麦、棉花等主要农作物竞争优势明显。美国是世界上主要的小麦生产国,美国小麦约占世界同类产品总产量的9%,1998年美国小麦生产的比较优势度和社会净收益指标分别是0.46和0.08,这意味着美国小麦每赚取1单位影子收入仅需要投入0.54单位的成本,生产1公斤小麦可得到0.08美分的纯收益,资源配置具有效率。美国是世界上最大的玉米生产国,美国玉米产量约占世界玉米总产量的42%。1998年美国玉米生产的比较优势度和社会净收益指标分别是0.42和0.05,这意味着美国玉米每赚取1单位影子收入仅需要投入0.58单位的成本,生产1公斤玉米可得到0.05美分的纯收益,资源配置具有效率。美国是世界上最大的大豆生产国,占世界大豆产量的32%。1997年美国大豆生产的比较优势度和社会净收益指标分别是0.81和0.20,这意味着美国大豆生产每赚取1单位影子收入仅需投入0.19单位的成本,生产1公斤大豆可得到0.20美分的纯收益,资源配置具有明显效率。美国是世界上第二大产棉国和第一大棉花出口国,棉花产量约占世界棉花总产量的16%。1997年美国棉花生产的比较优势度和社会净收益指标分别是0.54和0.20,这意味着美国棉花生产每赚取1单位影子收入仅需投入0.46单位的成本,生产1公斤棉花可得到0.20美分的纯收入,资源配置具有效率。

美国农业生产离不开对外贸易。美国农业生产力高度发达的结果,必然会生产出大量农产品。美国主要农产品有谷物、大豆、棉花和肉类等,

2004年美国谷物产量达38907万吨，占世界全部谷物生产量的17.14%；肉类生产量达3889万吨，占世界全部肉类生产量的14.95%。与此同时，美国人口仅占世界总人口的4.57%。从食物生产与食物消费之间平衡来看，美国主要农产品的生产数量远超出了国内公众的消费数量，必然要产生剩余农产品。FAO统计报告指出，2003年美国食物生产占世界全部食物生产份额的9.74%，同时美国食物消费占世界全部食物消费份额的6.24%，生产与消费两者差额就不得不通过农产品出口贸易途径进行平衡。美国农业部经济研究局（ERS）指出，美国小麦、大豆和玉米生产在相当程度上依赖于出口贸易，小麦出口接近本国产量的50%，大豆出口超过本国产量的1/3，玉米出口几乎是本国产量的1/5，杏仁出口接近本国产量的70%，家禽出口约为本国产量的15%，牛肉和猪肉出口约为本国产量的10%。随着美国农业生产力进一步发展，美国食物生产数量与食物消费数量的绝对差额仍会继续扩大，这部分本国尚未消费的农产品的出路主要依赖于出口贸易发展，从这个意义上讲，美国农业生产发展需要有农产品出口贸易发展的配合，以免因农产品过剩而造成农业衰退。

上述分析表明了这样的逻辑关系：美国农业生产力高度发达，其主要农产品供给远远超过国内消费需要，形成了部分农产品的绝对剩余，客观上需要借助于对外输出来完成消化剩余农产品的任务；同时，美国主要农产品具有很强的国际竞争力，有能力在国际市场竞争中实现这一任务。随着美国农业生产力进一步提高，农产品输出的任务更显繁重和迫切，拓展国际农产品市场自然就成为关键环节。美国主要农产品出口的可能性和必要性，决定了美国农业谈判必然成为其拓展国际市场的前沿阵地。

3. 推进美国商品贸易发展的理论基础

19世纪初，大卫·李嘉图指出：国际间劳动生产率的不同是国际贸易的唯一决定因素[①]。这种古典理论把贸易看作是国家之间彼此的差异中互利的一种方法，它使人们认为：因为国家和地区在气候、文化、技术、资源等方面的差异，每一个国家在生产一些对该国情况特别适合的产品，便对其他一些国家和地区具有相对的比较优势，所以在不同国家和地区之间

---

① 保罗·克鲁格曼、茅瑞斯·奥伯斯法尔德著《国际经济学》（第四版），中国人民大学出版社，1998年11月第1版，第13页。

产生了贸易。李嘉图的古典理论强调，具有比较优势的国家向其他国家输出商品是天经地义的，并具有鼓励单边贸易的倾向，这一理论在美国得到了最充分的演绎和发挥。

第二次世界大战结束以来，美国对外贸易和投资自由化取得了巨大成功。正如 C. 弗雷德·伯格斯坦所说，从 1945 年起，由于美国与世界经济的一体化程度加深，美国的收入每年增加 1 万亿美元；如果深化全球自由贸易，即假定消除所有商品和服务现存的国际贸易壁垒，这会给美国的国民收入每年还将另外增加 5000 亿美元，这相当于每个家庭每年增加 4500 美元[1]。从多边贸易谈判来看，美国从其贸易谈判的主导地位带来的经济利益非常明显。自 1948 年《关贸总协定》生效后，在 1950~1999 年期间，美国对外贸易额从 189.5 亿美元增至 17204.75 亿美元，增长了 91 倍。其中，出口贸易额从 99.97 亿美元增至 6957.98 亿美元，增长近 70 倍[2]。美国从对外贸易发展中获益匪浅，这是美国经济快速发展的重要原因之一，也是美国人推崇贸易自由化理念和推动世界贸易进一步自由化的现实利益所在。

20 世纪 80 年代，随着美国贸易赤字不断上升，美国出现了"战略性贸易"（strategic trade），并在国会辩论中成为美国法律。所谓"战略性贸易"思想主要表现为政府实行干预主义的出口鼓励政策，以帮助本国企业扩大出口、争夺市场份额及提高国际竞争力。一些美国经济学家认为，在不完全竞争（即垄断）市场下，政府通过对国内"优势"产业实行出口补贴和市场保护，会在技术方面得到重要的回报或对经济的其他部门产生外溢效应。"战略性贸易"政策反映了公司的贸易政策偏向或某个产业的政策需要，而只有当公司或产业与政府有机联系时，其政策要求体现为"战略性的特征"。如果外国不开放市场，国内产业就要求政府向外国竞争者做出某些针对性的反措施。无论在理论上还是实践上，战略性贸易理论都是一个政府和企业共谋的竞争模型。

美国学者提出了一些战略性贸易模型，例如，詹姆斯·布兰德（James

---

[1] C. 弗雷德·伯格斯坦主编/朱民等译《美国与世界经济——未来十年美国的对外经济政策》，经济科学出版社，2005 年 9 月第 1 版，第 4 页、第 16 页。

[2] 胡国成、韦伟、王荣军著《21 世纪的美国经济发展战略》，中国城市出版社，2002 年 1 月第 1 版，第 139 页。

Brander）和巴巴拉·斯潘塞（Barbara Spencer）提出的"利润转移论"。这种理论认为，在国际市场竞争中，企业不但要威慑竞争对手减产，以便自己增加收益，而且还要提高自己的生产力，不断降低成本。但是降低成本是十分困难的，政府的作用是实行出口补贴或生产补贴，以帮助厂商节约成本，这是出口补贴政策的第一种效应。由于成本补贴使竞争对手相信国内厂商将扩大生产，从而导致竞争对手做出削减产量的反映，这又使得国内厂商获得额外利润，这种效应又称为"战略性"效应。

20世纪90年代，美国学者迈克尔·波特首先提出了竞争力理论，他曾被任命为里根总统的产业竞争委员会委员，开始引发美国竞争力讨论，这对美国进一步形成竞争优势和开拓海外市场具有重大影响。他认为竞争力主要来源于竞争优势并非是比较优势。波特指出："比较优势一般认为一国的竞争力主要来源于劳动力、自然资源、金融资本等物质禀赋的投入，而我认为这些投入要素在全球化快速发展的今天其作用日趋减少。取而代之的是，国家应该创造出一个良好的经营环境和支持性制度，以保证投入要素能够高效地使用和升级换代。"[①] 虽然自然资源对农业产业仍具有较大的影响，但是波特提出从多方面培养产业竞争力的思想，不仅是对美国现实经济发展现象的总结和提炼，而且也是对美国农业竞争力提升途径具有重要的指导意义。这种意义的实质在于：为了保证美国的经济利益，应该从国家法律、制度和政策层面进一步鼓励竞争，以提高国家竞争力。推动贸易自由化，美国应对其他国家的不公平补贴和贸易障碍施加压力，并迫使对方让步。

从美国利益的立场来看，比较优势理论、战略性贸易理论，以及竞争优势理论，对美国商品贸易（包括农产品贸易）发展起到了积极的促进作用，这不仅具有理论反映美国经济发展现实的意义，而且具有理论引导政策为美国经济服务的重要意义，同时也是美国农业提案的理论基础。

二 美国农业政策与农业谈判策略

美国农业谈判与美国农业政策是紧密相关的，美国农业政策则主要体

[①] 迈克尔·波特著《国家竞争优势》，再版介绍，华夏出版社，2002年1月第1版，第2页。

现在农业法案。2002年5月13日，美国国会两院通过了名为《2002年农场安全与农村投资法案》（The Farm Security and Rural Investment Act of 2002），以下简称农业法案。该法案主要包括：农业补贴、土壤保持、农产品贸易、营养、农业信贷、农村发展、科研和推广、造林和森林管理等内容，其最大特点是大幅增加了农业补贴。

1. 2002年农业法案出台的背景

首先是经济原因。1997～2001年美国粮食产量持续增长，同时粮食价格却呈现下跌，而随着农机、化肥、燃料和粮种价格的上升，种粮成本不断增加，美国农民种植收益受到明显的影响。1992～1996年期间，美国农业政策倾向于简单的价格保护。美国农户在播种之前，可以向政府的商品信贷公司（CCC）申请贷款。贷款的数额根据种植面积、常年产量和前5年销售的平均价格计算（类似最低保护价）。同时，国会有一个目标价格（最高价格），政府还制定了一个补贴价格（次高价格）。当粮食收获时，如果市场价格低于最高价格和次高价格时，都可以获得补贴；如果市场价格低于最低保护价，不足以偿还贷款时，农户可以按实际卖出价格偿还政府贷款，不足部分由政府承担。

1996年WTO农业规则生效后，美国实施了当时新的农业法案，将国内农业保护的大部分财政支出，转变为WTO农业规则允许的、免于削减的"绿箱"政策，即将对农业的价格支持改变为对农民收入的支持。1996年美国农业法案只是改变了农业补贴的方式，并没有改变对农民实行财政补贴的实质。以大豆补贴为例，1996～2001年，美国大豆生产者可以申请"无追索权支持贷款"，平均贷款率是5.26美元/蒲式耳，与玉米、小麦的贷款相比明显偏高。它可以使美国农民在市场价格跌得比贷款率（5.26美元/蒲式耳）越低时，反而能拿到更多的平均贷款盈余率，贷款率与偿还率之间的差额由政府财政承担。

美国政府原计划从1997～2002年逐渐减少补贴，但是，由于世界农产品价格持续走低，美国农民的收入也在降低，原计划的补贴额不足以应对这种现状，于是相继推出了"作物收入保险计划"、"市场损失补贴"等名目，以增加对农民的补贴，并增加了政府的农业支出。2000年前后，美国实施1996年农业法案后的补贴约为200多亿美元。

其次是政治原因。制定2002年农业法案正值美国中期选举之前，民主党与共和党为争夺选票和国会席位，从党派的政治利益出发不得不考虑农民选民的利益。另外，在农业法案以外增加农业补贴，每年还要就补贴数额等问题进行长时期的辩论，在实际操作中比较麻烦。所以说，无论是从经济因素、政治因素还是实际操作因素来看，美国都有调整和修改原有农业法案的实际要求，或者说是迫于美国国内现实的无奈选择。

2. 新农业法调整的主要内容

1996年美国农业法案总体上体现了逐步减少农业补贴的立法精神。但从1998年开始，美国政府在农业补贴上的支出每年增加，使得该农业法案中关于逐步减少补贴的初衷完全改变。在这种情况下，2002年美国农业法案决定抛弃每年讨论的做法，将农业补贴法律化，并且将立法精神由过去的减少农业补贴转变为增加农业补贴，具体表现在以下几个方面：

（1）大幅度增加补贴数额。根据美国有关部门的估算，以1996年农业法案的有关条款来测算，2002~2007年期间，美国农业部通过商品信贷公司为农产品提供的各项农业补贴约为666亿美元，2002年法案在此基础上又增加了519亿美元，总计6年高达1185亿美元，平均每年197.5亿美元。

（2）扩大农业补贴的范围。2002年农业法案的补贴范围包括商品计划（即对产品的补贴）、生态保护、贸易、营养计划（即食品消费补贴）、信贷、农村发展、农业研究和推广、森林、能源、杂项等10个方面。商品计划的补贴位居首位，占总增加补贴支出的50%。就具体农产品来看，对已经享受巨额补贴的谷物和棉花种植者增加补贴，对已经取消补贴的羊毛和蜂蜜等生产者重新给予补贴，对历来基本上不予补贴的牛奶和花生也开始提供补贴，另外增加了对大豆、油菜籽的补贴。在农产品营销贷款方面，2002年农业法案增加了对花生、羊毛、马海毛、蜂蜜和豆类作物的营销贷款。此外，该法案将用于土地保护的开支增加80%，这使过去较少得到政府拨款支持的畜牧业、蔬菜、水果生产者明显受益。

（3）改变农业补贴的方式。2002年农业法案继续实施1996年农业法案的弹性种植补贴，并用直接补贴替代了弹性生产合同补贴，还增加了新的补贴项目，即反周期波动补贴（Counter-cyclical payments）。当农产品的直接补贴率与商品价格或贷款率中的较高者的合计，低于农产品目标价格时，生产者可以领取反周期波动补贴。每个人领取最高的直接补贴是4万美元，每人领取最高的反周期波动补贴是6.5万美元。

（4）加大资源保护的资助力度。2002年农业法案在资源保护方面提高了预算，达171亿美元，主要项目包括土地休耕计划、湿地保护项目、草原保护项目、农田保护项目、水资源保护项目、农场经营安全保护项目、小型水利系统修复项目、沙漠湖泊保护项目、环境质量保护项目等。

（5）加强农业研究和农村发展。2002年农业法案核准已有的并且建立新的农业研究及推广项目，增加开创未来农业和食品系统，从每年1.2亿美元增加至2006年2亿美元。在农村发展方面，主要增加资助农产品市场开发、边远农村地区电视和广播网建立、农村宽带网服务和废水处理等。

（6）维持对出口信贷的支持。2002年农业法案对补贴的调整较为集中地体现在贷款率和直接补贴率，以及目标价格的调整上。在该法案中，大豆的贷款率由原来的5.26美元/蒲式尔下调至5.00美元/蒲式尔；大米的贷款率保持不变；棉花的贷款率基本保持不变；小麦的贷款率由原来的2.58美元/蒲式尔上调至2.80美元/蒲式尔；玉米的贷款率由原来的1.89美元/蒲式尔上调至1.98美元/蒲式尔；高粱的贷款率由原来的1.71美元/蒲式尔上调至1.98美元/蒲式尔。

从农业政策的支持性质来看，以上政策措施既有"绿箱"也有"黄箱"。其中，商品计划项目包含两种政策措施，生态保护、营养计划、农村发展、农业研究、森林等项目属于"绿箱"；有关贸易支持项目不属于国内支持，而属于出口补贴和出口信贷；对新农民的信贷可以考虑作为结构调整补贴，列入"绿箱"。

3. 美国农业谈判策略的分析

WTO新一轮农业谈判启动于2001年底，农业谈判之初正值2002年美国农业法案出台，该法案是与布什总统政府奉行的自由贸易政策不一致，同时也改变了1996年美国农业法案减少农业补贴，以及逐步将农场主推向市场的基本方向，所以，美国受到许多WTO成员以及非成员的指责。在保证美国农业利益集团的前提下，美国政府根据新的农业法案和WTO农业谈判形势，确定了他们的谈判策略。

（1）扩大市场准入仍为核心目标。农业谈判是与美国农业集团的现实利益紧密联系在一起。美国要实现扩大农产品出口，一方面需要推动进口国市场开放程度，以利于美国农产品进入他国市场；另一方面需要提高美国农产品竞争力,增加美国农产品出口占世界农产品出口的市场份额。美国作为世界上第一经济大国,其农业发达不仅仅依赖于丰富的农业资源,更重要的是依赖于大量的国内支持(政府财政补贴),美国农业竞争力是这两方面因素综合的结果。在美国看来,如果农业谈判结果是国内支持削弱程度大于世界农产品市场开放程度,显然无助于实现美国农产品出口的大幅度增长;只有当国内支持的削弱程度小于世界农产品市场的开放程度,才能实现美国农产品出口的大幅度增长,这是由美国的经济利益和农业经济内在规律所决定的,是美国希望和追求的目标。正如美国学者所说,"对许多产品而言,补贴的减少可能不会改善贸易机会,除非那些改革与关税自由化同步进行,实行更广泛和更具有灵活性的税率配额,减少其他非关税壁垒(包括与WTO规则不相符的卫生和动植物检疫限制等)。"[1]

毫无疑问,美国农业谈判是要受到这种规律的制约。美国不同于欧盟、G10集团,在相当程度上财政支持农业是为了促进农产品输出,避免和抑制农产品全面过剩而可能出现农业危机,而欧盟主要侧重于联合体内各国之间的贸易,保障欧盟自身的供应和发展。美国不同于G10成员,日本、韩国等是农产品进口国(地区),发展农业仅是为了保障本国(地区)的粮食安全;美国也不同于凯恩斯集团,尽管农产品出口是这些国家的共同特征,但是,美国依靠强大的经济实力对农业进行巨额投资,而凯恩斯集团对农业支持的力度远小于美国;美国更不同于发展中国家,大部分发展中国家不仅经济落后而且农业生产落后,许多发展中国家仍在为解决温饱问题而努力。由此可见,美国经济和农业的特征决定了国内支持与市场准入之间内在联系的特点,反映在农业谈判问题上,就是美国比其他成员更加重视和谋划这种关联性和整体性策略。在新一轮农业谈判中,美国在国内支持方面的让步是以对手在市场准入方面的更大让步为前提的;尽管美国抛出了大幅度削减国内支持的方案,但是,这种方案同时要求谈判对手大幅度削减国内支持和大幅度扩大市场准入为前提,以保证美国农业竞争力领先和促进美国农产品输出,否则美国是绝不会主动做出实质性的让步。例如,美国在提出大幅度削减国内支持的同时,极力主张采用系数为

---

[1] C. 弗雷德·伯格斯坦主编《美国与世界经济——未来十年美国的对外经济政策》,朱民等译,经济科学出版社,2005年9月第1版,第264页。

25%的瑞士公式大幅度削减农产品关税,以扩大市场准入。

(2)借力使力,力争获得谈判主动权。2002年美国农业法案出台后,其他成员纷纷指责美国大幅度增加农业补贴,违背了美国自己倡导的贸易自由化潮流。面对农业法案和新一轮农业谈判形势,美国政府并没有采取以高补贴对高补贴的策略,而是采取"借力使力,向他国转嫁压力"的谈判策略,提出了一个积极大胆的削弱农产品国内支持和补贴、扩大农产品准入的方案。这种策略看似无理,却是深思熟虑的结果。美国参加WTO新一轮农业谈判,既不能违背美国农业集团的利益,也不能公然对抗农产品贸易自由化进程的大趋势,在这种情况下,美国抛出一个表面上与本国农业法案完全不同的高度开放的提案,力图摆脱在谈判桌上被其他成员群起而攻之的困境,又可以保证美国农业集团的经济利益。

美国政府十分清楚WTO主要成员的农业保护水平,虽然美国的农业保护水平相当高,但是还是低于日本、欧盟等成员,这反映在2002年美国国会发表的《农业政策纪实》(The Facts on U. S. Farm Policy)。该文指出,日本和欧盟的农业支持数额远远高于美国,日本的农业生产者每英亩所接受的支持额是461美元,欧盟农业生产者是309美元,而美国农业生产者只有49美元。WTO成员的平均关税是62%,欧盟是23%,而美国是12%。另外,从2001~2003年OECD国家农民从消费者和纳税人获得的收入占其总收入的31%(根据生产者支持的估计计算PSE),而从平均的生产者支持来看,美国仅为20%,欧盟为35%,日本为58%,韩国为64%。[①]

由此看来,要真正实现美国提出的大幅度削减国内支持方案,首先感到巨大压力并极力反对该方案的是日本、欧盟等,而不会是美国。如果日本、欧盟等均同意其方案,则推动国际农产品出口市场扩大,美国可以实现本国农产品出口大幅度增长的目标;如果日本、欧盟等不同意其方案,美国则可以维持其现有的农业补贴,至少不会损伤美国农业集团的利益,而且可以将农业谈判失败的责任推给日本、欧盟等成员。事实证明,G10集团、欧盟等反对美国的农业提案,特别是日本等国家表现出强烈反对的

[①] C. 弗雷德·伯格斯坦主编《美国与世界经济——未来十年美国的对外经济政策》,朱民等译,经济科学出版社,2005年9月第1版,第252页。

态度。

上述分析表明,美国的积极谈判策略是以美国利益为出发点、以各国情况为依据,精心策划制定出来的,真正做到了知己知彼,最大程度地发挥己方优势和最大程度地限制对方,这样使美国农业谈判做到进可攻、退可守,既可以保证至少不减低美国农产品贸易的现实利益,又可以尽量改变美国推动多边贸易谈判不力的形象,并推卸因美国农业法案所带来的阻碍农产品贸易自由化的责任。对美国来说,这无疑是一个大胆而明智的选择。

三 美国农业谈判的贸易和政治因素

美国农业谈判提案突出反映了美国农业的战略目标,同时也反映了美国贸易和政治的某些特征。实际上,美国特殊的政治制度、贸易政策特征,以及一些政治理念,都在无时无刻地以这种或那种方式影响着美国的农业政策和农产品贸易政策,自然也就成为影响美国农业谈判的重要因素。

1. 政治体制与贸易政治强化了农业集团的利益

美国政治体制保障和鼓励各种利益集团在公共政策与社会生活中发挥作用,因此,美国的利益集团在社会生活中均有很大的活动空间。例如,农业集团为了自身利益经常游说国会议员,其主要方式是首先确认议员选区中农业所占经济产出的份额,然后考察 WTO 新一轮农业谈判是否对该选区农业的市场准入产生明显的影响,是否有利于该选区农产品出口的增长,掌握了这些具体资料后,再进行有针对性的游说活动。由于美国政治体制鼓励各种利益集团进行正面交锋和碰撞,任何一项公共政策都是在不同利益集团之间以及利益集团与国会、政府之间艰难的讨价还价的基础上达成的,是一种经过充分博弈的结果,而不是政府一方就能完全决定的。

美国农业利益集团在美国贸易和政治中具有特殊的政治影响力,这对保护美国农业和强化农产品出口发挥了重要作用。其中一个原因是农业为美国传统的保护性产业,农业关系到国家的粮食安全,美国历来十分重视农业发展;同时,农业也是美国引以为荣的颇具国际竞争力的产业。另一个原因是美国政治体制的特殊设计,增加了农业部门的政治影响力,尽管美国农业人口占全国总人口的比例不足2%,但是美国议会制度规定每个州都拥有联邦参议院的两个席位。美国中西部农业州人口数量很少,但同样拥有两个议席。[①] 在这种体制下,议员通过议会立法和向政府施加压力,使农业集团的利益得到了很好的保护。

美国不同利益集团之间的利益得失是不同的,但是美国政府的政策往往倾向于出口贸易。李嘉图—维纳贸易模型,又称"特别要素"模型(the specific-factors model)解释了在贸易自由化进程中出口产业与进口产业的冲突。该模型提出:在至少有一个生产要素不能流动的情况下,与进口竞争部门有关的所有要素的收入均下降,相反,出口导向型产业收入则提高。该国的利益集团政治将主要体现为进口产业与出口产业之间的冲突。[②] 在全球经济一体化发展趋势下,美国的那些受到进口产品损害的集团,即"进口竞争"集团(import-competing groups),要求政府给予救助,以减少进口产品对自身利益的冲击。与此相反,那些"出口促进"集团(export- competing groups)则希望开拓海外市场,期待政府能为他们走向世界创造条件。在"进口竞争"与"出口促进"两大集团的博弈中,美国的"出口促进"集团占有明显的优势,这就导致了美国政策倾向于"出口促进"集团的利益,并利用"出口促进"集团抵制"进口竞争"集团的贸易保护要求。美国农业集团具有丰富的金融资本、人力资本和土地资源,在国际市场上具有农业综合竞争力,属于"出口促进"集团之列,因此,农业集团可以享受到美国政府对出口贸易政策偏好带来的好处。

2. 单边主义思维削弱美国农业谈判的灵活性

虽然美国农业谈判提案主要依据国内农业生产和农业政策,但是美国的某些思想观念以及大国地位及作用,都不可避免地对美国的谈判立场及态度产生一定程度的影响,这有助于深入分析美国农业谈判的影响因素。

美国在维护由其主导的多边国际体系的同时,还不时突出地表现"以我为中心"的单边主义,即以行动自由为目标,一种自主独立并忽视他国利益的单边政府行为。当这种行动自由超过了一定的限度,危及其他国家或地区的和平与发展,背离现有的集体性的规则和制度时,就表现为霸权

---

① 王勇著《中美经贸关系》,中国市场出版社,2007年6月第1版,第102页。
② 王勇著《中美经贸关系》,中国市场出版社,2007年6月第1版,第15页。

主义。美国的霸权地位除了拥有强大的经济实力支撑外,还得益于第二次世界大战后建立起来的国际体系,美国在这个体系中居于领导地位。由此可见,这种单边主义的实质就是在美国的领导下,要求其他国家和地区服从美国的意志,甚至不惜破坏现有的国际性、地区性、集体性的规则和制度,为美国的利益服务或者作出必要的牺牲,否则就会受到来自美国的各种压力甚至惩罚。

在 WTO 新一轮农业谈判中,美国的单边主义表现为过于强调自我、不顾他国利益和不遵守集体共同承诺的约定。例如,在 2001 年 11 月 WTO 多哈部长级会议上,美国承诺"尽快减少或取消农业补贴和改善市场准入",这样才促成启动了多哈回合农业谈判,可是仅过半年时间,美国新的农业法案就违背了自己作出的承诺,对农业补贴大幅度增加,助长了贸易保护主义,给多哈回合农业谈判设置了严重障碍。又如,美国的谈判代表总是要求"互惠",认为一个"坏协议"(实际上就是一个美国开放程度可能比对手开放程度大的协议)不如不达成协议,他们称没有互惠的协议是"单方面裁军"。更为引人注目的是,在美国与欧盟的关键性谈判中,特别是欧盟同意在特定的时间以前取消农产品出口补贴的有利情况下,美国仍然缺少足够的政治意愿和谈判灵活性,从而导致 2006 年 7 月多哈回合所有谈判进程暂时无限期搁置。这充分表现出美国完全置 WTO 农业规则于不顾,采取独断专行的态度,实行单边主义的霸道行径。

美国的单边主义做法受到 WTO 众多成员的指责和批评。2000 年欧盟在一份报告中列举了美国在 17 个方面的关税和非关税壁垒,报告特别指出:美国贸易政策的两大问题是内法外用和单边贸易主义。美国的贸易政策要求欧盟的公司和公民遵从美国的法律,而那些法律保护的仅仅是美国的贸易和政治利益。[①] 2002 年 5 月 17 日,第二届欧盟—拉美国家首脑会议发表了《马德里宣言》,强烈谴责美国政府实行的单边主义政策。[②] 在这份《宣言》中,与会国家严肃批评了美国政府最近采取的对美国钢铁、木材和农产品等实行保护主义措施的一系列单边主义的做法。他们指出:"坚决反对带有单边主义性质的任何措施,因为单边主义不仅违背国际法,同

[①] 《21 世纪的美国经济发展战略》,中国城市出版社,2002 年 1 月第 1 版,第 214 页。
[②] 2002 年 5 月 19 日新华社电。

时也违背了国际社会都接受的自由贸易规则。"该宣言强调,"与会国家一致认为,单边主义的做法是对多边主义的一种严重威胁。"

3. 美国国会施加压力影响了农业谈判的进程

美国是典型的西方三权分立政治制度,国会不仅拥有国家立法的决定权,而且对美国政府的多哈回合谈判具有很大的影响力。人们不难发现,有时美国政府表示愿意作出某种让步以换取其他成员的让步,或者表示尊重和执行 WTO 裁决的同时,美国国会却经常传出反对让步的声音和论调。近年来,WTO 不利于美国的判决引发了国会议员的批评,据统计在 1995~2004 年期间 WTO 争端处理的案例中,美国作为被告的案例共有 72 件,有 10 件案例美国被判赢方,有 25 件案例美国被判输方,其他是尚未判决或停止或尚未完成的立法程序。① 对此,有些议员重新考虑了有关放弃美国不执行争端判决的权力问题。参议员罗伯特·杜勒(Robert Dole)提出过一个"三次打击出局"的程序,即如果联邦法官发现三次争端判决都不利于美国,则国会能够投票终止 WTO。虽然杜勒的修正案没有成功,但是众议员纽特·格里奇(Newt Gingrich)的一个简单的建议却获得了批准,即要求政府每 5 年就美国加入 WTO 的情况进行报告,届时国会就可以通过共同决议案的形式进行投票表决,决定美国是否从该组织退出的问题。② 实际上,在美国政治社会中,来自国会的反对呼声是影响美国农业谈判进程的主要障碍之一。

从美国的贸易决策体制上来看,美国宪法规定,在法律上国会拥有对外贸易的管理权,但在实际操作上国会往往将这一权利"委托"给总统和行政部门,这就造成美国贸易决策体制内的紧张。在国会通过《贸易促进授权法》将贸易谈判权"委托"给总统的同时,国会又不时地给美国农业谈判施加相当大的压力。例如,美国参议院农业委员会主席钱伯利斯(Saxby Chambliss)曾在 2005 年 12 月表示,WTO 免除最不发达国家农业进口关税的提案,如果不同时为美国农民打开新市场,国会可能将予以否决。又如,2006 年 58 名美国参议员联名写信给布什总统,反对美国在

---

① C. 弗雷德·伯格斯坦主编《美国与世界经济——未来十年美国的对外经济政策》,朱民等译,经济科学出版社,2005 年 9 月第 1 版,第 248 页。
② C. 弗雷德·伯格斯坦主编《美国与世界经济——未来十年美国的对外经济政策》,朱民等译,经济科学出版社,2005 年 9 月第 1 版,第 249 页。

WTO农业谈判中进一步削弱国内支持。他们在信中表示,美国已经在2005年10月就国内支持方面作出了巨大削弱,此举是为了希望其他贸易伙伴能够在市场准入方面作出同样的努力,但是现在看来,他们不愿意改善市场准入水平,还坚持特殊和敏感产品例外,这使得关税削减公式形同虚设。同时,他们却要求美国继续削减国内支持。现在有传言说,即使没有实现2005年10月美国提案在市场准入方面的削减水平,美国也准备进一步削减国内支持,参议员们对此表示反对。参议员们强调:美国政府应坚持贸易伙伴进一步改善市场准入,而不是进一步削弱国内支持。

在WTO新一轮农业谈判过程中,美国谈判代表同时面对强大的国内压力和国际压力,尤其是涉及美国糖业、奶制品、烟草等高关税农产品,只有美国的贸易伙伴作出巨大的让步,才能说服美国国会改变现行的贸易壁垒。美国国会需要美国贸易官员从谈判桌上带回的成果,如同美国的贸易对象一样具有广泛性。《2002年贸易法》列出了16项美国在双边、地区和多边贸易谈判中的目标,包括关税和配额等传统问题,也包括与贸易相关的知识产权、劳工和环境政策等问题。[①] 但在WTO谈判桌前,其他成员纷纷要求美国能够发挥积极作用,特别是在削减国内支持方面,以减少美国与其他成员(主要是发展中国家)之间的差距,欧盟和日本等G10集团国家也坚持要求美国让步。在这种情况下,美国谈判代表能够主动发挥作用的空间十分有限,要完成农业谈判任务是难上加难,甚至是非常渺茫的,与其达成一个"坏协议"还不如不达成协议。对此,国外有人认为:也许美国早就已经对冗长拖沓的多哈回合失去了耐心,更有可能的是美国原本就对达成这一谈判兴趣不大。[②] 显然,在相当程度上来自国会的压力制约了美国农业谈判的进展。

四 对美国农业谈判的几点看法

在多哈回合农业谈判中,美国是一个非常特殊的重要角色,既是本轮回合农业谈判的主要发起方,也是使谈判陷入困境的主要责任方之一,美

---

① 王勇著《中美经贸关系》,中国市场出版社,2007年6月第1版,第260页。
② 陈季冰:《单边主义导致多哈谈判破裂》,2006年5月28日《东方早报》。

国对农业谈判进程具有重要的影响力。要使农业谈判走出僵局，首先在于美国、欧盟等主要成员作出实质性让步，由此带动其他成员推动谈判进展。同时，借鉴美国经验对我国农业发展是有益的。

1. 依靠多边机制走出农业谈判的僵局

在新一轮农业谈判中，美国表现最为突出的就是单边主义和霸权色彩。由于美国是世界上经济最发达的国家和 WTO 主要发起国，当美国在谈判过程中采用单边主义时，其他国家不具备单独与其讨价还价的实力。但是具有讽刺意义的是，美国受到制约的力量正是由它一手倡导和筹建起来的国际多边机制。20 世纪 80 年代后期，美国在"乌拉圭回合"谈判中要求授予 WTO 各个专门小组拥有的权力，即把设立一个强有力的争端处理制度作为美国在谈判中最优先考虑的因素。但是在"乌拉圭回合"谈判后，美国却不得不接受一些被判其败诉的案例，这表明美国的单边主义受到了 WTO 多边国际体制的制约。

多边机制的作用为我们提供了新的思路，WTO 农业谈判要走出僵局，关键在于促使主要谈判各方作出让步，但是，仅仅依靠美国和欧盟双方或者再加上澳大利亚、日本、巴西、印度共六个国家，在利益博弈中是很难走出谈判的僵局，这必须依靠多边机制的集体力量，不仅要为制约单边主义创造良好的谈判环境，而且要督促各主要谈判方作出必要的让步。因此，为了完成多哈回合谈判，WTO 需要制度创新，应考虑和设计能有效促进谈判主要方作出让步的制度安排。

2. 美国经验的启示与借鉴

尽管美国的情况不同于其他 WTO 成员，更与中国国情有相当大的区别，但是美国农业政策及其谈判的有关经验仍然具有一定的启示和借鉴意义，值得我们认真地考察和学习。

（1）理论创新为现实经济服务的启示

美国经济理论研究首先是为现实经济发展服务的，解释和揭示美国经济发展的内在规律和影响因素，并帮助和引导美国政府和企业家更快的发展本国经济。从近 20 多年看，无论是"战略性贸易"理论、"公平贸易"理论，还是"竞争优势"理论等都与美国的国家利益密切相关。可以说，这些理论已成为美国对外贸易战略和政策制定的重要思想渊源，也是农业谈判方案和策略的理论支撑。

我们可以得到两点启示：一是理论创新对推动经济发展的重要意义和作用。中国经济发展迫切需要与时俱进的理论创新，这种理论应该根植于中国土壤并能解决中国的实际问题。如果缺乏符合现代社会经济发展规律的理论创新，就会使人们感到理论饥渴和思想枯竭，在实际工作中难以避免盲目性和主观主义；二是理论学习和运用要结合基本国情。学习国外经济理论，应该搞清楚这些理论产生的历史背景，以及运用这些理论的前提条件，切不可盲目地、不分条件地给予肯定，更不能不顾中国的基本国情和国家利益，对外国的某些经济理论、思想观点，以及农业谈判方案一味照搬和大加赞赏。

（2）鼓励农民组织表达意愿机制的启示

美国政治体制鼓励各种利益集团充分表达其愿望和意见，并通过其代言人在国会展开充分的博弈。美国通过这种制度安排，在相当大程度上保护了农业利益集团，尤其是保护了中小农场主的利益。尽管中美两国基本国情差异很大，中国完全应该选择适合自己发展的道路，但是在充分听取和考虑农民的意愿和意见，更好地保障农民的利益方面，美国有许多具体经验确实可供借鉴和参考。

在我国专业农民合作组织法律已经正式颁布并实施的条件下，不仅应该采取多种政策手段，大力推动专业农民合作组织的发育和发展，包括从工商、税务、金融、教育、科技等方面给予鼓励性政策措施；而且还应该在国家法律框架内，结合我国社会主义政治民主建设和改革，考虑设计有关符合中国基本国情，通过专业农民合作组织途径表达农民意愿的具体制度安排。完善我国农民自己的利益表达机制，这样既有利于人民群众参与改革和利益格局的调整，也有利于决策层允分吸收人民群众的正确意见。

（3）加强生态环境保护确保农业资源的启示

美国农业政策的一个重要变化趋势，就是加强对农业资源（特别是可耕地）的保护。美国并不是世界上土地面积最大的国家，但是，其可耕地面积最大，这与美国长期以来重视和保护土地资源的政策密切相关。2007年1月，美国农业部提出最新农业法案立法建议中，2008～2017年计划总预算6234.63亿美元，比现行基线数据新增49.5亿美元。其中，增加资源与环境保护投资78.25亿美元，增加林业保护投资1.5亿美元，削减玉米、小麦、大豆、棉花等农产品补贴44.94亿美元，这表明美国农业政策开始从农产品补贴转向资源环境保护。虽然，我国财政可提供的农业保护力度远远不及美国，但是，美国的农业政策调整仍有重要的启示意义，因为我国土地资源减少较快是一个不争的事实。1996~2005年我国耕地面积减少800万公顷，人均耕地仅相当于世界人均耕地面积的40%。如果不能有效地改变这种状况，轻者会使农业投资效益降低，农产品竞争力下降，重者则危及粮食安全。借鉴美国资源与环境保护政策措施及其成功经验，力争控制我国耕地面积较快减少状况，具有十分重要的意义。

第六章
日本农业谈判提案的理论基础及主要内容

自从WTO新一轮农业谈判开始以来,各主要成员、成员集团都竭力表明自己的立场和主要观点,力争说服其他成员,为争取实现各自的利益目标开展了艰难、复杂的谈判工作。其中,以日本、韩国、挪威、瑞士等成员组成的G10集团,面对美国、凯恩斯集团要求农产品贸易完全自由化,提出了相应的对策措施和方案,尤其是日本农业提案,以其主题突出、观点新颖而吸引人们的关注,虽然日本是反对农产品自由贸易的主要代表之一,但从学术理论运用于谈判实践而言,值得我们学习与借鉴。

一 日本农业提案的理论基础

在经济全球化和农产品市场进一步开放的背景下,日本原来就处于农业竞争力的弱势地位,深感WTO新一轮农业谈判可能带来较大的冲击,迫切需要制定针对性强、有说服力的谈判方案。而完成这样的农业谈判提案,选择和构建相应的理论支柱就成为其关键所在。

1. 农业保护仍是其核心

为了适应经济全球化的大趋势,日本实施了有关的农政改革政策。1999年日本出台的《粮食·农业·农村基本法》(也称日本新农业法)强调重视和推进日本农业发展,特别提出了努力提高本国粮食自给率,提升日本农产品竞争力,促进农产品出口等内容。日本农业协同组织采取了加强农业经营指导、精简合并农协机构、开展农产品品牌化、扩大土地经营规模、降低生产成本和流通成本、培训农业生产者、培养农业法人和专业大户等多项政策措施,以推动日本农业发展。

尽管日本实施了一系列改革政策,但仍然很难改变其农业竞争力的弱势状况,甚至在短时期内很难控制国内农业生产下滑的态势。日本农林水产省统计资料显示[①],2003年按食品供给热量计算的日本农产品自给率只有40%。按主要农产品单项计算,除大米具有很高的自给率以外(大米价格远远高于国际市场价格),小麦、大豆的自给率分别仅为14%、4%;蔬菜、水果的自给率分别为82%、44%;肉类自给率为54%,其中牛肉和牛奶及乳制品的自给率分别为39%、69%;鱼类产品的自给率为50%;砂糖类产品的自给率为35%。与1999年比较,蔬菜、水果的自给率分别下降了1%、5%,牛奶和奶制品的自给率下降了1%,鱼类产品的自给率下降了6%。这份统计资料还显示[②],日本表现出耕地面积减少和农业人口年龄老化的趋势。2003年日本耕地面积为4736千公顷,比2000年减少了94千公顷,即减少耕地约1.95%,仅比明治维新时期日本耕地面积略多一点。2000年日本农村弃耕地为210千公顷,弃耕土地率达5.1%,比1995年上升1.3%。从日本农业劳动力来看,明显表现出其活力下降趋势。2004年与1995年相比,30～59岁农村男性劳动力占农村全部男性劳动力的比重从27.73%下降到21.47%;同时,60岁以上农村男性劳动力占农村全部男性劳动力的比重从65.59%上升到70.58%,60岁以上农村女性劳动力占农村全部女性劳动力的比重从55.65%上升到65.37%。

上述情况表明,日本农产品很难进入国际市场,更谈不上与美国、凯恩斯集团进行农产品竞争。由于国家农业竞争力决定了一国农业谈判的地位和目标,即日本农产品竞争力的弱势状况决定了其在新一轮农业谈判中处于守势地位,日本只能采取如何保护本国农业的策略,主要防止因市场

---

① 日本农林水产省统计部编《农林水产统计》(2005年),农林统计协会2005年7月发行,第489页。
② 日本农林水产省统计部编《农林水产统计》(2005年),农林统计协会2005年7月发行,第20、158页。

开放程度过大而带来严重的冲击,所以农业保护成为日本农业谈判的核心。从这一思路出发,日本在提案中明确表示①:反对那种过激的贸易至上主义,不接受那些只让一部分竞争能力强的出口国在国际市场获利的谈判结果,希望通过谈判来实现各国农业可共存的公平公正的规则。

日本为了使其农业提案更具有逻辑性和说服力,精心设计了有关的理论框架,从而构成了农业提案的理论支柱。在这一理论中,以"多种形态农业共存"的哲学观点为基础,主张各个国家和地区互相认同在各自的历史文化等背景下形成的价值观,应该是21世纪实现和平和尊严的国际社会共存的要求。对各国来说,农业向社会提供了各种有益的机能,是各国经济发展不可缺少的基础。由于在各国(地区)的自然条件不同、历史文化背景各异的条件下,必须继续保持农业多样性的共存,因此,互相克服生产条件差异的必要性,就显得尤为重要。在上述哲学观点的基础上,日本又分别提出5个主要观点。这些观点分别是:农业的多种机能、粮食安全保障、农产品贸易均衡性、社会公众参与性和对发展中国家的照顾。

值得注意的是,日本提出的这些理论观点,并非主要从经济学角度,而是从社会学和哲学等角度进行思考和构造,这是因为:一是从经济学理论上很难使人信服日本提出农业保护的合理性,而且很容易被谈判对手反驳;二是从社会学和哲学上能够进行解释其合理性,并容易引起WTO有关成员的共鸣和同情。为WTO新一轮农业谈判而准备的这一理论构思,既反映出日本学者的开阔视野和多学科综合能力,也表现了他们严谨的逻辑思维和较强的创新能力。

2. 观点之一:农业具有多种机能

日本政府认为,农业并不只是简单的生产贸易的对象,由于农业具有多种机能,它对人类社会的实际贡献远超过农产品供给的范畴。农业在生产活动中,创造出农作物以外的各种有形和无形的价值,被称为"农业多种机能"②。农业多种机能有三个主要特征,一是关联性。农业多种机能在其价值创造过程中,与农业生产活动密不可分,即农业多种机能直接来源于农业生产活动,农业是农业多种机能得以产生的母体;二是公共品。在

---

① 日本农林水产省WTO办公室编《WTO农业谈判——日本提案》,第26页。
② 国内常译为"农业多功能性"。

农业生产投入以外,农业多种机能基本上是不需要支付费用就可以享用的公共品,正因为农业多种机能具有公共品的性质,容易使人们忽视它的公益性价值;三是外部经济。农业多种机能难以在农产品市场的价格形成上反映出来,具有外部经济效果。在人类社会发展过程中,这种外部经济效果同样具有不可替代的重要作用。

农业多种机能概念的提出,可以追溯到20世纪90年代初日本的"稻米文化",因为日本文化许多内容与水稻种植有关,保持水稻生产也就保护了"稻米文化"。到90年代中期,日本学者将农业(包括林业)的多种机能划分为内部经济效果和外部经济效果两大部分,前一部分又细分为农产品生产和所得资产形成,农产品生产是指农产品的质量安全及其稳定供给,所得资产形成包括农民收入的构成、农民生活的稳定,以及缺少耕地农民的就业;后一部分又细分为农产品安全保障、环境保全、绿化资源开发,农产品安全保障是指对一个国家国民生活所用食品的安全供给的保障,环境保全主要是指国民所居住地区生态环境的保护和改善,以及生物资源的保存等,绿化资源开发是指为居住者休闲和参观者旅游,保护自然景色和提供活动场所。除此而外,农业的多种机能还包括为参观者和青少年提供自然和农业知识等方面的教育机能,以及传统文化和历史遗址的保护机能①。

日本重视和强调农业多种机能理念,是有其社会发展的基础。与许多发达国家一样,日本强调保护自然环境、继承传统文化,以及追求国民生活的高水准。长期以来,日本政府所进行的教育宣传和政策实施,已在民众意识内产生了潜移默化的影响。例如,保持公共环境卫生已经成为日本国民的良好习惯;又如,日本政府修建了许多公园和博物馆等文化休闲场所,即使在地价十分昂贵的东京市区,也有许多大小不一的公园、博物馆和美术馆,而且政府修建的公园一般是免费开放的,文化场馆收费也是比较便宜的,这对日本国民爱护自然景观、继承传统文化和学习外来文化都具有积极的影响。由于日本公众意识中已经具有环境保护、文化继承等观念,而农业多种机能理念又与上述观念是基本一致的,因此农业多种机能

---

① 应和邦昭编著《食品与环境》,东京农业大学出版社,2005年9月1日第1版,第206页。

理念很容易得到日本社会的认可和支持。

日本已将农业多种机能内容纳入国家法律，要求全体国民认识和重视农业多种机能的理念。日本新农业法明确指出：除农业生产提供粮食和其他农产品的机能以外，还具有国土保全、水源涵养，自然环境保护、良好景观的形成、传统文化的继承等多方面机能，这些机能就是农业的多种机能。农业多种机能对稳定国民生活及国民经济起到明显的作用，将来必定充分、确切地发挥这些机能。日本新农业法补充了农业多种机能内容后，一方面，能够使日本的法律制度与其WTO农业谈判政策紧密地联系在一起，日本农业提案具有国内法律支持的依据，可以比较从容地应对新一轮农业谈判；另一方面，可以使新一轮农业谈判与日本社会公众的利益紧密地联系在一起，有利于得到更多国民的关心和支持，以便形成强大的国内支持力量。

3. 观点之二：粮食安全保障

日本政府高度重视粮食安全问题，认为确保稳定地供应保证国民生存和健康基础的粮食，是国家对国民承担的基本责任和义务，是关系到国民生存权的重大问题。这里所说的粮食安全保障有三层含义：一是国家要确保粮食的稳定供给，而国际市场却无法提供这样的稳定供给，原因是粮食出口集中在特定的国家和地区，而农作物容易受气候异常等因素的影响，造成世界粮食供给不稳定；同时发展中国家的人口大幅度增加以及饲料用粮需求增大，造成世界的粮食需求不稳定。因此，依靠本国粮食生产具有保证稳定供给的重要作用。二是国家要保证粮食的质量安全性，而农产品进口还不能让消费者有更多的可供选择的信息，转基因农产品也带来了一定的不确定性。如果不能保证安全性，就应该承认各国的预防性贸易限制措施。最优先考虑的任务不是促进贸易，而是重视食品的安全性。三是国家要确保农业的发展和振兴，农业是国民经济的基础，农业不仅提供粮食和其他农产品，而且具有多种机能并向社会提供多种有形的和无形的价值。由于粮食生产是农业的重要组成部分，如果削弱了国内粮食生产，就会破坏农业整体发展和振兴，最终粮食安全也就没有保障。

日本提出粮食安全保障，是与保护国内粮食生产（主要是大米生产）紧密相关。日本是拥有1.2亿人口的工业发达国家，同时也是世界上最大的粮食净进口国。据农林水产省统计，2004年日本进口小麦、大麦和玉米分别为 549 万吨、143.9 万吨、1647.9 万吨，进口大米 66.2 万吨，这 4 种主要粮食进口总量达 2407 万吨。按照农林水产省的测算口径[①]，2003 年日本谷物自给率分别仅为 27%。虽然大米自给率高达 95%，但由于日本政府长期对大米生产采取过度保护政策（大米关税高达 490%），造成国内大米价格远远超过国际价格。据农林水产省的统计[②]，2004 年日本 5 万人以上城市的大米销售平均价为每公斤 434 日元（约合人民币 31 元），大米的生产价全国平均为每公斤 248 日元（约合人民币 18 元）。显而易见，处于明显价格竞争劣势的日本大米，一旦大幅度削减大米的关税保护，必然会遭到来自国外进口大米的严重冲击。

为了确保农业在国民经济中的基础地位，日本计划将农产品自给率从 2005 年的 40% 提高到 2010 年 45% 的目标（以热量计算为准）。农林水产省的粮食综合自给率目标定为[③]：用于口粮的谷物自给率从 2003 年的 60% 提高到 2015 年的 63%，用于饲料的谷物自给率从 2003 年的 27% 提高到 2015 年的 30%。为了实现上述目标，一方面，日本政府根据新农业法的规定，开展农业行政改革，通过生产者和消费者双方的努力来提高粮食自给率，最终实现缩小国内外农产品竞争力的差距，以适应市场开放不断扩大的需要；另一方面，要促进日本农业生产发展，又必须具备一定的外部环境，即在一定时期内，不能过度开放市场，以免国外农产品对国内市场形成较大的冲击而影响日本农业的发展。

日本社会也十分关注粮食供给和食品安全问题，日本政府在决定 WTO 新一轮农业谈判政策之前，先在国内各地举办"意见听取会"[④]，通过信件、电子邮件方式向社会各界征求意见。公众在回答"对未来日本粮食供应情况的看法"时，被调查者中有 26.6% 的人选择"非常不安"，有 51.8% 的人选择"有某种程度的不安"，即共有 78.4% 的人表示了不安看法；另外，有 3.1% 的人表示"不知道"，有 16.6% 的人选择"不是很担心"，只有 1.9% 的人选择"一点都不担心"。由此可见，大多数日本国民持有赞成提高粮食自给率的看法。

---

① 日本农林水产省统计部编《农林水产统计》（2005 年），第 51 页。
② 日本农林水产省统计部编《农林水产统计》（2005 年），第 250 页。
③ 日本农林水产省统计部编《农林水产统计》（2005 年），第 562 页。
④ 日本农林水产省 WTO 办公室编《WTO 农业谈判——日本提案》，第 20 页。

日本农业协同组合（JA）作为农民组织团体，一方面，通过呼吁和宣传，表明其反对激进的贸易自由化的立场和主张，并设法影响政府的政策制定。例如，2004年3月，日本农协与挪威农民联盟发表共同宣言中，重申反对激进的贸易自由化，指出过急的贸易自由化计划与世界农业多样性难以共存；所有国家维持一定的农产品自给率，以及国内消费食品的生产和加工是必不可少的权利；所有的国家都拥有各自的基本的农产品，这是在农业谈判中必须考虑的问题。另一方面，日本农协在国内外开展积极的联络活动，争取社会的广泛支持。在国际上，日本农协与欧盟、亚洲、非洲等地区37个国家的农业团体进行接触和讨论，争取国外农业团体和舆论的支持。同时，日本农协也对政府提出一些具体的对策建议。

另外，日本农林渔业团体、消费者团体、劳动者团体、学术界、金融界，以及新闻界等各界团体频繁联系，联合设立了一个"食品·农林渔业·环境论坛"，举行有关专题研讨会等，推动国内各界人士对政府参与WTO农业谈判的理解和支持。

4. 观点之三：农产品贸易的均衡性

农产品贸易的均衡性，是指农产品进口国与出口国之间贸易达到某种协调的均衡程度。

日本认为，由于各国农业生产存在着很大的差异，不同国家对进口农产品的品种和数量要求也不尽相同，应该考虑发挥农业多种机能和确保粮食安全保障，根据各国农业的现状和结构改革的进展来决定进口农产品的数量，因此确保灵活地、恰当地设定农产品进口品种及数量，才能保证农产品出口国和进口国之间的贸易均衡。很明显，农产品贸易的均衡性是要求更多考虑和照顾农产品进口国的利益。

日本提出上述贸易均衡性，是针对农产品出口国与进口国之间的准则中存在的不均衡现状而提出的。日本认为[1]，现存的WTO贸易制度体现了出口国有出口的自由，也有不出口的自由，但进口国却只有进口的自由，而没有不进口的自由。这种体系规定有义务提供一定量的进口机会，但在进口国与出口国之间的权利和义务平衡方面存在着不均衡这个根本问题，因此，有必要对这种不均衡状况进行改善。

---

[1] 日本农林水产省WTO办公室编《WTO农业谈判——日本提案》，第6页。

日本深感美国、凯恩斯集团的贸易完全自由化要求,将会导致世界农产品贸易不均衡状况严重,对日本农业发展带来十分不利的影响。日本提出了提高本国农产品自给率的计划,尤其是要提高大豆、小麦和玉米三种粮食作物的自给率,以适应日本国民对肉类、西餐、面食等消费的增长需求。虽然日本计划在未来10年仅将农产品自给率提高5%,但是要实现这一目标的话仍然是困难重重。除了日本内部的原因外,还有外部的原因,农产品市场进一步开放趋势将使更多的外国农产品进入日本市场,同时由于日本农产品竞争力较弱而无法达到相应的增加农产品出口,其结果将不仅继续保持短时期农产品贸易不均衡状况,而且将会削弱日本的农业综合生产能力,从而导致长时期农产品贸易不均衡状况恶化。日本提出农产品贸易均衡性,不仅是着眼于农产品贸易平衡的问题,而且更主要的是考虑未来日本农业发展的问题。

为了改善日本农产品贸易的不均衡状况,一些日本学者和农业团体还提出发展农产品出口的建议,要求通过调整农业生产结构,重点培养某些产业和产品,使这些产业和产品具有某种竞争优势,能够进入国际市场并与其他国家的农产品进行竞争,从而促进日本农业综合生产能力的提高。

5. 观点之四:社会公众参与性

社会公众参与性是从确保WTO谈判透明性的观点出发,充分向国民公开信息和提供表达意见的机会,主要有三个内容:一是在农业谈判中真实地反映消费者和市民社会的要求和愿望;二是积极地公开和提供WTO新一轮农业谈判的有关信息;三是提供有关的食品信息,让消费者可以选择。

日本认为[①],作为世界上最大的粮食净进口国,日本消费者和市民社会从农产品客户的立场和重视食品安全性,以及选择有关信息的观点出发,要求真正确立公平公正的贸易规则,这是完全正当的理由。同时,日本社会制度要求政府的政策公开透明,给予公众、社会团体和新闻机构等发表意见和愿望的机会。日本政府在各地举办"意见听取会",通过访谈、信件、电子邮件等方式征求意见,进行舆论调查等活动,将各阶层国民所关心的问题在农业谈判中充分反映出来。

---

① 日本农林水产省WTO办公室编《WTO农业谈判——日本提案》,第38~39页。

日本政府如此重视社会公众的参与性，并将其作为农业谈判方案的一个重要观点，除国家制度的因素以外，还有其他的考虑。日本既是一个农业竞争力较弱的国家，又是一个经济发达的国家，面对世界农产品市场进一步开放的大趋势，日本不仅将要承诺农产品市场扩大开放的义务，而且不能享受WTO对发展中国家制定的优惠政策。日本政府面临着来自美国、凯恩斯集团等谈判对手和国内农民团体两方面的较大压力，客观上需要社会公众、团体和新闻界的理解和支持。

日本政府强调公众参与性，一方面，可以吸引国内舆论对农业谈判的关注和重视，充分借助于公众和社会团体的呼声，增强国内的支持力量，与美国、凯恩斯集团等谈判对手进行讨价还价；另一方面，近几年日本消费者对食品质量安全性的关注大为增强，政府公开和提供农产品及食品的有关信息，不仅可以满足消费者对商品选择的要求，而且也为政府有关部门运用技术壁垒手段调控农产品进口留下了伏笔。

6. 观点之五：对发展中国家的照顾

对发展中国家的照顾，主要指对存在着饥饿和营养不良问题的发展中国家，确保稳定的粮食供应是最优先的任务。对于有这些问题的发展中国家，应在贸易政策上给予特别照顾。

日本认为[①]，现在以发展中国家为主的部分国家和地区，有8亿多人口存在着饥饿和营养不良，由于自然灾害和经济危机等原因需要大量的粮食援助，粮食安全保障成为世界性课题。为了处理这种情况，从长远来看，必须加强发展中国家的粮食生产基础，在短期内应加强两国之间和多国之间的粮食援助计划。因此，在国境措施和国内支持政策的水准方面，对发展中国家保持灵活性是适宜的。

日本还从一个经济大国的角度提出，要为解决严重的饥饿和营养不足作出贡献，还应研讨能够顺利实施粮食援助的国际框架，例如完善两国间或多国间的粮食援助计划，研究建立面对临时不足的情况时，可实行实物融资的国际储备框架。在世界粮食援助中，美国、欧盟和加拿大主要提供小麦（面粉）援助，日本主要提供大米援助，日本援助发展中国家的粮食量居世界第4位。日本重视对发展中国家的粮食援助，其主要原因有：一

---

① 日本农林水产省WTO办公室编《WTO农业谈判——日本提案》，第18~19页。

是日本具有强劲的经济实力，完全能够承担对外援助百万吨粮食；二是日本作为经济大国，在国际社会中承担起较多的义务和责任，有助于在发展中国家中扩大其影响力；三是国内大米生产过剩，援助性出口不乏也是一种对策。

日本农业提案的理论是以农业保护为核心，从不同层面和角度展开了农业多种机能、粮食安全保障、农产品贸易均衡性、社会公众参与性和对发展中国家照顾等五个主要观点。前四个观点主要考虑保护日本农业，后一个观点是考虑保护发展中国家农业。日本农业提案的特点在于具有理论观点的支持，这些观点既有独立的视角，每一个观点都与有关的提案内容相对应，既表现了日本的要求，也涉及发展中国家的要求，同时各个部分之间又有内在的紧密联系，从而构成了一个完整的农业谈判理论框架，为日本的国家利益和现实需要提供了理论支撑。

二 日本农业提案的主要内容

日本农业提案是从农业保护基点出发提交的谈判方案，根据WTO农业协议，提案主要分为市场准入、国内支持、出口竞争等几个主要方面的内容。由于WTO新一轮农业谈判的具体内容非常繁杂，我们主要介绍和分析日本农业提案的基本要点和一些相关动态。

1. 关于市场准入

日本认为，在农产品市场准入谈判时，各成员应认识到为了实现农产品贸易的根本性改革，从实质上向逐步削减农业补贴和农业保护这一长远目标推进，就要按照乌拉圭回合农业协议的有关规定，在农业谈判中充分考虑非贸易关注问题。在乌拉圭回合谈判达成的农业协议实施后，有关国家出现的粮食政策、农业政策等方面的困难，以及归结于多种形态农业共存的问题，应该与市场准入一起给予平衡地解决。市场准入内容可以划分为关税削减、关税配额、敏感产品、紧急进口限制等几部分。

（1）关税削减。

日本提出[①]：一是应该认识到农产品关税水平正处于继续改革过程中，

---

① 日本农林水产省WTO办公室编《WTO农业谈判——日本提案》，第29页。

要根据各国生产和消费的实际情况和国际供求变化等，灵活地对农产品各品种作出关税削减的决定；二是对于乌拉圭回合农业协议决定的征收关税品种，应该从发挥农业多种机能和确保粮食安全保障等观点出发，充分考虑国内外价格差距、农业行政改革进展、国际市场供求变化、国内消费等情况，进行设定有关特别税率；三是关于农产品加工品的关税，应考虑与农业一体化发展相关的食品产业的重要性来设定。

日本通过强调各国情况不同，联系到农业多种机能和粮食安全保障对各国产生的作用和影响也不尽相同，关税水平难以成为调节农产品贸易有关自然、经济条件的差异的唯一手段，因此需要对日本等国家（地区）留下削减关税（特别是大米关税）的弹性空间。日本还认为，乌拉圭回合谈判将非关税措施转化为关税措施，考虑了农业多种机能和粮食安全保障因素，这次农业谈判仍应考虑这些因素。

2004年7月，WTO新一轮农业谈判达成《框架协议》后，日本等G10集团成员强调：《框架协议》关于考虑WTO成员不同关税结构、实现关税削减的累进性目标，只能通过分层公式每层进行平均线性削减、高层多减的方法来完成，这一方法结合了适度的削减关税水平的积极性与非贸易关注所需要的必要灵活性。在分层公式的任何一层使用协调化非线性削减公式，意味着对关税不仅是双重削减而且是过度的削减，凯恩斯集团等提出的"瑞士公式"将会改变《框架协议》的平衡，因此G10集团不能接受。对美国、凯恩斯集团等成员提出设定农产品关税上限的主张，日本等G10集团成员认为是不能接受的。

（2）关税配额。

日本提出[①]：一是规定提供一定量的进入机会的体系，这存在着进口国与出口国之间权利和义务不够均衡的问题；二是应考虑发挥农业多种机能和确保粮食安全保障，考虑各品种的国际供应的差异，根据各国农业现状和结构改革进展来决定进入数量，并保持一定的灵活性；三是从公平的观点出发，对根据国内过去的消费量来保证一定比例的进入机会，应按照最新消费量来进行修正；四是关税配额数量的扩大，按5年间每年等量增长方式进行；五是在运用关税配额制度时，应确保透明性和公

[①] 日本农林水产省WTO办公室编《WTO农业谈判——日本提案》，第29页。

平性。

日本通过强调农业多种机能和确保粮食安全保障作用、农产品进口国与出口国之间不均衡，以及国内消费量的变化，要求农业谈判各方充分考虑这些因素，以此讨论和确定农产品的关税配额数量。由于《框架协议》提出只有敏感产品需要扩大关税配额，因此涉及关税配额数量扩大的产品主要是敏感产品。

(3) 敏感产品。

日本提出[1]：一是由于敏感产品对进口国的农业具有比较重要的影响，敏感产品种类的规定必须控制在适当数量内；二是敏感农产品的总体削减程度必须低于一般农产品的关税削减的程度；三是对于敏感农产品，应采取关税削减与关税配额组合的约束方案，或者说关税约束是与关税配额量扩大、配额内关税削减，以及配额管理的改善进行组合相对应的。在这种组合中，当一方进行较大的约束时，另一方则相应地采取伸缩性约束，即体现了所谓柔软性。

由于敏感产品基本上是属于高关税保护的重要农产品，而2004年达成的《框架协议》尚未对敏感产品的选择和数量作出定论，这是G10集团重点关注和力争的一个谈判内容。G10集团强调敏感产品的待遇是市场准入支柱不可缺少的一部分，必须与其他产品的削减公式一并谈判决定；敏感产品的数量不能任意确定，它应反映每个成员的情况；在一定的数量范围内，必须给予成员充分的自主权来选择自己的敏感产品；对于敏感产品待遇的设计，应反映不同的敏感因素，包括供求的现状和前景，以及消费习惯和非贸易关注。

(4) 紧急进口限制。

日本提出[2]，一是对有季节性、易腐烂等特性的农产品，应设定在此类产品进口激增时能够机动地发动进口限制的基准；二是紧急进口限制是在乌拉圭回合谈判中达成的征收关税和一揽子协议的项目，同时这一限制明确了发动的必要条件和发动后的关税水准，提高了预见性和透明度，并不妨碍农产品贸易的正常化，所以应继续维持。

---

[1] 日本农林水产省WTO办公室编《WTO农业交涉的状况》，第10页。
[2] 日本农林水产省WTO办公室编《WTO农业谈判——日本提案》，第31页。

日本等 G10 集团成员强调紧急进口限制，是因为这些成员的农产品进口特殊性所决定的，一方面这些国家和地区的农业生产远不能满足国内消费的需要，大量进口农产品已成为国内供求平衡不可缺少的条件；另一方面又要考虑农民的利益，对有季节性、易腐烂等特性的农产品（如蔬菜、水果、水产品等），由于库存调整困难、消费价格弹性差等原因，当进口量短期内急增时，容易引起国内价格大幅度下降，从而导致进口国农民的经济利益受到较大损失。

2. 关于国内支持

日本认为[①]，关于确定今后国内支持的框架和水平，应充分考虑到各国农业多种机能、粮食安全和农业发展的情况等。为了保持农业改革的继续，根据以往的实施农业协定的经验，通过采取重点措施和适应形式变化的灵活对应方法，有效地推进政策的实施。国内支持内容可以划分为国内支持的有关规范和国内支持水准两大部分。

（1）国内支持的有关规范。

日本提出[②]，一是为了稳定地推进农业行政改革，应继续维持现行的国内支持方面的基本框架；二是鉴于以往实施乌拉圭回合农业协议的经验，从推进农业行政改革的观点出发，应对"绿箱"政策进行改善，这包括两个方面：一方面，是让有关"支持与生产不相关的收入"的必要条件，在生产要素等生产现状中突出表现出来；另一方面，是在面向市场的政策转化进展的基础上，从顺利引进必需的安全网政策的观点出发，对"收入保险、收入保证"等放宽发展必要条件、放宽贴补比例的限制；三是"蓝箱"政策对贸易的扭曲程度比"黄箱"政策少，并有助于在将"黄箱"转换为"绿箱"的过程中发挥作用，所以应让"蓝箱"政策继续存在；四是加强对"绿箱"政策实施状况的监督。

日本提出上述几点内容，是与其现实需要相紧密联系的。日本推进农业改革和发展，需要有 WTO 关于国内支持政策的框架，因此日本积极主张继续保留"绿箱"政策和"蓝箱"政策，以便将"黄箱"措施被削减后的一部分转移至"绿箱"政策之中，而"蓝箱"政策则起到中间过渡的

---

① 日本农林水产省 WTO 办公室编《WTO 农业谈判——日本提案》，第 32 页。
② 日本农林水产省 WTO 办公室编《WTO 农业谈判——日本提案》，第 32 页。

作用。同时，日本要求对"绿箱"政策进行适当的改善，明确提出对农民的收入保险和收入保证放宽必要的条件，为了今后政府对农民收入下降部分进行合理补贴寻找通道。日本希望对"绿箱"政策实施的监管，是为了确保其他成员使用"绿箱"政策的规范化。

（2）国内支持水准。

WTO绝大多数成员纷纷要求对有扭曲贸易作用的"黄箱"政策进行实质性削减，日本也支持对"黄箱"措施实行削减，但同时日本提出三点[①]：一是为了不使各国农业多种机能受到损害，AMS的协议水准应考虑到切实可行；二是AMS的基准值应从确保农业改革连续性的观点出发，采用乌拉圭回合协议时决定的2000年度协议水准（上限值）；三是发达国家对综合AMS采取每年等量削减，在5年时间内削减60%；发展中国家对综合AMS采取等量削减，在10年内共削减40%。

日本不愿在短期内大幅度削减综合AMS，担心因市场开放扩大以及保护措施跟不上，从而导致国内农民利益受损较多。日本还认为：与美国、欧盟相比，2002年日本的AMS为7300亿日元，是当年农业生产总值的8%，削减后的AMS水平只有乌拉圭回合规定的2000年约束水平上限的18%，而2001年美国和欧盟的AMS分别为17516亿日元、42732亿日元，削减后的AMS水平分别是乌拉圭回合规定的2000年约束水平上限的75%、64%，日本的AMS削减程度明显超过美国和欧盟。如果不以乌拉圭回合设定的2000年约束水平上限为新起点，而以目前实际的AMS约束水平为新起点，似乎没有考虑到日本已经取得削减综合AMS量的成效。另外，日本正在积极考虑用扩大"绿箱"政策方式转移或替代"黄箱"政策被削减的一部分内容，尽可能减少对国内农业带来的负面影响。

3. 关于出口竞争

日本认为[②]，在乌拉圭回合谈判中，进口方面原则上将关税以外的措施全部改为关税，并根据规定进行削减，而对出口禁止、限制措施和出口补贴等出口方面的规范较为宽松。如果要进一步加强对进口的规范，就应该加强对出口的规范，否则就会使进、出口规范的不公平性增大。从恢复

---

① 日本农林水产省WTO办公室编《WTO农业谈判——日本提案》，第33页。
② 日本农林水产省WTO办公室编《WTO农业谈判——日本提案》，第34页。

进出口国家之间的权利与义务的平衡及粮食安全保障的观点出发,对出口奖励措施、出口限制措施确立给予以下规范。

(1) 出口补贴。

日本提出[①],应该公正地确立面向市场的农产品贸易体制,进一步削减出口补贴。具体内容有:一是进一步削减出口补贴的份额、削减带有补贴的出口数量;二是在实施承诺期间,对出口补贴的转入等的规范给予强化;三是对补贴单价进行限定,并在协议实施期间分阶段进行削减;四是加强对发展中国家关心的品种、市场的出口补贴的规范;五是根据OECD的意见,加强对出口信贷的规范;六是在国内支持中,把具有出口补贴性质的品种定为出口规范对象,对其加强规范。

2004年《框架协议》明确取消所有形式的出口补贴,有待解决的难点是讨论确定取消出口补贴的废除日期。与市场准入有关内容相比,日本对出口补贴进行据理力争的态度似乎并不强烈,这是因为:一是取消所有形式的出口补贴是所有成员比较一致的看法,也是2004年《框架协议》的最重要成果;二是出口补贴主要方欧盟不是日本进口农产品的主要来源地区,日本进口农产品主要来源于美国和中国,2003年从美国、中国进口农产品金额分别占日本农产品进口总额的29.3%和13.3%;三是欧盟还是日本在新一轮农业谈判中许多方面的"同盟者"。

(2) 出口禁止、限制和出口税。

日本提出[②],一是将出口禁止和限制全部实行征收关税,即实行出口关税化;二是在预备紧急调整出口量、出口税设定之前,实行临时而且短期的出口限制时,应作出预先的明确规定:包括设定严格的使用条件,规定维持过去某年对国内生产的出口量比例,以及作为引进程序的加盟国之间进行的协商和没有达成协议时的措施。

2004年《框架协议》明确要求成员讨论对不符合规定的粮食援助实施有关纪律,以防止粮食援助对商业性粮食进口的替代作用以及对发展中成员内部粮食生产的影响。日本对出口禁止和限制的使用规定表示出关心和重视,认为确保粮食安全保障是所有国家的重要责任和义务,即使出口国

---

① 日本农林水产省WTO办公室编《WTO农业谈判——日本提案》,第34页。
② 日本农林水产省WTO办公室编《WTO农业谈判——日本提案》,第34页。

采取临时出口禁止和限制措施,也会对进口国的粮食安全保障产生重大影响,这反映了日本热衷于援助发展中国家的态度。

4. 关于国家贸易

日本认为①,国家贸易在市场上具有很大的影响力,因此应确立提高其行动的透明度和预见可能性的规范,为此提出:一是为了使国家贸易企业提高运营的透明度,应通报各国的进出口数量、进出口价格,而且规定有义务公布年度计划;二是对国际市场有极大影响的出口国家,应进一步规定:通报各季度的出口数量、价格,禁止来自政府的财政支援等。

日本要求农产品出口国,特别是对国际市场有重要影响作用的出口国,应该通过提高透明度和预见性方面,为其他国家的粮食安全保障和农业生产安排作出贡献,这对于农产品进口大国的日本来说,了解和预测农产品出口国的动向,有助于协调进口农产品和国内农业生产的关系。

5. 关于照顾发展中国家

日本认为②,对存在饥饿与营养不良问题的发展中国家,确保稳定的粮食供应是最优先的课题,应考虑加强贸易规范和粮食安全保障的支持计划,为此提出:一是在加强出口规范及国家贸易方面的规范时,为了不给发展中国家造成过大的负担,采取免除义务和放宽措施;二是研究和完善两国间或多国间的粮食援助计划,面临一时供给不足的情况时,可以实行融资的国际储备框架;三是对于粮食生产不能满足需求的发展中国家,其国内支持和过境措施应有灵活性,使其不影响为了粮食增产而提供的必要的扶持和帮助。

日本提出照顾发展中国家与积极参与粮食援助,这与日本在国际舞台上扮演经济大国的角色,主动承担一定的社会责任和重视发挥政治影响是密切相关的。

6. 关于国内消费者关心的问题

日本认为,作为世界最大的粮食净进口国,从农产品购买者和重视食

---

① 日本农林水产省 WTO 办公室编《WTO 农业谈判——日本提案》,第 36 页。
② 日本农林水产省 WTO 办公室编《WTO 农业谈判——日本提案》,第 37 页。

品安全性的观点出发，政府有责任听取并反映消费者和社会团体的意见与建议。日本提出①，一是日本国民要求粮食的稳定供给，当超过一定程度对农业保护的削减，就会明显妨碍整个国民提高粮食自给率的努力；二是日本消费者要求确保卫生安全的饮食生活，对乌拉圭回合以来出现的有关问题，检查现行协定有无问题，并要求充实和加强农产品防疫体系；三是消费者要求提供有关的食品信息，建立对进口品或国产品都应用的信息提供制度，对转基因食品采取适合国际规范的表示方法；四是为了确保谈判的透明度，对消费者和市民社会充分公开信息，同时提供表明意见的机会。

日本的这一部分提案具有较强的针对性，即可以借助于国内要求农业保护的呼声，与美国、凯恩斯集团提出的农产品贸易完全自由化方案进行周旋，又可以获得国内舆论、国民与社会团体的理解和支持。

三 对日本农业谈判的几点看法

对于日本提出的农业谈判方案及其理论观点，一直存在着不同的看法和评价，尤其是持有不同谈判立场的人，其观点自然是针锋相对的。例如，对于日本提案的重要思想观点"农业多种机能"，美国和凯恩斯集团认为，人类活动都具有多重功能，这一概念没有任何理论指导意义；欧盟和G10集团则认为，这一新概念有助于我们重新审视和认识农业这个古老的产业，指导农业可持续发展。显然，无论是以比较优势论为理论基础的激进的农产品贸易，还是以农业多功能性为理论基础的保守的农产品贸易，都是以国家利益为前提的。这里，作者仅从日本农业行政改革和国外经验借鉴的角度，谈几点看法。

1. 农业提案是日本农业政策的一个组成部分

从日本农业改革和发展的总体上，能够加深理解日本农业谈判提案的实质。面对全球经济一体化和农产品贸易自由化的趋势，近几年日本加快了农业行政改革的步伐，力争改变农业下滑的状况，振兴农业和农村经济。日本主要从经营对策、农地对策、环境对策和地域资源保全对策四个

---

① 日本农林水产省WTO办公室编《WTO农业谈判——日本提案》，第38页。

方面，深入展开农业改革和发展计划。为了实现日本农政改革，需要有外部环境的支持和配合。日本认为，农产品市场开放进程过快和国内农业支持削减幅度过大，都将严重影响其农业改革和发展，因此日本提出了一个具有保守主义色彩的谈判方案，竭力反对美国、凯恩斯集团激进的农产品自由贸易方案。

与此同时，日本面对要求加快新一轮农业谈判进程的较大压力，设法利用WTO规定的农业支持措施，合理、合法地支持农业发展。对此，日本正在考虑将"黄箱"政策的部分内容转移至"绿箱"政策，使其融入日本农业支持政策。日本政府准备用直接补贴方式，加强对农业发展的支持，包括培养农业大户，以及对贸易政策变化给农户带来不利影响进行补偿，这些内容包括：一是确定一个农民收入与支出的平均基准，对尚未达到这个平均基准的农户给予补差；二是对关税下降后形成的农户收入减少，对这一收入差距给予补贴；三是市场进一步开放后，日本农产品生产成本高于国外农产品的成本，而导致实际价格下降，对这种价格下降带来的价格差额进行补贴。同时，对生产农产品数量多、质量优的农户进行奖励性补贴。日本农业政策补贴的主要对象，将是农业法人、农业大户和专业农户。

上述情况表明，日本农业提案是为农业改革和发展总体服务的，反对激进的农产品贸易自由化的背后，具有振兴日本农业的目的。我们不仅要分析日本农业提案本身，更重要的是关注未来日本农业的发展思路和动向，即从日本农业发展方向上考察日本农业提案，才能真正把握住其实质。

2. 日本经验的启示和借鉴

在新一轮农业谈判中，日本作为G10集团的核心成员，与欧盟一起共同对抗美国和凯恩斯集团提出的激进的贸易自由主义，保护本国农业的发展，并使这次农业谈判变得异常艰难复杂，从这个意义上讲，日本农业提案发挥了相当大的作用。我们也可从日本的一些工作方法中，得到一些有益的启示和经验。

（1）具有理论性、逻辑性和周密性特点。

从日本农业提案本身看，除了前文详尽地分析农业多种机能、保障粮食安全等5个主要理论观点，总体上具有较强的理论性特点以外，同时还具有较为严密的逻辑性和周密性的特点。针对某一方面问题，一般日本农业提案会依此列出相关背景、目标要求、理论观点、提案要点，十分清楚地反映出农业谈判的目的、内容和理论依据等逻辑关系。同时，日本对一些感兴趣的问题，无论是谈判中出现的主要问题，还是比较次要的问题，甚至是其他成员不太注意的小问题，都会按有关要求做好周密的准备，与对手进行讨价还价，力争实现自己的谈判目标。

（2）注重理论创新与实际运用。

日本比较注重理论创新以及实际运用，这在日本农业提案中得到了验证。农业经济基本上是应用性学科的范围，在一些重大的现实问题上（如农产品贸易自由化），需要为国家政策制定寻找理论依据，这就为理论创新提出了相当高的要求。

在一定条件下，被人们公认的理论都应具有合理性，但在不同的场合以及目的和对象不同，理论运用的效果就大不一样。美国、凯恩斯集团凭借着强劲的农业竞争力，要求加快农产品贸易自由化进程，其理论基础是比较优势理论。日本反对农产品贸易自由化，与美国、凯恩斯集团进行针锋相对地谈判，就必须为其农业高度保护政策寻找理论依据。日本提出农业多种机能等观点，基本上与21世纪人们追求的社会、经济和自然环境协调发展的目标相一致，从而成为具有一定新意的理论。

日本的一些新的理论观点，得到了不少国家和地区的认可。1999年联合国粮农组织在马斯特里赫召开的国际农业和土地多功能性会议，100多个国家和国际组织的260名代表参加了会议。会议认为，农业的基本职能是为社会提供粮食和原料，这是农民谋生的基础。在可持续乡村发展范畴内，农业具有多重目标和功能，包括经济、环境、社会、文化等方面[①]。不久后因涉及农产品贸易问题，这一理论遭到了美国和凯恩斯集团的强烈反对，日本、欧盟、韩国等才以"非贸易关注"话题的方式继续坚持自己的观点。

（3）具有相应的制度安排。

日本注重理论联系实际，这不仅是学术界提倡理论研究与实际问题相结合的学风，更重要的是体现在国家制度安排上。例如，日本新农业基本

---

① 农业多功能性与非贸易关注，来源于中国农业信息网。

法在第四章规定了"粮食·农业·农村政策审议会"的职能和组成等内容。该政策审议会主要由学者和有关农业团体代表组成,定期对日本农业现状和政策进行分析研究,作为日本农业政策制定的重要依据与雏形,有许多政策均来源于这个审议会,这是一个名副其实的政策议事机构。日本用法律的形式确定产学官的结合,避免了因内阁大臣等人事更换而影响农业决策的科学化。

日本政府的许多部门是开门办公,公民可以比较自由地进入这些机关,国内公民和社会团体代表以及外国学者等能够约见政府公务人员,了解有关政策或提出意见及建议。同时,政府部门也经常采用多种方式,直接听取公民和社会团体的意见,这有助于政府决策的民主化。

第七章
欧盟农业谈判提案及其主要影响因素

欧盟是 WTO 新一轮农业谈判的主要成员，其农业谈判提案是建立在成员的共同农业政策基础之上，这既反映了欧盟国家保护农业生产和稳定农产品价格的基本要求，又反映了欧盟农业政策改革和提高农业竞争力的变化趋势。面对美国、凯恩斯集团的农产品贸易自由化，欧盟提出了相应的对应措施和方案，并与其谈判对手展开了激烈的讨价还价，是影响农业谈判进程的主要方之一。

一 欧盟农业谈判提案及其现实基础

欧盟集团不仅拥有 25 个欧洲国家，其中包括法国、荷兰、德国等农业发达国家，而且还不同于凯恩斯集团、G20、G10 松散性联盟，欧盟是一个具有共同的管理协调机构、财政安排机制、统一货币和共同农业政策的集团组织，其农业提案是以共同农业政策为基础，以维护其成员国农业集团的共同利益。

（一）农业谈判的主要目标和内容

欧盟在新一轮农业谈判中，总体上扮演了一个贸易保护主义者的角色。欧盟农业提案的主要目标是保护其成员的农业生产，力争避免激进式农业改革，防止来自美国、凯恩斯集团农产品的冲击；同时，积极地为其剩余农产品开拓国际市场创造有利条件。因此，欧盟反对美国、凯恩斯集团的市场准入提案，主张渐进式农业改革。欧盟认为，扩大市场准入机会应同时对粮食安全、环境保护、农村发展等方面给予充分考虑。欧盟曾经反对取消农产品出口补贴，后来虽然作出让步，同意取消农产品出口补贴，但是附加了许多条件，以争取其农产品出口的有利政策。

欧盟农业谈判的具体提案主要体现在以下几个方面：

1. 市场准入

（1）关税减让。欧盟明确表示，美国和凯恩斯集团主张的"瑞士公式"没有考虑各成员之间的差异和实际情况，也没有提供适当的灵活性，由此主张采取乌拉圭回合关税减让模式。自2004年"7月框架协议"达成以来，谈判的核心内容是通过关税分层并在各层设置不同的降税幅度。欧盟提案主要表述为：发达成员在第一层（税率在0~30%）平均削减35%，在第二层（税率在30%~60%）削减45%，第三层（税率在60%~90%）削减50%，第四层（税率在90%以上）削减60%，关税封顶在100%。与美国提案相比，欧盟提案不仅分层削减重心偏低，而且关税封顶上限较高，这有意保护具有高关税的敏感产品，并在实施过程中具有一定的灵活性。

（2）关税配额及其管理。欧盟认为关税配额制对增加市场准入机会具有积极作用，应保留关税配额制度，但反对将关税配额认定为进口义务。

（3）敏感产品。"7月框架协议"达成后，欧盟提出敏感产品的数量为8%，并要求无需对敏感产品进行关税封顶，关税配额扩大的基数为进口量，这显然与美国和G20的提案有较大差异。

（4）特殊保障措施条款。欧盟认为，这一条款是与关税化措施密切相关，对确保关税化农产品免遭进口农产品急剧增加带来的冲击具有重要的作用，所以，对于此条款应给予保留。

2. 国内支持

由于欧洲国家农业在总体上缺乏比较优势，欧盟试图尽可能维持对农业的保护和支持，主张采取乌拉圭回合模式削减国内支持，保留"绿箱"、"黄箱"、"蓝箱"三类农业支持措施，国内支持减让应逐步进行并具有足够的灵活性。2004年"7月框架协议"达成后，欧盟与其他主要成员在国内支持方面的主要分歧，是对国内支持总量（OTDS）和综合支持总量（AMS）削减幅度、特定产品AMS封顶基期、"蓝箱"封顶水平和"新蓝箱"纪律等方面。欧盟提出对其 OTDS 削减 70%，美国和日本削减 60%，其他成员削减 50%。这与美国、G20 集团分别要求欧盟削减 75%、80%，存在一定的差异。欧盟提出对其 AMS 削减 70%，美国削减 60%，日本削减 50%，这与美国、G10 集团分别要求欧盟削减 83% 和 80%，存在一定差异。欧盟提出以乌拉圭回合农业协定实施期（1995~2000 年）作为特定产品 AMS 的封顶基期，而美国坚持以 1999~2001 年作为特定产品 AMS 的封顶基期。欧盟提出按农业产值的 2.5%，对"蓝箱"进行封顶，同意通过纪律约束确保"蓝箱"的扭曲作用小于"黄箱"，并加严"新蓝箱"纪律，防止美国可能发生的转箱。

3. 出口竞争

欧盟主张应采取渐进式地削减出口补贴，不同意完全终止或一次性大幅度削减出口补贴；要求将出口信贷纳入出口补贴政策范围，并以与出口补贴相同的减让模式，对其数量进行削减。经过反复讨价还价，欧盟与美国、G20 集团等主要成员就完全取消出口补贴的时间表达成一致，但在平行削减其他出口补贴方面存在较大的争议。欧盟要求取消出口国营贸易企业的垄断权、严格出口信贷纪律和粮食援助纪律，以消除商业置换行为。

4. 非贸易关注问题

欧盟在农业谈判提案中，比较重视非贸易关注问题，其基本立场包括：

（1）应该承认农业作为公共物品的提供者的特殊作用，发挥农业多功能性作用。

（2）环境保护是社会发展的重要目标，农业协议中的环境保护措施应是特定的、透明的并以贸易扭曲程度最小的方式来实施。

（3）支持农村可持续发展和缓解贫困状况的措施具有重要意义，也应以贸易扭曲程度最小的方式来实施。

（4）食品安全作为另一个重要目标，其预防性原则的运用应该被澄清。

（5）通过提供更多的信息和其他标签计划，满足消费者对农产品生产及其加工的关注。

（6）确保贸易自由化不会破坏对动物福利的保护，考虑从削减承诺中免除满足动物福利标准的额外成本的补偿。

（二）欧盟农业提案的现实基础

欧盟农业谈判提案的出发点是在世界农产品贸易自由化趋势的背景下，

维护各成员农业集团的利益，特别是保证欧盟农业的整体发展，这既是欧盟共同农业政策基本原则所决定的，也是欧盟各成员国农业发展的现实需要。

1. 欧盟成员国之间农业发展水平相差很大

欧盟是由 25 个成员国组成，共有约 4.6 亿人口和 397 万平方公里。在欧盟内部，各个成员国在人口数量、国土面积、农业生产等方面差异很大。从人口数量来看，既有超过 5000 万人口的德国、法国、意大利和英国，也有不到 100 万人口的塞浦路斯、卢森堡和马耳他；从国土面积来看，既有超过 40 万平方公里的法国、西班牙和瑞典，也有不足 1 万平方公里的塞浦路斯、卢森堡和马耳他。由于历史原因，欧盟成员国之间农业发展差异显著。从农产品价值来看，2003~2005 年欧盟生产的农产品总价值分别约为 2802 亿欧元、2916 亿欧元和 2850 亿欧元，其中农产品价值超过 300 亿欧元的国家有法国、意大利、德国和西班牙，农产品价值不到 6 亿欧元的国家有塞浦路斯、拉脱维亚、卢森堡、爱沙尼亚和马耳他，见表 7-1。2003~2005 年法国、意大利、德国和西班牙的农业产值分别占欧盟全部农业产值的 19.01%、14.85%、13.46%、12.65%，而塞浦路斯、拉脱维亚、卢森堡、爱沙尼亚和马耳他的农业产值分别只占欧盟全部农业产值的

表 7-1 欧盟各成员农业生产价值统计

单位：百万欧元

成员	比利时	捷克	丹麦	德国	爱沙尼亚	希腊	西班牙	法国	爱尔兰
2003 年	6456	2856	7405	36661	379	9646	37269	53961	5077
2004 年	6610	3394	7644	39975	410	9683	36449	55240	5292
2005 年	6510	3286	7661	38677	456	9986	34655	54160	5233
成员	意大利	塞浦路斯	拉脱维亚	立陶宛	卢森堡	匈牙利	马耳他	荷兰	奥地利
2003 年	41633	581	465	1169	235	5185	112	19933	4847
2004 年	43949	574	529	1191	242	6001	107	19929	4956
2005 年	41662	573	612	1355	239	5558	105	20361	5019
成员	波兰	葡萄牙	斯洛文尼亚	斯洛伐克	芬兰	瑞典	英国	EU-25	EU-15
2003 年	11489	6125	895	1440	3123	4059	19181	280181	255610
2004 年	13306	6547	1017	1604	3084	4006	19846	291585	263450
2005 年	13997	5909	990	1520	3253	3873	19316	284963	256512

注 1：数据来源于欧盟农业数据库（2007）。
注 2：不包括水海产品。

0.21%、0.19%、0.08%、0.15%、0.03%。从农业生产结构来看，欧盟各国主要农产品也有很大差异，一些国家主要生产某种农产品，另一些国家主要生产另一种农产品。例如，比利时、丹麦、德国、荷兰、波兰的猪肉产品在本国农产品价值中占有较大比重，分别为21%、31%、14.5%、10.4%和17.1%；在本国农产品价值中，牛奶产品超过18%的成员国有捷克、德国、爱沙尼亚、爱尔兰、塞浦路斯、拉脱维亚、立陶宛、卢森堡、芬兰、瑞典和英国；在本国农产品价值中，新鲜水果产品超过10%的成员国有希腊、西班牙、意大利、塞浦路斯、葡萄牙，新鲜蔬菜产品超过10%的成员国有希腊、西班牙、意大利、塞浦路斯、葡萄牙和马耳他，见表7-2。上述情况反映了欧盟各成员农业生产结构和主要农产品的差异性。

表7-2 2005年欧盟各成员主要农产品占本国农产品价值的比重

单位：%

成员	比利时	捷克	丹麦	德国	爱沙尼亚	希腊	西班牙	法国	爱尔兰
小麦	2.5	10.9	6.2	5.7	5.2	4.9	2.6	8.8	1.2
玉米	0.5	2.0	0.0	1.1	0.0	3.9	1.9	3.3	0.0
新鲜水果	5.6	1.4	0.3	2.0	1.6	13.2	15.9	4.1	0.6
新鲜蔬菜	9.6	1.3	1.8	4.4	4.6	13.2	16.7	5.0	3.5
牛奶	12.6	21.6	17.6	21.0	32.6	8.9	6.7	12.8	23.2
猪肉	21.0	12.0	31.0	14.5	12.1	1.8	10.8	4.8	5.2

成员	意大利	塞浦路斯	拉脱维亚	立陶宛	卢森堡	匈牙利	马耳他	荷兰	奥地利
小麦	3.0	0.4	9.8	9.5	3.4	8.4	0.0	0.5	2.1
玉米	3.3	0.0	0.0	0.0	0.0	15.0	0.0	0.1	3.4
新鲜水果	11.4	16.0	2.5	0.5	1.5	4.2	4.5	1.9	5.6
新鲜蔬菜	13.7	10.9	4.7	4.7	1.3	6.9	22.3	9.1	2.9
牛奶	9.8	18.4	24.0	22.3	33.3	8.6	14.3	17.6	17.0
猪肉	5.2	9.5	8.2	10.3	6.5	11.5	14.9	10.4	13.2

成员	波兰	葡萄牙	斯洛文尼亚	斯洛伐克	芬兰	瑞典	英国	EU-25	EU-15
小麦	5.8	0.4	2.1	9.2	3.1	5.3	7.3	5.1	4.8
玉米	1.2	1.5	4.0	6.4	0.0	0.0	0.0	2.2	2.0
新鲜水果	4.8	12.8	6.6	1.9	1.5	0.0	2.7	6.5	6.8
新鲜蔬菜	6.9	10.9	3.4	4.4	5.0	3.8	7.5	8.6	8.8
牛奶	16.4	12.1	15.3	15.5	25.8	25.5	18.9	14.3	14.0
猪肉	17.1	8.4	8.4	12.8	8.2	9.1	5.1	9.4	8.9

数据来源：欧盟农业数据库（2007）。

2. 欧盟内部农产品贸易的重要作用

由于欧盟各成员存在着农业结构的显著差异，它直接关系到成员的农业发展和市场需求，突出了欧盟内部农产品贸易的重要性和必要性。实际上，这种农业结构的差异性以及由此带来的农产品贸易，不仅促进了许多成员农业比较优势的形成，而且将欧盟大家庭各个成员之间的利益紧密地联系起来。以荷兰为例，作为一直崇尚贸易的国家，荷兰是通过"大进大出"贸易方式发挥自身的比较优势，主要农产品出口分为三类：园艺产品、肉类产品、乳制品和蛋类产品。荷兰是世界上最大的花卉出口国，1999年荷兰花卉出口占世界花卉市场的56.4%，荷兰花卉出口的70%以上是销往欧盟其他成员。与此同时，荷兰主要进口三类农产品：一是土地密集型产品，包括谷物、豆类、油类等；二是本国不能生产或很少生产的产品，包括可可、咖啡、茶叶、热带水果、烟草、啤酒花等；三是加工生产能力较强，但受原料不足制约的产品，如牛奶等。虽然荷兰人均牛奶占有量已超过700千克，国内消费不足生产量的1/3，但是，国内对环境保护的呼声较高，为了使已经形成的乳制品加工能力保持正常运行，荷兰需要从德国等国家进口大量鲜牛奶[①]。

欧盟委员会农业统计资料显示：欧盟内部贸易量明显超过对外贸易量的农产品有：谷物、牛奶、酒、蔬菜、水果、土豆、牛肉、猪肉、禽肉等，见表7-3、表7-4。同时，欧盟也有少数农产品的内部贸易量低于对外贸易量，例如，大豆的内部贸易量明显少于对外贸易量，这是因为世界大豆产区主要集中在北美和南美地区，从而导致欧盟各国净进口大豆的结果。很明显，在欧洲大陆范围内，具有地缘性和传统性的农产品贸易关系，是欧盟成员国之间相互紧密联结的重要因素。维护欧盟单一市场的稳定和繁荣，即保护和发展欧盟成员国之间的农产品贸易，是欧盟的现实利益所在，也是其农业政策的主要目标和内容。

3. 欧盟仍具有相当高的农业保护程度

尽管按照乌拉圭回合谈判农业协定以及欧盟共同农业政策改革，欧盟对农业保护程度有所下降，但与发展中国家、凯恩斯集团和美国等相比，

---

① 厉为民著《荷兰的农业奇迹》，中国农业科学技术出版社，2003年7月，第1版，第83~85页。

第七章 欧盟农业谈判提案及其主要影响因素

表7-3 欧盟25国内部农产品贸易基本情况

单位：千吨

品　种	农产品到货量				农产品发货量			
	2002年	2003年	2004年	2005年	2002年	2003年	2004年	2005年
小　麦	18085	19272	19128	23320	18919	21114	20332	24524
其他谷物	23378	21967	25765	29658	20832	19493	23699	27363
大　豆	5705	6035	7924	8595	6439	6376	8425	9328
蔬　菜	8175	8700	9658	9897	8161	8530	9503	9483
水　果	10005	10508	12551	12796	10490	10810	12293	12966
土　豆	5545	5775	6026	5814	5100	5467	5833	5511
黄　油	642	679	716	714	510	579	639	629
牛　奶	8574	9465	9792	10309	8232	9347	10146	10837
糖	2567	2479	3232	3885	2425	2225	3085	3768
酒	31760	33350	37303	37085	34570	35809	39200	38819
牛　肉	1953	2177	2370	2484	2143	2362	2557	2621
猪　肉	4474	4761	5439	5866	4653	4892	5611	5951
禽　肉	2081	1979	2614	2897	2381	2322	2666	2954

资料来源：欧盟农业数据库（2007）。

注1：2002、2003年数据为欧盟15国的统计数据。

注2：酒的计量单位为10万升（1000HL）。

表7-4 欧盟25国对外农产品贸易基本情况

单位：千吨

品　种	农产品进口				农产品出口			
	2002年	2003年	2004年	2005年	2002年	2003年	2004年	2005年
小　麦	14077	6631	6548	7214	35239	38946	29055	32493
其他谷物	4877	6175	5626	3174	9273	11273	6837	9470
大　豆	33032	33195	32477	30521	2370	1977	486	537
蔬　菜	1084	1153	1108	1051	1393	1537	1193	1264
水　果	4967	5494	5701	6012	2640	2532	1902	1971
土　豆	412	420	535	512	1187	1315	884	835
黄　油	117	116	93	72	219	317	356	316
牛　奶	125	116	63	62	1317	1306	1474	1341
糖	2152	2020	2321	2075	4373	4689	3914	5746
酒	9103	10151	11840	10957	12880	12891	12272	12583
牛　肉	476	507	512	487	550	441	411	266
猪　肉	52	69	15	14	1255	1207	1520	1409
禽　肉	664	781	515	553	1170	987	990	853

资料来源：欧盟农业数据库（2007）。

注1：2002、2003年数据为欧盟15国的统计数据。

注2：酒的计量单位为10万升（1000HL）。

仍然处于较高的保护程度，这种现状从欧盟农业的生产者补贴等值和支持量中得到体现。

(1) 生产者补贴等值高于绝大多数 WTO 成员。

从世界各国情况来看，欧盟对农业的支持力度一直是很高。虽然欧盟经过 1992 年以来共同农业政策改革，总体上生产者补贴等值（PSE）有所下降，但 2005 年 PSE 值为 33%，仍高于大多数其他国家，仅次于 G10 集团的几个国家，如日本、韩国、挪威等，见表 7-5。

表 7-5 WTO 典型成员农业生产者补贴等值（PSE）

单位：%

成员 年份	1986~1988	1990	1995	2000	2001	2002	2003	2004	2005	2003~2005
澳大利亚	8	10	7	5	4	6	5	5	5	5
加拿大	36	34	20	20	16	21	25	21	21	22
欧盟	41	33	36	34	32	35	36	33	33	34
日本	64	52	62	60	56	58	59	58	56	58
韩国	70	74	72	67	62	65	61	63	63	62
墨西哥	28	16	-5	24	19	26	19	12	14	15
新西兰	11	3	2	1	1	2	2	3	3	2
挪威	71	72	65	67	67	74	71	67	64	67
美国	22	17	10	24	22	18	15	16	16	16
土耳其	16	21	13	21	3	20	28	25	25	26

资料来源：OECD, PSE/CSE database 2006。

(2) 欧盟的一些敏感农产品仍保持较高 PSE 值

从主要农产品来看，欧盟关注的一些农产品仍然保持着较高的相对 PSE 值，这些敏感的产品包括肉类、牛奶、谷物、糖类等，见表 7-6。例

表 7-6 欧盟主要农产品生产者补贴等值（PSE）

单位：%

年份	小麦	玉米	水稻	油籽	牛奶	牛肉	猪肉	禽肉	精制糖
1986~1988	51	53	60	59	70	55	16	24	60
1991~1993	51	51	60	60	55	55	6	38	58
1996~1998	40	34	26	47	46	64	17	35	52
2002~2004	43	43	35	37	40	73	24	40	60

资料来源：OECD: Producer Support Estimate by country (2005)。

如，牛肉、精制糖的 PSE 值一直保持相当的高水平；谷物的 PSE 值虽有下降，但保护强度不低并有回升趋势；猪肉、禽肉的 PSE 值总体上升；牛奶的 PSE 值虽然下降，但仍高于许多国家。

上述有关生产者补贴等值表的统计数据，不仅显示了欧盟农业保护程度仍然处于相当高的水平，即远超过美国、凯恩斯集团和发展中国家等，而且也揭示出欧盟未来短期内大幅度削减农业保护的困难程度。

二 欧盟农业谈判提案的政策基础

欧盟共同农业政策起源于欧共体的第一个条约《罗马条约》，当时明确规定要实施一项欧共体范围的共同农业政策，把欧共体市场扩大到农业和农产品贸易。自 1961 年共同农业政策实施以来，欧共体确定的三个原则：单一市场、共同体优先权和共同财政，一直是共同农业政策不可动摇的基本方针，这些原则及有关政策理所当然成为欧盟农业谈判提案的政策基础。

1. 共同农业政策的三大原则

从最初欧共体 6 个创始国发展到欧盟 25 国，欧盟农业政策经历了几次较大的改革和调整，但是作为共同农业政策基石的三个原则，即"单一市场、共同体优先权和共同财政"不仅没有发生改变，而且在指导共同农业政策发展方面仍然发挥着重要的作用。

（1）单一市场。这是指农产品在欧盟成员国之间可以自由流通。当时欧共体提出的农产品在整个欧共体市场上自由流通，意味着各成员国之间的贸易障碍将会大大减少，因此要逐步消除成员国之间有关农产品贸易的关税、其他贸易壁垒及妨碍自由竞争的补贴，使整个欧共体成为一个单一的农产品市场[1]。这种单一市场是当时欧共体（后发展为欧盟）成员国才能享受的一种联盟内部市场，此外，还具有相应的价格管理、竞争规则、动植物保护及检验检疫法律法规等。由此可见，欧盟是一个对内实行商品自由流动，对外以较高关税壁垒限制非成员国商品流入的地区性贸易集

---

[1] 赵昌文著《欧盟共同农业政策研究》，西南财经大学出版社，2001 年 10 月，第 1 版，第 43～44 页。

团，排他性是欧盟共同农业政策的一个重要特征。

（2）共同体优先。这是指把一个成员国农产品的优先权扩大到整个欧共体，对所有成员国均给予欧共体生产国的农产品这种优先权[①]。在欧共体农产品价格远高于世界市场同类产品价格的情况下，要实施共同体优先原则，则必须维持成员国农产品价格至少不高于进口农产品的价格，这样才能保护欧盟市场免遭外来低价格农产品的冲击。同时，还要设法避免世界市场大幅度价格波动带来的较大负面影响。为此，欧盟采取了设置进口关税和出口补贴等一系列政策措施，以保持欧盟市场的稳定和繁荣。显然，保护性是欧盟共同农业政策的一个重要特征。

（3）共同财政。为了确保共同农业政策的实施，共同农业政策所引起的财政开支应由成员国共同承担，这是欧盟共同农业政策的基础之一[②]。为了实施这一原则，欧共体于1962年2月建立了"欧洲农业指导与保证基金"（EAGGF），该基金分为两个部分：一是用于农产品市场管理的保证部分；二是用于农业结构改革的指导部分。保证部分主要开支项目：农产品市场的干预费用，支持农产品出口而发放的出口补贴。指导部分主要用于在农业结构政策范围内采取的各项措施、理事会决定的特别开支，以及改进生产设施和农产品销售工程。共同财政体现了共同农业政策可操作性的要求，从这个意义上讲，可操作性也是欧盟共同农业政策的一个特征。

欧共体在建立共同农业政策之初，就确定了对内保护性和对外排他性的基本理念，这与当时欧洲农业生产和农产品贸易状况有着很大关系。第二次世界大战结束后，西欧国家的一个主要任务是尽快提高农业生产水平，解决当时存在的食物短缺问题，特别是提高西欧国家农产品的自给能力，而大量进口廉价的农产品既不利于恢复农业生产，也不利于农产品市场价格长期稳定，因为世界农产品市场价格不仅波动较大而且波动频繁。随着西欧国家农业生产逐步恢复，到1949/1950农业年度，欧洲经济合作组织范围内的农业生产已经超过了战前水平，西欧国家减少了从外部进口

---

① 赵昌文著《欧盟共同农业政策研究》，西南财经大学出版社，2001年10月，第1版，第44页。

② 赵昌文著《欧盟共同农业政策研究》，西南财经大学出版社，2001年10月，第1版，第44页。

农产品，这些国家之间的贸易增长超过了来自其他地区的商品净进口，发展地区性农产品贸易成为一些西欧国家的共同愿望。因此，一种代表西欧国家利益并能够统一协调对外贸易关系的联盟的诞生，以及共同农业政策的建立，是符合客观需要和顺其自然的。

2. 共同农业政策的价格机制

欧盟农业政策的价格机制是由三部分组成，即目标价格、干预价格和门槛价格。目标价格是整个价格机制的中心，它作为农民可望得到的价格。以谷物为例，其目标价格是将这种谷物运到欧盟谷物最短缺地区的公开市场上，出售后可望得到的价格。干预价格也称保护价格，一般低于目标价格，它是农民出售农产品后可以得到的最低价格，从而成为农民最低收入的保证。门槛价格是针对欧盟以外的国家（地区）设立的，成为其他国家（地区）进入欧盟港口的最低进口价。

上述三种价格及其运作构成了欧盟共同农业政策的价格机制。目标价格是由欧盟理事会根据共同市场情况确定的，是供生产者和消费者参考的一种理想价格。当欧盟市场上农产品供给超出需求时，市场价格就会降到目标价格以下；当市场价格低于干预价格时，农民出售农产品后可以领取市场价格与干预价格的差价补贴，或者欧盟有关机构以干预价格收购农民的农产品，以此保护农民的收入和维持市场价格的稳定。门槛价格是欧盟保护其农产品而设立的一种贸易壁垒，当其他国家农产品的到岸价格低于门槛价格，则须征收两种价格之间的差价税，从而抵消了这些国家农产品的价格竞争优势。与此同时，由于欧盟农产品价格高于世界市场价格，为鼓励其成员国农产品出口，规定了出口补贴政策。

欧盟农业政策价格机制是在欧洲农业指导与保证基金（EAGGF）支撑下运行的。该基金分为两部分：一是用于农产品市场管理的保证部分；二是用于农村发展的指导部分。其中，保证部分的主要开支包括农产品市场的干预费用和农产品出口补贴，指导部分主要用于农业结构改善和促进农村社会发展。根据《欧盟共同农业政策2000年议程》，在2000~2006年欧盟农业财政预算中[1]，以当年现行价格计算，在这7年期间用于农业支出达3336亿欧元，其中市场管理的保证部分开支达2949亿欧元，占农业

---

[1] The Agricultural Situation in the EU, Report (2004), p.151, European Commission.

财政预算的比重达88.40%，见表7-7。从保证部分主要开支的构成来看，2003年EAGGF保证部分的实际支出为444.61亿欧元①，其中用于公共和个人储备支出9.28亿欧元，直接收入补助296.92亿欧元，出口补贴支出37.29亿欧元，共同市场组织干预支出54.05亿欧元，其他支出47.06亿欧元。作为欧盟共同预算最大开支项目的欧洲农业指导与保证基金，该基金的大部分支出是用于农产品市场管理的保证部分，而保证部分的主要支出又用于农产品市场干预。由此可见，欧盟农业政策支持的重心仍然是维护其成员国的利益和保持共同市场的稳定。

表7-7　2000~2006年欧盟农业财政预算

单位：百万欧元

财政预算	2000年	2001年	2002年	2003年	2004年	2005年	2006年
农业财政总预算	41738	44530	46587	47378	49305	51440	52618
市场管理	37352	40035	41992	42680	42769	44599	45502
市场管理占农业总预算(%)	89.49	89.91	90.13	90.08	86.74	86.70	86.47
农村发展	4386	4495	4595	4698	6536	6841	7116
农村发展占农业总预算(%)	10.51	10.09	9.87	9.92	13.26	13.3	13.53

资料来源：The Agricultural Situation in the EU, 2004 Report, p.151, European Commission。
注1：按当年现行价格计算。
注2：2004~2006年为欧盟25国的农业财政预算。

3. 共同农业政策的改革与变化

自从欧共体诞生以及共同农业政策实施以来，欧盟农业生产得到了很大发展，最显著的变化是从欧共体初建时的农产品净进口区逐步转变为农产品净出口区，然而这是在欧盟农业补贴政策和进口政策的双重保护下形成的。由于共同农业政策的保护力度过大，不可避免地产生了一些明显的问题，其中最突出的问题是欧盟背上了沉重的财政负担。

从20世纪70年代开始，欧共体成员国开始出现农产品过剩，这导致农业补贴的支出水平不断上升；与此同时，农业补贴政策又刺激农产品剩余的增加，从而使农业补贴总额进一步增加。1988年欧共体的农业开支达到252亿欧元，比1982年欧共体的农业开支增加了一倍多。欧共体

---

① The Agricultural Situation in the EU, Report (2004), p.153-154, European Commission.

农业开支不仅巨大而且增速过快,这使欧共体财政陷入了困境。从国际上看,一些农产品出口国对欧共体施加了较大的压力,要求削减农产品补贴并降低农产品进口税,特别是美国实施了针对性的出口补贴措施,这不仅加剧了欧共体的财务压力,而且大大削弱了欧共体的出口补贴效果[①]。

在内部的财务困境和外部的国际压力下,欧共体开始了一系列共同农业政策改革。1980年部长理事会提出解决欧共体的预算问题,并提出了生产者共同责任的新原则,即当农业生产超过一定水平时,农业生产者应该为此承担一定的成本,而不同于原来由欧共体完全负担的情况,因为当时农业支出占到欧共体全部预算的绝大部分。1988年欧共体开始启用预算稳定机制,这是与生产者共同责任原则有着密切联系。1992年共同农业政策改革的重要特征:降低对重要农产品的价格支持水平,并将价格支持转变为对农民的直接补贴。这次改革的主要内容包括:减少农产品补贴范围并降低补贴幅度,缩小共同体市场与世界市场之间农产品价格的差距;引入直接补贴的方式,改变实现农民收入目标的价格支持途径;引入农业生产结构调整计划,一部分土地退出耕种范围并对与此相关的农民进行补偿。在1992年改革的基础上,欧盟提出了深化和扩展共同农业政策的改革,要求进一步增加更多的直接补贴,同时加大农村发展的支持力度。

1999年欧盟通过了"2000年议程",共同农业政策进一步改革的主要目标是:通过农产品价格的削减,提高欧盟农业的国际竞争力;继续保持对农民的直接补贴,逐步实现由"黄箱"补贴和"蓝箱"补贴向"绿箱"补贴转变;农业政策与农村发展政策的有机结合,注重农村社区发展和保持农业就业的稳定;采用合理的、有利于环境保护的生产方式,提供消费者所需要的质量安全性农产品。

2003年欧盟通过了共同农业政策改革的新方案,一个重要原因就是应对来自WTO新一轮农业谈判和贸易自由化的挑战,因为欧盟面临着来自美国、凯恩斯集团和多数发展中国家要求其削减农业补贴的巨大压力。共

---

① 秦富、王秀清、辛贤、何秀荣等著《国外农业支持政策》,中国农业出版社,2003年5月,第1版,第61~62页。

同农业政策改革的基本目标是：提高欧盟农业的国际竞争力，促进以市场为导向的农业可持续发展，推进农村地区进一步发展。改革方案的主要内容包括：废除将农业补贴与农产品产量挂钩的做法，改变为向农民提供一次性补贴；少数国家可以在一定时期内保留对农民的直接补贴，以避免出现农民弃耕的情况；将农业补贴额度与环境保护、食品质量安全等相关联；减少对大型农场的补贴额度，将其余额转向农村地区发展项目，以及为实现农业补贴与农产品产量脱钩而采取的过度性措施。

在共同农业政策发展中，另一个需要关注的是"欧洲农业发展模式"的理念和内涵，有的学者指出："欧洲农业模式和欧盟主要竞争者之间的根本性区别在于欧洲农业的多功能特点，在于它在经济、社会和环境保护中发挥的作用，以及在必要时保证全欧洲范围内稳定的农业增长和农民的收入。"[①] 在欧洲农业发展模式中，除了减少对农业的财政资助力度和培育农业竞争力外，还具有丰富的哲学与人文思想内容。这种发展模式强调：农业的多样性，这要求保留传统农业的色彩，不仅要求保证农产品产量，而且还追求赏心悦目的田园风光和充满活力的农村社区；农业生产与自然环境的协调发展，采取有利于环境保护的生产方式，向消费者提供质量安全的食品；关注农村落后地区，通过农业结构调整和政策倾斜，促进农村社会更合理、公平发展；注意人类与动物之间和谐关系，涉及有关动物福利、动物卫生等方面。

2000年共同农业政策改革方案加强了农村结构调整的内容，包括改善提前退休制度，促进青年农民安置；支持落后地区的农村经济发展，逐步消除不同地区之间的不平等；支持农业环境保护项目，促进生态环境的改善。欧盟成员国的农村发展措施将根据区域内容，分别得到EAGGF的保证部分和指导部分的财政支持。2003年共同农业政策改革方案则突出了三个优先：即把农业生产的质量放在优先地位；把环境保护放在优先地位；把食品安全放在优先地位。新方案进一步强调了对生态环境、食品安全、动物福利、农村就业等方面的关注，提出采取相关措施和增加资金投入，促进农村发展。

---

① 赵昌文著《欧盟共同农业政策研究》，西南财经大学出版社，2001年10月，第1版，第95页。

三 影响欧盟农业谈判的其他重要因素

WTO 新一轮农业谈判是建立在各成员农业发展的基础之上，从这个意义上讲，欧盟农业谈判提案脱离不了其农业现状和农业政策。除此之外，欧盟是一个具有独特性的地区性联盟，既不等同于一个主权独立的国家，也区别于其他的松散性联盟。欧盟的组织结构、性质和特征，成为影响其农业谈判进程的重要因素。

1. 共同农业政策对欧盟发展的政治影响

（1）具有强大的政治影响力和凝聚力。欧共体以及共同农业政策的诞生，不仅是西欧国家迫切希望恢复经济发展的需要，而且还是一些西欧国家及美国出于某种政治战略的考虑。首先，第二次世界大战结束后，欧洲人渴望抛弃战争带来的敌视和隔阂，通过和平发展的方式来稳定欧洲的秩序，欧共体是从"欧洲煤钢共同体"发展而来，而创建"欧洲煤钢共同体"的初衷，是"为今后消除法德之间的一切争端创造了一个真正的前提"[①]；其次，美国借助于《马歇尔计划》、《布鲁塞尔条约》等，积极推动西欧国家在各方面的联合，以抗衡当时的社会主义阵营，其中美国通过《马歇尔计划》向西欧国家实施经济援助达 131.5 亿美元。共同农业政策既体现了欧共体成员国促进发展的经济要求，同时又包含了美国和西欧国家的政治愿望。正如委员会首任主席哈尔斯坦所说，共同体对共同农业政策目标的权衡，实际上是一个政治决定。不难看出，欧共体在创建之初就具有明显的政治色彩。

欧盟最大的贡献在于给成员国带来了稳定的发展，其中共同农业政策在保持成员国的农业生产、食品供应和农产品贸易的稳定发展，发挥了非常重要的作用。在 2000～2006 年期间，欧盟每年的财政总预算达 1000 亿欧元左右，其中仍有 400 亿欧元用于农业基金。共同农业政策不仅对成员国的农业生产发展具有相当大的影响力，而且共同农业政策发挥的影响远远超出农业领域，体现了一种互相信任与互相合作的精神价值，展示出强大的政治影响力和凝聚力。进一步讲，这种政治影响力和凝聚力的产生，

[①] 〔德〕康拉德·阿登纳：《阿登纳回忆录》，上海人民出版社，1973，第378页。

是欧盟追求一种多元化基础上整体理念的结果,即在个性多样化中求统一,在充分尊重各成员国相互差异的基础上强调欧盟整体的共同利益。共同农业政策很好地体现了这种理念,尤其是单一市场、共同体优先和共同财政等三项原则,已经被各成员国普遍认可和接受,并成为共同农业政策的基本方针。

(2) 具有推进欧洲一体化的强劲驱动力。从欧盟的发展过程来看,共同农业政策发展和改革的直接动因,无不都是出于维护其成员国的根本利益和推动欧洲一体化进程的需要。首先,共同农业政策促进了成员国农业生产发展。共同农业政策是针对二战后西欧国家的实际情况,即农业生产规模小、产量低,以及食品供应严重不足,提出了符合这些国家加快农业生产发展和加强农业政策保护的要求,对一些欧洲国家产生了相当的吸引力;其次,共同农业政策推动农村经济结构调整。随着欧盟共同农业政策的改革,农村经济结构调整和支持力度越来越大,包括农村区域经济的多样化,农村环境和森林保护,农村基础设施和村庄的改进,土地质量的改善,农村劳动力培训,农产品加工业和销售业发展等,这为欧洲农业和农村发展描绘了一幅美好的蓝图;再次,共同农业政策为欧盟扩大提供了稳定的基础。例如,为了帮助10个中东欧的新成员平稳过渡到2004年,欧盟根据"2000年议程"框架,制定了有关农业和农村发展特别援助计划,并实施了援助计划,这为新成员国正式进入欧盟提供了必要的缓冲。由此可见,欧共体的诞生催生了共同农业政策,而共同农业政策也推动了欧洲一体化不断发展的进程。

2. 共同农业政策是成员国博弈与妥协的结果

欧盟发展到目前为止,已经形成了十分独特的组织性质,既超越了传统的政府之间合作组织,但又远未形成独立的国家实体,这说明欧盟重要政策的制定仍然取决于各成员国之间协商,以达成全体成员国的共识和妥协。

从欧共体到欧盟的发展过程中,不同成员享受到农业补贴的程度并不等同,一直存在着成员国就农业政策展开的利益博弈。以法国为例,法国是最早的欧共体发起国,也是共同农业政策的最大受益者。虽然法国的农民占国内就业人口的4%,农业产值占其GDP约为3%,但是法国将农业视为国家身份和尊严的一种象征,戴高乐曾经说过:一个在农业上不能自给自足的国家绝不能称之为伟大。在这种戴高乐主义的熏陶下，法国比其他成员国更加看重农业发展，倾向于放缓农业政策改革。事实上，法国比其他成员国从欧盟（欧共体）获得了更多的农业补贴，1983~1999 年法国从 EAGGF 获得的平均补贴比重达 22.76%。1999 年 EAGGF 总补贴金额为 395.41 亿欧元，其中法国分得 93.48 亿欧元，占 23.6%；德国分得 57.25 亿欧元，占 14.4%；西班牙分得 52.31 亿欧元，占 13.2%；意大利分得 46.56 亿欧元，占 11.8%；英国分得 39.22 亿欧元，占 9.9%；希腊分得 25.71 亿欧元，占 6.5%；其余成员国占有的农业补贴份额不足 6%[1]。对于欧盟的扩张和农业补贴金额的增加，英国、德国等占有相对较少欧盟农业补贴而实际农业支出较多的成员国，要求加快共同农业政策改革，减缓农业补贴数量上升的速度，合理调整农业补贴的结构；同时，法国、西班牙、希腊等从农业补贴中获利较多的成员国，则持有不同的观点和愿望。显而易见，欧盟各成员国在对待共同农业政策改革问题上，是由于相关资源分配和利益得失而决定其态度和立场的。

各成员国从共同农业政策中享受到实际利益的不同，所以各成员国对农业改革的要求、态度和立场也存在着差异。根据现有的欧盟决策制度和机制，部长理事会拥有主要的立法决策权力，这表明成员国利益是影响欧盟政策制定的主要因素。当欧盟讨论的议题是重大的、全局性的问题时，一般由各成员国的部长组成部长理事会决定。部长理事会的表决程序大体上分为简单多数、法定多数和一致同意三种方式[2]。在议题涉及成员国重大利益时，通常采取一致同意的方式，这意味着每一个成员国都享有一票否决权。因此，对于事关全体成员国利益的共同农业政策改革与调整，需要获得各成员国的同意。

上述情况表明：共同农业政策改革是一个艰苦的过程，新方案出台是欧盟各成员国博弈与妥协的结果，持有反对性意见的成员国往往成为政策能否实施的关键性因素，这不仅影响了共同农业政策改革的难度，而且影响到 WTO 新一轮谈判进展的程度。

---

[1] Trends in EAGGF Guarantee Section expenditure by Member State, 1999, European Commission.
[2] 赵昌文著《欧盟共同农业政策研究》，西南财经大学出版社，2001 年 10 月，第 1 版，第 199~200 页。

四 对欧盟农业谈判的几点看法

1. 基本立场与特点

（1）欧盟的贸易保守主义者立场。在多哈回合农业谈判中，面对美国、凯恩斯集团等农产品出口国（集团）提出的农产品贸易自由化要求，欧盟则以贸易保护主义者的角色进行应对，这是由欧盟的本质和组织结构决定的。从本质上讲，欧盟是一个对内保护其成员国的利益，尤其是保护成员国农业集团的利益，对外排斥其他国家商品进入其市场进行竞争的地区性联盟；从组织结构看，共同农业政策的改革需要成员国反复博弈，才能取得一致性意见，但是，不同成员国之间的分歧，特别是某些成员国为了维护既得利益增加了农业改革的困难，进而影响了新一轮农业谈判的进程。

（2）欧盟农业谈判的几个重要特点。首先，在农业谈判中持有保守性。由于欧盟农业发展与共同农业政策保护的现实情况，欧盟难以与美国、凯恩斯集团在农产品竞争中获胜，理所当然要反对激进的农业改革方案，即在与激进的贸易自由主义对阵中展现出保守性特点。其次，农业政策改革进程的缓慢性。在国际贸易自由化趋势和财政负担双重压力下，欧盟农业政策正在向市场化方向迈进，但是，由于多种原因使其改革的力度有限，造成政策转变的速度仍然很慢。再次，欧盟在农业谈判中的重要性。欧盟在世界舞台上具有非常重要的地位，集合了除美国、日本等以外的大多数西方国家，欧盟不仅是新一轮农业谈判的主要成员之一，而且与G10集团联手形成了防守阵营。这说明欧盟在农业谈判中起关键作用，要促使其作出重大让步，必须要有强大的外界压力和对手的相应让步，也表明欧盟在新一轮农业谈判的艰难程度。

2. 经验借鉴

（1）全面考虑发展战略，稳步推进农业改革。欧盟结合外部和内部的情况，将其共同农业政策与农业谈判有机地结合起来，稳步推进农业政策改革。欧盟在作出可承受的让步和妥协的同时，通过周密地调整相关政策，弥补或尽量减少可能带来的损失程度。

（2）吸收各方有关意见，在博弈中减少失误。欧盟是一个具有20多个成员国的庞大地区性组织，农业政策改革又是一个极为敏感的话题，一方面需要各成员国之间的协商和妥协，另一方面各成员国农民组织对共同农业政策作出了多种反应，这不仅影响各自国家的政府，而且通过欧盟层面的利益集团影响决策，体现了民主参与和公开透明，减少了决策执行中的社会风险。

（3）共同农业政策的改革思路与促进农村发展。综观欧盟的农业改革，农业政策变化的基本思路是逐渐从价格支持转向产量支持再转向不挂钩的单一农场支付补贴，这有利于减少农产品贸易扭曲，有利于提高市场竞争力，也有利于解决落后地区的农村发展问题。欧盟加强对农村发展政策的支持力度，尤其是注重对青年农民的职业培训和安置。

（4）优先考虑环境保护、生产的质量和食品安全。2003年共同农业政策改革方案中突出了三个优先，这既是欧盟需要解决的一些现实问题，也是国际社会重点关注的热点问题，更是发展中国家正在面对并要认真考虑的问题。欧盟的农业和农村发展思路及经验，无疑值得我们借鉴和学习。

第八章
澳大利亚农业谈判的目标、基础及策略

在 WTO 新一轮农业谈判中，澳大利亚作为凯恩斯集团的核心成员和主要代表，积极要求加速实现农产品贸易自由化，提出了激进的农业改革方案，是影响农业谈判进程的 6 个重要成员之一。澳大利亚农业谈判提案不仅反映了其农业生产和农产品贸易政策的特点，而且在相当程度上表现出凯恩斯集团成员国农业发展的共同特点、立场和要求。澳大利亚农业谈判提案充分结合基本国情，并有其独到见解之处，值得我们研究和借鉴。

一 澳大利亚农业提案及其现实基础

澳大利亚是一个自然资源丰富而人口稀少的国家，农产品出口是该国传统贸易。近年来，澳大利亚农产品大约有三分之二用于出口，出口型农业的特征十分显著。澳大利亚政府提倡和鼓励农产品出口，重视和强化农产品质量安全性，这既保证本国农产品的顺利出口，又防范他国农产品的进口冲击。这里需要指出，在许多情况下澳大利亚农业提案是包含在凯恩斯集团提案之中，这时两者可以视为一致性。

（一）农业提案的核心目标和主要内容

在新一轮农业谈判中，澳大利亚的核心目标是扩大市场准入，即通过进

一步开放世界农产品进口市场的大门,达到实现澳大利亚农业集团出口更多农产品的目的,这与美国农业谈判的核心目标具有相似之处。与此同时,澳大利亚的国内支持水平较低,特别是在多哈回合谈判正式启动之前就已大幅度削减了国内支持水平,因此澳大利亚积极主张WTO成员削减国内支持,规范"绿箱"政策,确保这些政策对农业生产和贸易没有扭曲或扭曲作用极小。澳大利亚主张完全取消各种形式的农产品出口补贴,修正世界农产品市场的扭曲程度。澳大利亚的这些提案和要求,主要是为了削减美国、日本和欧盟农业的高补贴,从而提高澳大利亚农产品在国际市场上的出口份额。

澳大利亚农业谈判的具体提案主要是体现在以下几个方面:

1. 市场准入

(1)关税减让。澳大利亚等凯恩斯集团成员主张大幅度增加市场开放程度,目标是使农产品达到其他产品同等的市场开放程度。澳大利亚主张对农产品的所有关税实行迅速减让,在坎昆会议前澳大利亚曾极力推行以"瑞士公式"作为关税削减的模式,该公式的特点是关税水平越高,关税削减幅度越大。

具体公式为 $T_1 = (T_0 \cdot a) / (T_0 + a)$

其中 T_1 表示新关税,T_0 表示现有关税,a 为参数。

由此可见,澳大利亚与美国都极力主张大幅度削减农产品关税,特别是针对具有高关税的农产品。但是,美国提出公式的参数为25%,而凯恩斯集团提出发展中成员采用的参数为50%,两者选用的参数有所不同,即削减后的降税效果有所区别,这是因为凯恩斯集团既有澳大利亚、新西兰、加拿大等发达成员,也包括巴西、阿根廷、智利、泰国、马来西亚等一些发展中成员,需要考虑和保护本集团内部发展中成员的利益。

(2)关税配额及其管理。澳大利亚等成员主张大幅度增加关税配额,削减乃至取消配额内关税,规范关税配额管理,对配额分配数量的限制、进口许可证有效期的限定、分配给特定供应国等做法进行审议,以切实增加市场准入机会。澳大利亚等部分凯恩斯集团成员还提出在5年内分步骤地逐步取消关税配额制度。

(3)关税形式。澳大利亚主张关税形式简单化,因为关税制度越复杂,政策的柔性就越大,隐蔽性就会越强,保护的程度也就越高,所以,化简复杂的关税形式是新一轮农业谈判中争议较大的一个问题。美国、欧盟、日本、韩国等成员的关税形式比较复杂,而澳大利亚的关税形式比较简单、透明。

2. 国内支持

凯恩斯集团成员的国内支持程度普遍不高,澳大利亚作为该集团的主要成员,按其对生产者补贴估计值(PSE)计算,2000 年 PSE 为 6%(占农业 GDP 百分比表示),远低于经合组织成员平均 34%的水平,这就决定了凯恩斯集团在国内支持方面谈判的基本立场。凯恩斯集团主张大幅度削减国内支持,改革现行的国内支持结构,取消"蓝箱"政策,将该类支持措施并入"黄箱"政策进行削减;大幅度削减乃至完全取消具有贸易扭曲作用的"黄箱"政策;重新界定"绿箱"政策的标准;确保这些政策对农业生产和贸易没有扭曲作用或扭曲作用极小,应将直接收入支付、收入保险和收入安全网计划等具有贸易扭曲作用的措施放入"黄箱"政策。凯恩斯集团提出,大幅度削减扭曲贸易的国内支持总量,在协议实施期第 1 年削减 50%的综合支持量(AMS),此后逐年削减直至最终取消;对 AMS 削减要具体到产品,而非仅仅是总量减让;对微量允许条款进行审议,防止一些成员用来规避其减让承诺,以确保削减国内支持的有效性。

3. 出口竞争

凯恩斯集团主张取消所有农产品的出口补贴,他们认为:出口补贴使国际农产品价格低迷,并使不稳定性增加,是导致农产品贸易扭曲的政策。此外,许多发展中国家的大部分人口以农业为生,出口补贴政策迫使这些国家与发达国家竞争,使发展中国家农村贫困状况加剧,并造成社会的不安定,所以出口补贴没有理由继续存在。凯恩斯集团对出口补贴提出了具体建议:(1)取消并禁止所有农产品一切形式的出口补贴;(2)决定取消现行出口补贴的期限(发达国家在 3 年期内,发展中国家在 6 年期内);(3)规定出口补贴的削减方式,在下一个执行期开始,以类似收付款的方式一次削减出口补贴的 50%,并以加速的方式将补贴削减至零,全面停止出口补贴的使用;(4)制定更严格的规范,防止各类出口补贴削减与限制的规避行为。

凯恩斯集团还建议农业谈判应对出口限制和出口税加以规范,同时主张把出口限制减让和关税升级减让联系起来共同削减。澳大利亚等成员认为,各成员应关注国营贸易企业的贸易做法,而不是国营贸易企业本身。他们提出,《1994 年关税与贸易总协定》第 17 条已对国营贸易额的活动作出了规定，不必再过多纠缠。独家垄断的出口企业本身并不是问题，关键是企业是否按照商业原则进行运作。

（二）发展农产品出口贸易的现实需要

澳大利亚农业提案反映了澳大利亚现实经济的需要，它是为澳大利亚农业集团服务的。澳大利亚农业具有非常明显的出口型特征，这是由其基本国情决定的，正如澳大利亚农业、渔业和林业部所指出："农业代表着澳大利亚经济的一个重要方面，它在一些世界商品贸易中承担着一个重要的角色。"[①] 澳大利亚农产品出口贸易主要体现在政府政策和实际运用，而不是在理论创新方面。

（1）土地资源丰富，但是人口相对稀少。澳大利亚是一个典型的地多人少的国家，其国土面积为768.2万平方公里，在世界各国中排列第6位。澳大利亚农牧业用地占世界农牧业用地的10.4%，农牧业用地占国土总面积的比例高于世界平均水平。相对于辽阔的国土面积，澳大利亚人口数量稀少，2002年澳大利亚人口仅为1960万人，平均每平方公里只有2.52人，是全世界人口密度最低的国家之一。尽管澳大利亚政府采取鼓励移民等多种措施，促进本国人口增长，但是，由于原来人口基数小影响了人口较快增长。由此可见，澳大利亚是一个农业资源非常丰富，人均占有农业资源极为丰裕的国家。

澳大利亚的丰富土地资源，为其农业发展提供了十分优越的条件。在过去相当长的时期内，澳大利亚农牧业生产比较发达，在整个国民经济中占有重要地位，是英国的食品和原料供应基地，被誉为"骑在羊背上的国家"。现在，虽然澳大利亚农业在国民经济中所占比重已经大幅度下降，从第二次世界大战前的23%下降至2003年的4%，但是，农业一直保持着传统优势，主要农产品有小麦、棉花、蔗糖、羊毛、牛肉、奶制品、大麦、柑橘、蔬菜、水果及坚果、观赏植物等，其中小麦、羊毛和牛肉仍驰名国际市场。

（2）农业生产发达及农业劳动生产率极高。澳大利亚不仅具有优越的农业资源，而且大都采用先进、现代化的生产方式，从总体上看，农业机

---

① Stocktaking of Australian Agriculture and Food Sector, Prepared by DAFF, Australian Government, 2005.

械化程度高和劳动生产率高。2002年澳大利亚农业人口不到90万人,约占全国总人口的4.4%;农业生产者为38.6万人,约占全国总人口的2%,共有商业性农场约12万个;农产品加工企业3400家及其员工18.7万名。虽然澳大利亚部分农产品单产水平不高,但是,每个农业劳动力平均产量却位居世界前列。根据澳大利亚农业、渔业和林业部的统计数据[①]进行计算,在2002~2004年期间,平均每年每个农业劳动力生产小麦46.97吨,生产大麦18.45吨,生产羊毛1.37吨,生产蔗糖13.54吨,生产棉花953公斤,生产牛肉5.32吨,生产牛奶2.64万升。从小麦、羊毛和牛肉三种主要农产品来看,澳大利亚小麦应该在世界小麦生产中占有一席之地,它相当于欧盟小麦产量的17.35%,相当于中国小麦产量的20.49%,相当于俄联邦小麦产量的42.66%,相当于美国小麦产量的33.57%;澳大利亚羊毛产量稳居世界第一,占世界羊毛总产量的43.3%,相当于中国羊毛产量的1.5倍,相当于新西兰羊毛产量的2.38倍,澳大利亚始终保持着羊毛生产的领先优势;澳大利亚肉牛业在国际市场具有相当的影响,其产量是美国牛肉产量的17.62%,是欧盟牛肉产量的25.55%,是巴西牛肉产量的26.73%,是中国牛肉产量的31.42%。

(3)农产品国内消费不足难以实现产需平衡。尽管除羊毛等个别农产品以外,澳大利亚的主要农产品产量并不位居世界各国的前茅,但是对于一个人口数量刚刚超过2000万人的国家,则由于国内市场容量狭小、消费能力有限,以及发展潜力有限,这使得澳大利亚生产的农产品只能在国内市场消费一部分,其他部分(甚至大部分)农产品需要出口国际市场,提供给他国消费者食用。澳大利亚农业、渔业和林业部报告指出[②],在1998/1999年度,每个澳大利亚消费者每年平均消费肉类80.3公斤,消费各种谷物和面包138公斤,按照这一报告的统计数据,我们可以推算和验证澳大利亚农产品的国内消费所占比重较小。现以各种谷物和面包、肉类为例,通过估算澳大利亚市场的消费量,即消费者平均消费量乘以该国人口数量,就可以知道澳大利亚对谷物和肉类消费量分别只占本国同类农产品

---

① 资料来源:AT A GLANCE/ 2007, Australian Government Department of Agriculture, Fisheries and Forestry.

② 资料来源:Australian Food Statistics 2006, Australian Government Department of Agriculture, Fisheries and Forestry.

生产量的10.15%和37.73%，剩余谷物和肉类除少量用于储存和加工以外，其余部分应该通过出口国外市场的方式进行消费。事实表明，澳大利亚农业正常生产和发展不仅取决于本国消费者，而且取决于国外消费者。

(4) 澳大利亚农业具有非常鲜明的外向型特征。澳大利亚基本国情决定了其农业的外向型特征，这既有地多人少的特殊情况，也有殖民地的复杂原因。澳大利亚曾是英国的殖民地，不仅作为英国的农产品原料和矿产品原料基地，而且也是英国工业品的海外市场，这对形成澳大利亚外向型农业具有重要的影响。在第二次世界大战前，澳大利亚农业生产总值约占国内生产总值的23%，工业生产总值所占比重不足国内生产总值的20%；同时，澳大利亚农产品出口占出口商品总值的88%。第二次世界大战后，虽然澳大利亚工业和服务业有了很大的发展，农业生产总值在国内生产总值中所占比重大幅度下降，但是，农业生产本身仍然有很大的发展，只是由于其他产业部门发展相对更快。澳大利亚农业不断发展以及国内人口增长相对缓慢，使其继续保持农业外向型的特征。据澳大利亚农业、渔业和林业部的统计[1]，在2001~2004年期间，澳大利亚小麦出口数量占小麦生产数量的71.47%，羊毛出口数量占羊毛生产数量的92.45%，牛肉出口数量占牛肉生产数量的42.91%，棉花出口数量占棉花生产数量的43.34%，蔗糖出口数量占蔗糖生产数量的78.69%，羊肉出口数量占羊肉生产数量的38.51%。由此可见，农业既是澳大利亚的传统优势产业，也是澳大利亚的传统出口产业。

二 澳大利亚农业提案的国内政策基础

澳大利亚农业政策有三个显著的特征，即以改善市场准入为特征的出口增长，以提高农业竞争力为特征的生产发展，以高标准高质量为特征的技术壁垒。澳大利亚一方面主动调整国内农业政策，另一方面在WTO谈判桌上积极要求农业改革，两者相互配合共同推进本国农业发展。

1. 以改善市场准入为特征的出口增长

外向型是澳大利亚农业的最显著特征，决定了澳大利亚农业政策必须

---

[1] 资料来源：Australian Food Statistics 2006, Australian Government Department of Agriculture, Fisheries and Forestry.

将"不断发展和开拓农产品国际市场"摆在特殊和重要的位置,从而为本国农业生产的运行和发展提供坚实的市场保证。

(1) 农产品对外贸易格局及其政策调整。虽然澳大利亚地区具有较长的历史,但是澳大利亚真正的农业,可以说是在大批欧洲移民到来之后才产生的①。从1788年开始,英国政府陆续建立了一些移民点,农业生产成为满足移民对食品的需要,解决从英国运送食品问题的重要途径。英国工业革命以及毛纺织业发展,使其对羊毛原料需求增加。为了补充当地劳动力不足,英国政府制定了有关政策,帮助大批自由平民进入澳大利亚领地。大批移民及其携带的先进农业技术,促进了澳大利亚农业的迅速发展。1901年澳大利亚联邦成立后,原来的殖民地成为联邦的一个州,通过充实和完善农业机械,改良耕种方法和品种,扩大灌溉和施肥面积,拓展农作物播种面积,农业生产得到很快发展。当时,澳大利亚耕地面积已达356万公顷,小麦播种面积已达206万公顷,总产量达到100万吨,不仅满足了国内需求,而且还出口52万吨。

直到第二次世界大战之前,澳大利亚在英国的支配和影响下,其农产品贸易严重依赖于英国及英联邦国家的市场,形成了明显的外向型农业特征。第二次世界大战结束后,澳大利亚对外政策发生了较大变化,开始执行更为独立的政策,向英国出口农产品的比重有所下降,但是,英国市场对澳大利亚仍具有重要影响。1971年澳大利亚农产品仍有14.9%输往英国,其中包括澳大利亚黄油出口的70%、水果罐头出口的60%和干鲜果品和蔗糖出口的近1/3。1973年英国加入欧洲共同体后,澳大利亚不仅不再享受原来英国的特惠关税率,而且还不能享受原来英国的一般关税率,必须按照欧共体统一的对外关税率纳税。欧共体"对输入集团外农产品的国家征收高额农产品差价税,税额相当于以前农产品关税的3倍"②。以新鲜苹果为例,在英国加入欧共体前,澳大利亚苹果进入英国市场,需要交纳的特惠关税率或一般关税率分别是0和3.7%。在英国加入欧共体后,澳大利亚苹果进入英国市场,需要交纳的统一税率为8%③,这迫使澳大利亚

---

① 季任钧编著《澳大利亚和新西兰农业地理》,商务出版社,1995年10月,第1版,第44页。
② 张秋生著《澳大利亚与亚洲关系史》,北京大学出版社,2002年12月,第1版,第188页。
③ 季任钧编著《澳大利亚和新西兰农业地理》,商务出版社,1995年10月,第1版,第56页。

不得不寻找新的市场。与此同时，以东亚为代表的亚洲经济高速增长，推动了澳大利亚实现"面向亚洲"政策的转变。

20世纪80年代后期以来，澳大利亚加速调整亚洲政策，包括以亚洲为重点开展地区多边外交、发展与日本的建设性伙伴关系、重视与发展与中国的合作关系，以及加强与东盟国家的合作关系，这种政策调整的最直接原因是经济利益的驱动。澳大利亚在寻找市场多元化的过程中，贸易的重要性逐渐占据政府决策的主要地位，这表现为"澳大利亚对外政策的侧重点是确保亚洲市场对澳大利亚商品的开放"[①]。在澳大利亚农产品出口贸易中，亚洲市场的份额呈现上升趋势。2001~2004年澳大利亚农产品出口额统计显示，日本市场占18%、美国市场占11%、欧洲市场占11%，中国市场占8%，中东市场占6%，韩国市场占4%，其他亚洲国家市场占20%，除上述国家和地区以外的其他国家占22%[②]。由于澳大利亚农产品出口额的一半是输往亚洲国家，这表明亚洲国家已经取代欧美国家，成为澳大利亚农产品出口的最大洲际市场。另外，澳大利亚的大量矿产品原料出口到亚洲国家，这也是澳大利亚与亚洲国家加强经济合作的重要因素。

（2）借助贸易谈判改善农产品市场准入。澳大利亚一直高度重视国际市场对其农业发展的特殊意义，尤其是对于一个人口数量较少而农业生产规模较大的国家来说，稳定的贸易增长可以明显减缓国际市场供求剧烈波动的影响，增强农产品贸易的透明度和预期性，有利于澳大利亚农业生产的稳定发展。早在20世纪90年代初，澳大利亚著名学者布鲁斯·格兰特和澳大利亚前外长加里斯·埃文斯在论述澳大利亚国家经济利益时指出：澳大利亚的利益是表现为谋求一个自由开放的国际贸易机制，以使国家可从出口中增加收入[③]。2003年澳大利亚白皮书认为，澳大利亚的国家利益就是澳大利亚和澳大利亚人的安全和繁荣，外交和贸易政策的目的就是促

[①] 戈登·福斯主编《当代澳大利亚社会》，赵署明主译，南京大学出版社、迪金大学出版社联合出版，1993，第29页。

[②] Stocktaking of Australian Agriculture and Food Sector, Prepared by DAFF, Australian Government, 2005.

[③] 刘樊德著《澳大利亚东亚政策的演变》，世界知识出版社，2004年11月，第1版，第10页。

进澳大利亚的国家利益,而外交和贸易政策的任务就是要以一种既有效又符合澳大利亚人价值观的方式来促进国家利益[1]。

澳大利亚认为,国际贸易谈判是改善市场准入的重要途径,也是有效地降低农业生产风险以及充分表达澳大利亚价值观和国家利益的重要机遇。在澳大利亚农业政策框架内,改善和实施市场准入是最重要的部分,这部分内容包括多边贸易谈判、双边贸易谈判、保持市场活力和农业合作与发展项目等,其中WTO新一轮农业谈判是涉及国家(地区)最多的全球性谈判。澳大利亚不仅积极参与农产品贸易谈判,而且扮演了重要角色和发挥了重要作用。澳大利亚在乌拉圭回合谈判中意识到:只有通过合作和联合才能与世界性大国和集团抗衡,实现中小国家的利益,由此倡导成立了以维护农产品出口国利益为宗旨的凯恩斯集团,从而在多边贸易改革和协商中起到"具有创新意识型"和"理智型"这样两种积极作用。

澳大利亚认为,现有的农产品国际贸易环境并不理想,一些不利因素仍然影响农产品贸易及农业和食品行业发展,这包括世界市场条件、贸易壁垒(例如关税、检验检疫)和技术质量要求(例如标签),还有一些国家(集团)仍在使用产生价格扭曲作用的补贴政策。一些工业国家对农业的直接支付(包括市场价格支持),其结果导致这些国家农民收入快速上升。欧盟、美国、日本和韩国超过了1995~1999年WTO通报的所有国内支持份额的83%[2]。根据2004年OECD的一份报告,欧盟支持农业政策的一个结果是农民收入的37%来自政府税收的转移支付,美国、日本和韩国的农民收入中来自于转移支付的比重分别是18%、58%和60%。与这几个国家相比较,澳大利亚农民收入中只有4%来自于转移支付。另外,一些国家技术壁垒措施是不透明的,并存在许多非关税壁垒,尤其是SPS部分,这些都对农产品贸易产生诸多干扰和困难。

澳大利亚认为,农业问题已成为多哈回合谈判的焦点,并成为最困难的世界性贸易谈判。欧盟、美国和日本不仅采取高额的农业补贴政策,而

---

[1] 刘樊德著《澳大利亚东亚政策的演变》,世界知识出版社,2004年11月,第1版,第10页。

[2] Stocktaking of Australian Agriculture and Food Sector, Prepared by DAFF, Australian Government, 2005.

且为了保护其农民的利益而反对向澳大利亚最有价值的农产品开放市场。同时，尽管发展中成员的农产品贸易发展和改革要求日益增长，但仍有一些成员不愿为农业改革作出贡献。一些发展中国家成员的名义关税远高于实际关税，但是，出于对这些成员的尊重而没有以实际关税为基点进行关税削减[①]。这些都难以获得成员们的一致性意见，并导致新一轮农业谈判进程远远落后于原定计划的时间表。对此，澳大利亚考虑这样几个重要问题：一是如何更好地使用多边谈判和双边谈判，扩大农产品和贸易的成果；二是采取何种更好的程序和系统，以应对来自贸易保护主义的挑战并争取改善农产品贸易的机遇；三是澳大利亚在促进世界贸易自由化进程中，如何扮演一个更为重要的角色。

2. 以提高农业竞争力为特征的生产发展

澳大利亚政府高度重视农业，但不采用美国、欧盟、日本的农业高补贴政策，而是通过深化农业管理体制、重视农业技术研究及其应用、提高农产品质量的安全性、重视农民职业技术教育培训、加强农业生产环境保护等多项措施，实现提高农产品国际竞争力，促进农产品出口发展。

（1）面向市场的农业管理体制改革。澳大利亚为了减少政府对企业和农场经营的干预，提高政府管理和服务的效率，在1996年对农业管理体制进行了改革。澳大利亚将初级产业与能源部调整为农业、渔业和林业部，划出原有的矿产资源管理职能，并从卫生部划入食品管理职能。农业、渔业和林业部统一协调对农林牧渔业的管理，并根据国内外市场的变化情况和促进农产品出口的需要，调整和增强了农产品加工、食品质量安全、动植物检疫、农产品贸易，以及资源保护等方面的管理职能。经过这次改革，澳大利亚农业管理体制具备了两个基本特点[②]：一是注意形成了农业产销一体化的管理体制，避免了管理职能的交叉、分散和重叠，从体制上确保农业竞争力；二是强化农产品质量管理意识，注重环境保护和可持续发展，提高农业效益。

---

① Stocktaking of Australian Agriculture and Food Sector, Prepared by DAFF, Australian Government, 2005.
② 韩锋、刘樊德主编《当代澳大利亚》，世界知识出版社，2004年3月，第1版，第190页。

与此同时,澳大利亚还对一些过去政府曾赋予市场特权的机构进行改革。例如,自 1939 年开始,澳大利亚小麦局就以法定形式垄断了国内外市场的销售,20 世纪 80 年代后期,澳大利亚取消了小麦局对国内市场的控制权并放开国内小麦市场经营后,1999 年进一步对小麦局改革,将其变为农民入股参与经营的股份制公司。改革后的小麦局不仅密切了与农民的联系,使农民从销售中比以前获取更多的利益,而且加强了市场对农民的引导作用,有利于增强澳麦的国际竞争力。

(2) 促进农业生产发展的财政支持。澳大利亚对农业的财政支持,主要体现在联邦政府和州政府两大层面。以 2000/2001 年度澳大利亚联邦政府预算为例,除日常的农业开支以外,新增加 3.5 亿澳元主要用于促进农业发展和对农民的扶持。其中,大约 3.1 亿澳元增补"促进澳大利亚农业发展"方案,其余分别用于动植物健康保护、动植物检验检疫、农产品原产地识别体系建设等方面。"促进澳大利亚农业发展"方案主要内容有:一是帮助农民进行产业结构调整;二是提高农产品质量和安全性,以及生产技术和商业技能培训;三是建立信息网络,促进农产品销售;四是对生活困难的农民进行补助,帮助无法继续从事农业生产者转向其他领域;五是对自然灾害造成的农业生产损失,给予一定程度的补偿;六是对农村老年人进行资助和照顾。澳大利亚各州政府也出台了对农业的保护和支持计划,并安排了一定的资金。以新南威尔士州为例,具有代表性的资助项目包括:商业规划补贴、技术培训资助、资产购置利息补贴、特殊农业环境保护、水资源结构调整、赈灾救济方案等。这些财政支出大多数属于 WTO 农业政策的绿箱措施。

(3) 加强农业科技开发和农民培训。澳大利亚通过对农业科技支持和农民培训,促进了农业技术进步及其运用,提高了农产品质量和品质,有力地推动农产品出口。澳大利亚拥有比较完整的农业科研服务体系,包括从品种选育、疾病防治、检疫检测、产品保鲜、农产品加工等多方面。澳大利亚农业科研机构以国际化为导向,多层次和多部门协同合作,形成了科学研究、农业生产、食品加工、市场营销为一体的农业科学研究网络[①]。在农业政策的支持下,澳大利亚的旱作农业、育种、畜产品加工等技术位

---

① 胡伟:《澳大利亚农业促进政策与措施研究》,《世界农业》2006 年第 11 期。

居世界领先水平。澳大利亚不仅重视农业科技开发，而且重视农业科研成果的推广应用。为了鼓励科技与生产的密切结合，政府对农民采用科技成果提供50%的补贴。澳大利亚农业技术推广部门主要由政府部门、科研和教育机构、农资公司及银行和食品加工企业这三大部分组成，分别负责编辑和发放培训教材、技术服务与咨询、成果试验与推广示范、试验信息反馈、技术改进与再推广。澳大利亚重视农业职业教育与农民培训，联邦政府和各州政府均设有就业、教育和培训部。政府投入农民培训经费，相关大学和职业学校主要承担培训任务。澳大利亚的农民培训是以能力为重点，农业教育与培训的评价指标纳入"全国能力标准"体系，保证农业生产者都能达到本行业的知识技能要求，为保持农业生产高效率和提升国际竞争力提供了坚实基础。

（4）完善社会化服务体系及其功能。澳大利亚政府在减少对农业直接干预的同时，扶持和完善各类农业行业服务机构，帮助农民更好地从事农业生产、管理和销售。澳大利亚一方面将有服务功能的单位从政府中分离出来，并通过有关联邦法律规定，使其成为真正的民间组织；另一方面从项目经费等方面给予积极的支持，帮助完善其主要服务功能。这些服务组织的主要职能是为农民提供生产经营技术，帮助进行会计核算，介绍国内外市场行情，解决生产技术问题，与农民签订购销合同等。以澳大利亚乳业局为例，它是从政府机构分离出来成为民间组织，经费来源于会员会费和会展收入。乳业局主要有6个方面功能，即农业技术研究开发，技术推广与服务；发展本国市场，促进国内消费；开拓国际市场，改善出口环境；提供信息服务，了解市场动态；开展公共关系，宣传行业发展；提供技术服务，提高产品质量。澳大利亚政府对乳业局的技术研发，按照1:1的原则进行资金配套支持，促进其更好地为农民服务。

（5）加强环境保护促进可持续发展。澳大利亚非常重视生态环境保护，他们并未因为地广人稀、资源丰富而随意浪费资源，相反十分珍惜和合理利用资源。澳大利亚认为，土地、水资源既是农业可持续发展的自然资源基础，也是优质农产品产出的重要物质基础。澳大利亚为了保持和提高农产品竞争优势，大力推行有机农业，实行秸秆还田，提倡使用有机肥料，对植物实行综合防治，严格控制农药使用。同时，澳大利亚促进植树造林，防止土地沙漠化、盐碱化和酸性，提高土壤肥力，保持生态平衡。澳大利亚运用价格杠杆促进节约用水，改善水资源的合理配置，提高农业生产效率。

3. 以高标准高质量为特征的技术壁垒

澳大利亚人口数量较少、国内市场容量有限，既要防止国外农产品和食品的冲击，也要严防动植物疫病的传入。澳大利亚不仅尽其全力促进农产品出口，而且精心构建经济安全保障。在WTO框架下有效地保护农业生产，是澳大利亚必须考虑的重大经济安全战略。澳大利亚选择了提高农产品质量安全性的途径，来实现上述战略并取得很好效果。

（1）建立完善的农业标准和技术法规体系。澳大利亚建立了比较完善的农业标准和技术法规体系，为提高农业生产管理和农产品质量水平提供了坚实的基础，它主要包括农产品品种、质量等级、生产技术规程、运输存储等方面的标准。从总体上看，澳大利亚农业标准分为强制性标准和非强制性标准。强制性标准是政府部门颁布的技术法规等，它具有国家法律效力，要求农业生产者必须执行。非强制性标准是由政府委托有关机构或自律性行业协会制定和管理的，是得到社会普遍承认的技术性和管理要求规范。虽然它是在生产者自愿基础上实施的，但目前已成为澳大利亚农业标准的主体。澳大利亚农业标准的特点包括：具有较强的针对性和可操作性，保证取得良好的实际效果；各项指标尽可能具体化、数量化，便于实施过程中检验和测试；保持标准内容的高质量、高水平，力求与国际标准、国外先进标准的一致性。澳大利亚农业标准的实施监督，是通过政府部门分工负责的方式实现的。农产品的卫生安全标准是由检验检疫局负责贯彻落实，进出口农产品必须按标准进行抽样检验，达不到标准要求的农产品一律不准进口和出口。农作物种子标准是由农业、林业和渔业部负责实施监督，农作物种子须依据种子标准经过种子检验站检验合格，并颁布证书才可进入流通领域。农药安全标准是由经过国家注册管理局注册登记后，才能进入流通领域。

（2）建立严格的农产品生产质量保证制度。澳大利亚农产品生产质量保证制度是用工作质量保证产品质量的思路，确保农业生产过程中产品质量的重要手段，以畜产品生产质量保证制度为例，主要有两大类型：一是国家强制实施的满足消费者食品安全需要的畜产品生产质量保证制度；二是生产者自愿实施的畜产品消费者质量保证制度[①]。第一类保证制度的基础是"国家销售者声明",它的实施几乎覆盖所有的畜产品生产者。如果销售者的畜产品没有"国家销售者声明"记录,则其畜产品在市场上几乎无法销售。这种保证制度的主要内容是依据国家肉食标准要求,严格限制化学残留物、激素促进剂,并通过生产记录进行检查。第二类保证制度是为了满足市场对畜产品质量的更高要求,依据国家畜产品认证计划、奶业质量保证计划、谷物质量保证计划、供应链联盟、有机食品认证计划等,主要内容是保证独立的商业供应链的需要(消费者规格、生产环境、动物福利)、农作物转基因限制等。针对欧盟等一些国家的特殊要求,澳大利亚许多大型畜产品生产出口企业同时实施了上述两类保证制度,以保证畜产品质量安全的高水平。

(3) 构建严格的进口农产品检验检疫制度。澳大利亚选择风险评估方式,作为判断进口农产品卫生水平的依据。外国动植物进入澳大利亚市场之前,必须提出进口申请,再由澳大利亚生物安全局决定是否需要进行进口风险分析。如果被确定要进行进口风险分析,则根据澳大利亚检验检疫局制定的《进口风险分析手册》实施进口风险分析[②]。只有被认为经过实施风险管理措施后其风险水平可以接受,才被准予进入国境。澳大利亚对进口食品实行裁决管理机制,根据澳大利亚《进口食品控制法》的规定,当澳大利亚检验检疫局发现受检食品不符合澳大利亚的有关标准时,就发布裁决令,要求在有关部门监督下进行更苛刻的检疫程序,接受检查的频率和比例更高。澳大利亚对生物技术食品实施了苛刻批准制度和标签制度,使用生物技术的进口食品需要得到澳大利亚新西兰食品标签局批准,并明列在《澳大利亚新西兰食品标准法典》后才能销售[③]。另外,澳大利亚对使用生物技术的特定食品,要求强制其标签的规定。除此以外,由于澳大利亚法律规定各州政府负责管理食品标准,所以它不仅没有形成统一的食品法规,而且食品管理系统较为复杂和分散。尽管1991年澳大利亚联邦政府与州政府达成协议,执行统一的食品标准,但是各州议会通过其食

---

① 朱述斌等著《澳大利亚畜产品质量保证制度及对中国畜产品质量保证制度建设的启示》,《中国农村经济》2004年第4期。
② 鲁丹萍著《国际贸易壁垒战略研究》,人民出版社,2006年9月,第1版,第41~42页。
③ 鲁丹萍著《国际贸易壁垒战略研究》,人民出版社,2006年9月,第1版,第43页。

品法案时,都考虑了当地的情况,实际上各州仍有一定的差别,这无疑对国外食品进入澳大利亚增加许多困难。

澳大利亚在原有的质量管理和技术基础上,进一步完善了各类农业管理制度、技术标准和法规,严格检验检疫制度等措施,大幅度提高农产品的质量安全水平,并利用WTO有关制度规定设置了技术壁垒;运用世界上最先进的科学仪器和技术手段,对进口农产品和食品进行检查,确保查获不符合进口要求的"科学证明"的成功率。澳大利亚还采用了差别化政策,一方面,对进出口农产品的质量要求相当严格,以确保本国农产品具有强劲的国际竞争力,或确保足够的技术壁垒防范外国农产品的冲击;另一方面,澳大利亚按照国内消费者的要求进行农业生产,以满足消费者的需求为准。

三 澳大利亚农业谈判的一些策略和做法

对于澳大利亚来说,任何形式的贸易自由化及市场准入的扩大都将带来经济利益。澳大利亚国际经济研究中心的一项研究成果表明,如果全球农业补贴减半,澳大利亚则每年将增加农业收入13亿美元。澳大利亚政府宣称,其贸易政策目标就是有效地配置有限的资源,以更好地满足国民的需要,澳大利亚对外贸易政策是以竭力扩大出口为特征的实用主义。

1. 预先调整国内政策,保持主动进攻态势

澳大利亚政府根据本国的基本情况以及国际农产品贸易自由化趋势,在充分调查研究的基础上,预先调整国内农业政策,既促进了农业国际竞争力,也为履行乌拉圭回合《农业协定》做出榜样,并为多哈回合农业谈判争取了主动权。早在1983年,澳大利亚就开始了对农业政策作出了重大调整[①],主要包括改革某些农产品价格保护政策及农村产业结构调整补助政策;取消使用化肥的补贴;分阶段削减农产品关税,取消非关税贸易措施;取消小麦局对国内市场销售的垄断权,减少政府对农产品市场的干预等,但是,仍然保持小麦局和羊毛局对外贸易垄断权。在WTO农业协定

---

① 蓝海涛著《国际农业贸易制度解读政策应用》,中国海关出版社,2002年8月,第1版,第103~104页。

的框架下，澳大利亚准确把握农业改革的大方向，当预期到本国农业政策与WTO农业政策不一致，特别是对明显不符合国际规则并妨碍农产品国际市场开放的内容进行调整，甚至提前进行示范性政策调整。澳大利亚农业政策调整后，其货物关税水平远远低于大多数其他成员，其中农产品关税只有4%左右，而其他主要成员的农产品平均关税高达62%；国内支持水平也远远低于其他发达国家成员，并基本上取消了农产品出口补贴。澳大利亚的农业改革为其成为WTO农业谈判的进攻方创造了条件，可以说，如果澳大利亚没有在市场准入、国内支持和出口补贴等方面的改革领先地位，就难以提出一系列激进的农产品贸易自由化的改革提议；或者说，即使是澳大利亚提出，但是没有自身的农业改革领先地位，也不可能成为令人信服的农产品贸易改革激进者。澳大利亚通过政策调整，不仅使国内农业政策与WTO农业改革方向一致，而且使其农业改革步伐远远超前于其他成员，由此形成了一种先发优势，既有利于增强本国农产品竞争力，又把握住WTO农业谈判的主动权，相对于一些WTO成员处于被动地应对WTO农业谈判，这是澳大利亚作出的一个高明的战略选择。

2. 重视多国合作力量，及时调整对外策略

虽然澳大利亚是世界上主要农产品出口国之一，但毕竟不是一个人口大国和政治大国。从自身定位来看，澳大利亚将其确定为一个中等强国（middle power），国际社会也基本认同其自我定位[①]。作为一个中等强国，是难以与世界主要发达国家（集团）美国、欧盟、日本等进行贸易谈判，因此，如何积蓄力量与这些主要发达国家谈判并取得成果，这是澳大利亚需要作出的另外一个战略选择。澳大利亚采取了借助于集体合作的方式，运用多国力量进行利益博弈。早在1986年，由澳大利亚牵头组成了一些农业出口国家为成员的凯恩斯集团，该集团主张农产品贸易需要回归公平及市场导向机制，极力推进农产品贸易自由化。在农业谈判中，澳大利亚不仅表达了一个国家的要求，而且表达了凯恩斯集团的集体要求。在乌拉圭回合农业谈判中，凯恩斯集团发挥了积极作用，成为一个能与美国、欧盟分庭抗礼并具有较大影响力的重要角色。

[①] 刘樊德著《澳大利亚东亚政策的演变》，世界知识出版社，2004年11月，第1版，第82页。

但是，随着发展中国家崛起等因素，特别是由巴西、印度、中国、南非等成员在坎昆会议前组成的G20集团异军突起，其中巴西、南非、阿根廷、泰国、印度尼西亚等国家也属于凯恩斯集团，这无疑反映了凯恩斯集团内部发展中成员的利益愿望和要求有所增强，而这些愿望和要求并没有完全在集团内部得到完全体现，表现出凯恩斯集团内部松动和不一致的迹象。在这种情况下，澳大利亚、新西兰等主要成员国相应地调整了自己的谈判策略，一方面，积极加强与G20集团的对话，加大与G20集团之间的协调和合作，在削减和取消欧盟和美国扭曲农产品贸易的国内支持和出口补贴等方面，共同开展了对有关谈判议案的技术研究；另一方面，积极发挥凯恩斯集团的作用，在谈判中与G20集团相互呼应并督促欧盟和美国作出让步。2005年4月，凯恩斯集团发表了卡塔赫纳宣言（Cartagena Declaration）①，该宣言强调，多哈回合谈判必须终结所有农业贸易的歧视措施，重申各重要议题的立场：一是所有出口补贴必须阶段性取消；二是发达国家具有贸易扭曲作用的国内支持，必须大幅度削减至目前实际支出水准之下，而且规范WTO"绿箱"措施；三是分阶段降低和消除关税高峰与关税级距问题，通过关税下调和扩大配额来解决敏感性产品的市场开放问题；四是必须给予发展中国家特殊与差别待遇，以确保其粮食安全，帮助消除贫穷与促进乡村发展；五是其他像热带性产品（tropical products）与具有多样性生产的重要产品，应给予完全的贸易自由化。这样既维护了凯恩斯集团的稳定和团结，又增强了与欧盟、美国、G10集团谈判的力量。

3. 巧用WTO政策空间，保护本国"合理"权益

澳大利亚在积极推动农业改革的同时，也充分利用WTO农业政策留下的空间，对本国相关农业的重要部分进行"合理"的保护，最显著的两个例子是国营贸易体制和进口农产品检验检疫制度。澳大利亚作为一个农产品出口国，无论从出口规模效益还是从质量管理来看，农产品集中出口远比分散出口更为合理，基于国家利益的考虑，尽管澳大利亚对国内市场管理体制进行了改革，但是仍然保留对外贸易的国营经营体制。澳大利亚认为：国营贸易公司没有违背WTO的有关规定，因为在关贸总协定和WTO《农业协定》的相关条款中，都承认国营贸易公司是符合关贸总协定

---

① 资料来源：WTO第WT/L/608号文件，2005年4月6日。

要求的合法经营实体。澳大利亚针对有些成员的异议，提出目前包括澳大利亚在内的多个国家存在这种情况，在短期内完全取消并不现实，为此建立免受国家不利影响的新的国营贸易公司机制。实际上，虽然乌拉圭回合多边贸易谈判结果法律文件没有否认国营贸易公司的合法性，但同时指出要"进一步注意到对于影响国营贸易企业的政府措施，各成员应遵守各自在 GATT1994 项下的义务"[①]，提出了保证国营贸易企业活动的透明度。从总体趋势上看，在未来的农业谈判中，很可能最终认定国营贸易公司为非合理性机构。澳大利亚正是运用 WTO 对相关概念和规则尚未界定清楚，对其农业进行了隐蔽性保护。

建立极为严格和复杂的进口农产品检验检疫制度，是澳大利亚的另一个重要保护措施。WTO 的《实施卫生与植物卫生措施协定》规定[②]，"各成员有权采取为保护人类、动物或植物的生命或健康所必需的卫生与植物卫生措施"，同时也规定"各成员应保证任何卫生与植物卫生措施仅在为保护人类、动物或植物的生命或健康所必需的限度内实施，并根据科学原理"。该协定还提出各成员在履行其职能的两种选择：一是根据符合国际标准、指南或建议的卫生与植物卫生要求，采取相关的检验建议措施；二是如果存在科学理由，可采取风险评估与适当的卫生与植物卫生保护水平，这些措施可以确定在更高的保护水平之上。澳大利亚采用了后一种技术含量很高的保护措施，达到限制和控制他国农产品进入本国市场的目的。尽管遭到了一些 WTO 成员的批评与指责，但是澳大利亚利用了 SPS 文件的某些不确定性，坚持了农产品检验检疫制度并充分发挥其保护作用。

四 澳大利亚经验的启示与借鉴

澳大利亚是一个资本主义市场经济国家，但是，它的农业政策又不同于欧盟和美国，而是紧密结合本国基本情况而制定的政策措施，具有明显

---

① 《世界贸易组织乌拉圭回合多边贸易谈判结果法律文本》，法律出版社，2000 年 10 月，第 1 版，第 20 页。

② 《世界贸易组织乌拉圭回合多边贸易谈判结果法律文本》，法律出版社，2000 年 10 月，第 1 版，第 59~62 页。

的独特性和实用性,值得我们认真研究和借鉴。

1. 基本国情与国际规则的有机结合

澳大利亚的一条最重要的经验,就是将其农业政策及谈判策略的基点,放在基本国情与WTO规则两者的有机结合之上,而不是盲目照搬其他国家的经验和方法。澳大利亚不仅透彻地分析国内的实际情况,而且准确地预见未来的WTO政策走向,并充分利用了WTO相关政策的空间,将国内农业改革与国际农业改革紧密结合,以获取在WTO谈判桌上的主动权。主要表现在两个方面:一是通过外向型农业发展与农产品市场准入改革之间的关联,使澳大利亚农业发展与WTO农业谈判两者一致;二是通过严格的农产品检验检疫体系与SPS政策的关联,使澳大利亚的检验检疫具有WTO法律依据的支持。这清楚地表明,澳大利亚已经巧妙地构建了攻可进、退可守的贸易体系框架。另外,澳大利亚从有利于本国农产品出口贸易发展的角度出发,坚持对外贸易的国营经营体制,这一点也不同于大多数资本主义国家的情况。

2. 改革农业管理体制,适应国际竞争要求

面对农产品国际市场竞争日益激烈的压力,澳大利亚改革农业管理和贸易体制,调整相关部门对农产品贸易管理的分工,既减少了管理职能的交叉、重叠和矛盾,又完善了为农业生产者服务的功能,从体制上确保农产品贸易的发展。澳大利亚的经验表明,管理体制改革是一项根本性和基础性改革,也是农产品贸易健康、快速增长的制度保证。如果一个国家的贸易管理制度不能适应国际市场的客观要求,就会或多或少地产生某些制度性障碍,阻碍该国对外贸易的有效发展。显而易见,对于建设和完善中国社会主义市场经济体制,澳大利亚的经验具有一定的参考和借鉴意义。

3. 运用争端解决机制,力争维护本国利益

澳大利亚不仅积极提出农业改革方案,而且善于利用WTO规则维护权益。在国际市场竞争日益激烈的情况下,国际贸易摩擦和纠纷频繁发生不可避免。澳大利亚先后与美国、欧盟、日本等主要发达国家(地区),与新西兰、加拿大等凯恩斯集团成员及发展中国家发生过农产品贸易摩擦。例如,澳大利亚与美国之间曾发生的羊肉贸易摩擦案例,澳大利亚与韩国之间曾发生的牛肉贸易摩擦案例,上述农产品贸易摩擦案例大都通过WTO争端解决机制,解决了与贸易伙伴之间的摩擦与纠纷。澳大利亚的经验在于：具体的贸易问题要与政治问题分离，并通过权威性、专业化途径设法解决，既不能为了政治目的而轻易牺牲经济利益，也不能将经济问题随意上升到政治层面。澳大利亚的做法既维护了国家经济利益，又避免贸易问题政治化、复杂化带来的负面影响。

4. 加强生产能力建设，培育农产品竞争力

澳大利亚农业政策的重要目标是促进农产品出口，但是，政府没有采取大量补贴的方式来实现这一目标，而是通过加强农业综合生产能力建设，培育和提升农产品竞争力，不断扩大国际市场的占有份额，实现促进澳大利亚农产品出口。这些具体措施有：加强农业科研、开发和应用，重视农民教育和培训工作，完善农产品质量和标准体系，发挥农业社会化服务功能，加强环境资源保护和管理，注重动物和植物健康和卫生安全，以及实施农村年轻人和妇女就业计划等。澳大利亚的经验表明，对农业投资的重点应该定位在农业综合生产能力建设上，对农业的直接补贴要适度、要量力而行，因为大量补贴并不能从根本上解决农业综合生产能力提高的问题。

第九章
印度农业谈判的主要内容及其影响因素

印度不仅是 WTO 的主要成员，而且是农业谈判中颇显个性的成员。印度与巴西都是 G20 集团的主要代表，尤其是印度对美国、欧盟等提出过不少严厉的批评意见，要求对发达国家扭曲贸易的政策制定严格和有效的纪律约束，表现出针锋相对的强硬立场。与此同时，印度又是一个人口众多的发展中国家，主要农产品的生产率明显低于发达国家，印度强调应该更多考虑发展中国家的特殊需要，并反对发展中国家的农产品市场过度开放。印度的基本国情和谈判立场在发展中国家具有典型意义，值得我们深入研究。

一 印度农业谈判的基本立场

印度农业谈判的基本立场和战略思想是由其基本国情所决定的。印度政府立足于本国农业较为薄弱的现状，提出了防守型的国家农业发展战略，也就是在印度农业发展的同时，加强对本国农业的保护，避免在国际农业竞争中遭受冲击和伤害。印度在历史上曾经发生过的粮食危机，这对印度的农业战略思想具有重要的影响。

一般来说，一个国家的农业发展战略，首先是考虑粮食安全，粮食是关系社会稳定和国民经济运行的重要物资,农业政策和农业谈判的前提条件都是保证国家粮食安全。印度作为一个仅次于中国的世界人口大国,自然会高度重视粮食安全,其主要原因有三点:第一,印度不仅是一个农业大国,而且是一个人口大国,大约70%的人口从事农业或以农业为生,如果依赖进口粮食来养活这么多的人口,政府财力难以承受;第二,粮食无论进口还是出口,面临的风险都太大,生产者和消费者都要承受市场不断变幻的不确定性带来的风险,由于印度的广大农民与市场之间联系十分薄弱,难以及时针对市场风险作出生产经营调整;第三,在印度的粮食作物中,小麦和粗粮都不具备相对优势,只有大米生产有剩余,但是大米剩余量相当有限,因为这不仅是绝大多数印度人以大米为主要食物,而且印度大米的单产水平也不高。如果印度大米出口增加而缩减国内大米供应,就会导致国内粮食价格迅速上涨。在粮食价格上下剧烈波动中,广大印度贫困农民受到伤害最为严重。由此可见,印度农业政策首要目标是保障粮食的自给自足,在农业谈判中保护本国农业成为印度的基本立场,这是印度不愿削减农产品进口高关税的主要原因。

其次,印度充分利用国土幅员辽阔带来土壤和气候的多样性,大力种植和培养新的出口农作物,例如蔬菜、棉花、烟草、黄麻等,挖掘新的农产品出口潜力,促进农民收入增长。印度政府采取这项政策的原因在于:第一,上述农产品在满足国内需求的基础上有不断增长的剩余;第二,这些农作物在国际贸易中所占份额越来越大,国际市场上需求日益上升;第三,世界富裕国家和地区对上述农产品的需求日益增加,相对于国内价格而言,这些农产品出口有利可图;第四,这些农产品的种植与培育属于劳动密集型产业,能够提供大量的工作机会,而且利润较高。这也恰恰是印度政府农业发展政策的主要目标之一,即促使小农户和专业农户大力发展高效增值的农作物[①]。这个战略思想在谈判中体现在印度要求发达国家成员削减关税,削减国内支持水平,取消出口补贴,使印度这些具有一定生产优势的经济作物在国际市场上取得有利地位。

印度前总理瓦杰帕伊指出,印度在与发达国家进行全球贸易的时候具

---

① 张淑兰:《WTO 与印度的农业发展——全球化背景下印度的农业战略对策》,《南亚研究季刊》2002 年第 2 期。

有一种"开放的意识",印度仍将为食物保障和生计问题而奋斗①。印度商业部长马拉索里·马汗也表示,政府在制定新的进出口贸易政策时牢记三件事情:一是能够充分保卫和保护国内农业;二是保留那些曾经促进印度农业迅速发展的动力;三是牢记消费者的利益,给予消费者以更加宽泛的选择。这就是全球化背景下印度政府选择的具有印度特色的农业战略②。

二 印度农业提案的主要内容

在新一轮农业谈判中,印度作为 G20 集团的主要成员,代表发展中国家的利益提出了很多观点。本文主要从市场准入、出口竞争、国内支持和粮食安全几个方面介绍和分析印度农业谈判提案的相关内容。

(一) 在市场准入方面,印度一方面要求充分削减发达成员的关税,包括关税高峰和关税升级;同时,努力争取对发展中成员关税削减方面的特殊照顾

印度认为,WTO《农业协定》实施 5 年以来,发展中成员并未获得预期的市场准入机会,贸易自由化的结果,使发展中成员的粮食进口迅速增加,而农产品出口却基本上没有变化。发展中成员在世界农产品出口中所占的比重甚至比 25 年前还低。导致这种现象的主要原因有:一是某些发达成员的农产品关税很高,有些农产品的关税竟高达 350%;二是在发展中成员具有出口利益的农产品中,发达成员的关税峰值现象比较普遍;三是发达成员关税升级现象比较严重。因此,印度要求消除发达成员关税峰值和关税升级现象,主张确定一种削减方式,使得发达成员的高关税削减至合理水平③。

---

① 张淑兰:《WTO 与印度的农业发展——全球化背景下印度的农业战略对策》,《南亚研究季刊》2002 年第 2 期。
② 张淑兰:《WTO 与印度的农业发展——全球化背景下印度的农业战略对策》,《南亚研究季刊》2002 年第 2 期。
③ 王凯圆、庞玉良:《WTO 新一轮农业谈判主要议题和各方主要观点》,《世界农业》2002 年 7 月。

20 世纪 90 年代以来，迫于美国等压力并经过 WTO 争端解决机构的裁决，印度于 2001 年 4 月对所有农产品实施关税化，但是，这仅仅承诺了关税上限。在乌拉圭回合谈判中，印度承诺对协调制度下 3373 种产品的关税进行调整。其中，农产品数量大约占到 20%，为 673 个税目，所有产品的约束税率都使用从价税率。印度承诺的约束税率结构大体如下：在 673 个税目的农产品中，34% 税目的农产品约束税率为 150%，47% 的约束税率为 100%，4% 的约束税率为 350%，其余 15% 税目的约束税率低于 100%，其中包括 11 个税号的零关税约束的农产品。零关税约束的农产品主要有玉米、李子、鲜葡萄、桃等。对于印度农产品的简单平均约束税率，OECD 的估计是 124.3%，世界银行的估计是 101%。[①]

就实施税率而言，印度农产品平均实施税率在 30% 左右，在 673 个税目的农产品中，大部分产品的最惠国实施税率要远远低于其所承诺的约束税率水平，两者之间差距超过 50 个百分点的有 556 种产品，占产品总数的 82.6%。所以，从农产品贸易谈判和关税减让的角度来看，印度约束税率的削减空间仍然很大，同时又不会影响实施税率在农产品贸易中发挥的作用。这意味着在未来的贸易谈判中，印度的约束税率可以有很大的削减空间，不会对实施税率带来明显的影响，自然也不会对农产品贸易利益构成威胁。因此在执行未来 WTO 承诺的过程中，印度具有很大的主动性。

（二）出口竞争方面，以印度为代表的 G20 集团提出，应该继续按现行《农业协定》规定的方式逐步削减出口补贴，同时在执行过程中对发展中成员给予一定的灵活性

1. 新一轮农业谈判关于发达成员农产品出口补贴的削减承诺，要求发达成员完全取消出口补贴，尤其是欧盟（例如奶产品）

如果这方面要求不能得到满足，发达成员应该对出口补贴进行分类减让，而不是进行一揽子减让；在 5 年内应至少削减最终约束水平的 50%，剩下的补贴要在 9 年内完全削减；在执行期内，未用完的出口补贴不应该滚动使用。同时，印度还要求应该把发达成员实施的所有形式的出口信

---

① 董运来、杨志宏：《印度农产品市场准入：分析及借鉴》，《当代亚太》2007 年第 2 期。

贷、出口信贷担保、价格打折、保险计划等都纳入出口补贴的范围内加以减让，并按照出口补贴的纪律加以约束等。

2. 考虑到发展中成员的特殊情况，在削减执行方面给予发展中成员相当的灵活性

例如执行期限可延长至 10~12 年，而在这段时间内发展中成员继续享有运输和营销成本补贴的权利；继续维持发展中成员现有的出口竞争豁免并允许补贴在不同类别之间转移，直到其出口竞争达到一定水平后再进行取消；在发达成员高补贴情况下，发展中成员保留实施高关税的权利，以求得农产品贸易的某种平衡，并允许发展中成员使用出口限制和出口税来维持粮食安全及其他商业和营销性的政策目标；只允许粮食净进口国和最不发达国家才有资格实行出口信贷措施等。

3. 在粮食援助方面，相关条款应该符合真正的粮食援助，而不能借机破坏 WTO 规则，必须消除不考虑人道主义和粮食援助的商业置换行为

对此，应该考虑设计一个"安全箱"以保证粮食援助是真诚的，在"安全箱"以外的情形均需要被限制以避免成为出口补贴的漏洞，进一步防止商业置换行为。G20 集团同意农业特委会主席提案的一般性原则：需求驱动；从货物或服务的商业性出口中分离；不与援助国的市场发展目标相联系；无偿赠予的形式[①]。

另外，印度还提交了一份关于出口信贷、出口信贷担保、保险计划的规则和纪律的草案，其中包括最长还款期限、最低利率标准等内容。

（三）在农业支持和补贴政策上，印度认为本国目前对农业所实施的支持和价格补贴尚未达到农业协定的上限，所以对农业生产的国内支持和补贴同样没有作出任何削减承诺

同时还利用"绿箱"规则下的特殊和差别待遇条款，对国内落后地区以及经济实力低下的小农增大了生产支持和扶助，对于肥料、种子、电力、农用工具等进行了价格补贴。对于发达国家的国内支持，印度代表 G20 集团主要观点如下：

[①] 程杰、武拉平：《G20 集团多哈回合农业谈判的最新立场》，《世界农业》2008 年第 3 期，第 3~6 页。

1. 新一轮农业谈判应重视削减承诺的有效性，总体扭曲性支持 (Overall Trade-dis-torting Supports) 简称 OTDS，应与所有形式的扭曲性支持相关联，这将是本轮国内支持谈判目标的关键基准

按照美国方案的 OTDS 削减要求，美国的削减幅度为 53%，削减后约束水平在 227 亿美元左右。2007 年 6 月，印度和 G20 集团其他主要成员共同提出一个较低水平的最终支付方案，作为对美国实施削减的要求，即达到 75% 的削减比例，削减后约束水平为 121 亿美元。由于欧盟实施了共同农业改革，有效的削减应该基于本次改革计划的支付水平。根据当前的评估，欧盟改革将导致最终的 OTDS 为 125 亿欧元。

2. OTDS 不仅仅是综合支持量、"蓝箱"、特定产品和非特定产品微量允许的简单加总，这其中的每个组成部分也应该进行适当调整以达到有效削减的目标

印度重申了自己的立场：AMS 削减、"蓝箱"在执行期开始以 2.5% 的农业产值封顶，以及微量允许限制；关于特定产品 AMS 和"蓝箱"，封顶水平应该按照《香港部长宣言》要求保证其有效性，以避免"产品转移"现象出现；对于综合支持量封顶，最终水平应该是 1995～2000 年基期水平的封顶总和；对于"蓝箱"封顶，应该保证每种产品的支持被有效限制在一定的水平内，从而保证相关措施没有或最小的贸易扭曲性。[①]

3. 发达国家现行的部分国内支持计划需要进行修正

目前情况是"绿箱"政策在一定程度上被滥用，而且直接支付应该是实质性的与生产脱钩。对此，印度要求调整有关政策措施以保护发展中成员的利益，并且保证"绿箱"更具有友好发展的特征，而不能成为发达成员的专利。典型的发展中成员计划，如土地改革、直接支付的引导计划、调整与补偿自然灾害和收入支持相关联计划等可加以考虑。[②]

（四）关于粮食安全

印度不断强调粮食安全是农业之本、立国之本，并以此为理由，在农

---

① 程杰、武拉平：《G20 集团多哈回合农业谈判的最新立场》，《世界农业》2008 年第 3 期，第 3～6 页。

② 程杰、武拉平：《G20 集团多哈回合农业谈判的最新立场》，《世界农业》2008 年第 3 期，第 3～6 页。

业谈判中提高要价。考虑到印度人口众多,粮食问题在印度社会经济发展中具有极为特殊的作用,因此针对印度等发展中国家的粮食问题,印度在WTO新一轮农业谈判中提出,应该将"粮食安全箱"纳入谈判议题,并与"绿箱"政策同等对待。其主要内容包括:为缓解农民贫困以及促进农村发展和农村劳动力就业等,发展中成员应当免于任何形式的削减承诺;发展中成员对农业关键性投入应予以支持,并保留适当水平的关税限制;应当免除发展中成员提供任何形式的最低市场准入义务;农产品协定中的产品保障体制需要合理化,包括初级产品生产的风险保障等在内,如橡胶、初级林产品、黄麻纤维、椰子纤维等。按照印度的提议,"粮食安全箱"只适用于发展中成员,尤其是只适用于粮食安全形势严峻的发展中成员[1]。同时要求在这一规则下允许发展中成员采取更多额外的特殊和差别待遇条款,允许发展中成员在超出《农业协定》规则之外对政策措施选择有更大的灵活性。

三 印度农业谈判的现实基础

(一)印度是发展中的大国,但是综合国力还不够强大,农业在国民经济和社会发展中依然占有相当重要的地位

1. 农业在国民经济中仍占有较大比重

2001年印度国内生产总值达4773亿美元,比2000年增长4.2%;国内生产总值三大产业构成的份额为:第一产业占25.1%,第二产业占26.5%,第三产业占48.4%。三大产业对GDP增长的贡献分别为:第一产业为1.26个百分点,第二产业为0.77个百分点,第三产业为2.92个百分点。第一产业依然是整个经济增长的重要增长点,经济发展对农业有明显的依赖性。2002年印度总人口104954.9万人,其中农业人口55328.1万人,占总人口数量的52.7%;全国经济活动人口46025.2万人,从事农业经济活动人口27025.2万人,占所有经济活动人口的58.7%[2],这种情况不仅与发达国家形成鲜明对比,而且也与经济发展较快的发展中国家形成

---

[1] 王东林,文富德:《世界贸易组织与印度经济发展》。
[2] 资料来源:联合国粮农组织数据库。

较大差距。在发达国家中，美国、英国、法国和澳大利亚从事农业的人口占就业总人口的比例分别仅为 2.2%、1.8%、3.2%、4.5%；在发展中国家中，埃及、巴西、印度尼西亚和墨西哥从事农业的人口占总就业人口比例也只占 35.9%、15.9%、43.4%、23%。由此可见，印度农业人口比重比许多发展中国家都要高。这说明农业仍是印度大多数国民谋生的唯一选择，所以农业是印度整个国民经济发展和社会稳定的重要基础。一旦农业出现大问题，就不可避免地导致印度社会的剧烈动荡。

2. 农业关系着印度的粮食安全问题

印度粮食安全形势一直偏紧，直至 20 世纪 90 年代中期，印度国内粮食安全和贫困问题仍然比较严重。从中印两国粮食总产量和单产的比较来看，1995/1996 年度，中国和印度的粮食总产量分别为 4.66 亿吨、1.80 亿吨；2004/2005 年度，中国和印度的粮食总产量分别为 4.69 亿吨、2.25 亿吨。上述数据表明，印度人均粮食占有数量远低于中国。从贫困人口数量（特别是农村贫困人口数量）来看，1996 年印度低于贫困线和营养不良的人口有 3.75 亿人，占总人口的 37%，其中农村贫民又占了 80%，大约达到 3 亿人之多。联合国最新公布的全球贫困人口中，印度的贫困人口上升至 4.5 亿人，并位居世界各国之首。2007 年国际食品政策研究所发布的饥荒指数，印度被排在 88 个国家中的第 66 位，而在倒数 30 位的国家，都是饥饿严重存在而被迫需要首先解决温饱问题的国家。

"粮食问题"成为印度政府经济政策特别是农业政策关注的重点，印度政府特别强调粮食安全是农业之本、立国之本。印度政府还意识到：由于 20 世纪 60 年代兴起的绿色革命对农业增长的推动作用已经减弱，在印度早期绿色革命进行得较好的地区，土地边际生产率已经开始下降，水资源也在急剧地减少，可供耕种的土地储备已非常有限。随着国内人口增加和人均收入提高，对粮食生产提出了更加迫切的要求。但是，因为现有农业技术条件和农村生产力整体水平的限制，期望粮食在短期内大幅度增长是难以实现的。近些年来，印度粮食平均增长速度为 1.7%，已经低于人口增长速度 1.9%，这一情况必将更加恶化印度的粮食安全形势。由于粮食供给不足影响粮食安全，这是印度农业在未来相当长时期内必然面临的严重问题。

国际经验表明，发展中的人口大国不可能把粮食进口作为粮食安全的主要保障。一方面，因为发展中国家财政难以承担巨额粮食进口所需的外汇，无力依靠国际市场购买来填补国内粮食供给的巨大缺口；另一方面，人口数量众多的国家在粮食进口中具有明显的"大国效应"，一旦出现大量进口粮食的情况，必将引起国际市场粮食供应紧张并导致粮食价格大幅度上涨，甚至还可能导致国际社会尤其是其他粮食进口国的粮食危机。另外，印度农产品的主要进口仍然被官方和半官方的代理机构所控制，这些机构效率低下，很难做到及时、高效地安排和调度粮食供应。粮食进口以及进口粮的正常销售是建立在消费者购买能力的基础之上，印度社会贫富分化明显，使得普通消费者无力从市场上购买大量食物。因此，解决自身粮食安全问题的根本出路在于发展本国农业，提高粮食综合生产能力。

3. 农业在国民经济发展中具有许多重要特征

一是农业资本消耗较低，短期农业投资较少可以产出较多的农产品；二是可以为农村提供较多的就业机会；三是农业发展不需要太多的外汇；四是与工业和服务业相比较，农业生产更适合于不同等级、不同层次生产力发展水平和技术条件；五是农业发展还对工业发展、国内资本积累与投资、国际贸易发展等产生重要的影响。对于印度这样一个人口众多、失业严重、经济落后以及城乡差距、地区差距明显的发展中国家来说，农业的发展对于整个社会经济发展更显重要和紧迫①。

如果新一轮农业谈判取得较大进展，那么贸易自由化以及世界市场一体化就会加速，农产品关税大幅度削减，大量质优价廉的农产品就会不可避免地涌入印度市场，从而威胁到印度农业的发展。同样，随着农产品出口数量增加，也会减少国内廉价食物的供给量。另外，贸易自由化以及农产品价格的频繁波动，则将贫困人口推到更加贫困的边缘，因为他们承受风险的能力非常弱。在这样的压力下，印度有一种观点认为，进口农产品就等于进口失业。在这样的背景下，印度政府在市场准入方面的承诺十分谨慎。为了保护本国农业免受冲击，印度在关税削减和税制改革中采取比较强硬的立场和态度，并经常反驳西方国家的指责，在实际履行义务时显得十分保守。

----

① 王东林，文富德：《世界贸易组织与印度经济发展》。

（二）印度农业资源较为丰富，但与其他国家相比，印度的农业生产率明显低下，农产品成本相对较高，农产品国际竞争力十分有限

印度的土地资源丰富，全部耕地面积约占国土面积的48%，森林面积约占22%，草地约占4%。耕地面积数量多达1.43亿公顷，位居亚洲之首，名列世界第二。印度的水资源比较丰富，全国36%的地区年均降雨量在1500毫米以上，33.5%的地区在750～1150毫米，30.5%的地区为750毫米以下，全年降雨总量为39300亿立方米。印度境内河流众多，最主要的河流是恒河，全长2700公里，支流10余条，流域面积106万平方公里，充沛的雨水和众多的河流为农业生产和农业灌溉提供了有利条件，全国灌溉面积占耕地面积的32.8%。印度气候资源也相当丰富，几乎没有无霜期，全年均可生长农作物。印度农作物种类很多，其中花生、棉花、甘蔗、芝麻、高粱、黄麻、红麻等的种植面积均居世界首位，茶叶、稻谷、油菜等种植面积居世界第二位，但大多数农作物的单产不高，所以其总产量排位远不如种植面积那样显著。在印度的主要农作物中，除茶叶之外，其他全部低于世界平均单产水平，其中棉花仅为世界平均单产的五分之二，玉米不足三分之一，牛的产奶量只有世界平均产量的四分之一。

印度农业生产效率不高有四个方面原因：一是缺乏竞争实力，生产技术落后。印度农业机械化程度低，农业生产基本上仍为手工劳动，牛是协助人从事耕地的主要动力。虽然印度是世界上养牛最多的国家，但因耕牛品种单一、营养缺乏、体质退化严重、生产效能并不高。2003年，印度每千公顷可耕地拥有15.7台拖拉机，这不仅低于法国、美国、日本等发达国家的水平，而且低于世界平均水平（19.7台/每千公顷）。[①] 印度拥有农用排灌动力机械750.8万台，农业用电量为712亿度，每公顷耕地可获得0.7千瓦动力，这在南亚国家处于较高水平，但不及发达国家或者其他一些发展中国家。二是资源性投入不足。在全世界所有发展中国家的耕地总面积中，印度占22.7%，而其化肥消费量仅占16%。2001年世界耕地平均每公顷使用化肥104.9千克，发展中国家平均每公顷使用化肥为91.425

---

① 表A8，FAO Statistical Yearbook 2005－2006。

千克，印度平均每公顷施用化肥 89.39 千克，低于发展中国家的平均水平，与发达国家相比差距则更大。三是土地利用不合理，垦殖指数高而复种指数低。印度垦殖指数高达 56.7%，超过世界绝大多数国家，但由于耕地使用不合理，造成地力耗竭，大批耕地处于抛荒状态。以印度丰富的地理和气候环境，农作物基本上可以常年生长，但目前大部分耕地仅为春季和秋季两次播种，总的来说复种指数较低。四是尽管印度政府十分关注农业，但是，由于国家财力有限，对农业支持力度不足也是导致农业生产效率低下的重要原因。2001 年印度政府财政收入仅 644 亿美元，财政支出却高达 779 亿美元，其中用于支持农业发展的支出仅为 43 亿美元，远低于国防开支的 128 亿美元，难以真正发挥对农业的扶持作用。

（三）印度农产品进出口贸易有限，所占世界农产品贸易总额的份额很小

20 世纪 60 年代中期以前，印度的农产品出口主要是茶叶、咖啡、香料和烟草等传统和特色品种。近 30 多年来，印度在保持传统农产品出口的同时，注重利用本国的农业资源和廉价劳动力的优势，发展其他农产品生产，并逐步增加了大米、水果、水产品的出口数量，调整和优化了农产品出口结构。2004 年印度农产品出口的主要品种有：稻米、小麦、茶叶、油饼粉、烟草、蔬菜、咖啡、水产品、食糖、香料、腰果、芝麻、花生、蓖麻油等。出口额居前 10 位的农产品有：水产品、稻米、茶叶、食糖、香料、油饼粉、腰果、小麦、咖啡、肉类制品。1991 年印度实行了经济自由化改革，降低了农产品进口关税，简化或取消了许可证制度，在原有基础上放宽了农产品进出口，从而促进了农产品进出口贸易的增长。1991 年印度农产品出口额为 28 亿美元，2004 年上升为 70.6 亿美元。印度的农产品进口主要品种有：豆类、小麦、水果、香料、食用油、棉花、食糖和黄麻等。1991 年印度农产品进口额为 7.4 亿美元，2004 年上升至 51.1 亿美元。上述情况表明：一是相对于农产品出口而言，印度农产品进口规模还小一些；二是印度农产品进出口额不足世界农产品进出口总额的 1%，这反映了印度政府对农产品市场开放持有较为谨慎的态度。

印度是世界上人口第二大国，也是一个农业人口众多的国家，但却不在农产品贸易大国之列，这是由印度的基本国情决定的。印度农业生产效

率低，农产品成本相对较高，难以抵挡其他国家农产品价格低廉的竞争。如果农产品市场开放过度，这种国际竞争的弱势地位就会使印度农产品价格波动频繁，这更不利于印度广大农民收入和生活的稳定。因为农产品价格波动剧烈，不仅会冲击农业生产，而且会造成大量农民不得不离开农村，增加印度社会的失业人口，加剧社会贫困化程度，近年来，这种情况在印度的种植园艺部门得到了证实。2001年4月后，该种植部门取消了国外同类产品的进口数量限制，但是一些印度园艺产品缺乏竞争实力，结果是面对大量涌入的国外同类园艺产品，印度种植园农民大都遭受了不同程度的负面影响。因此，印度的基本国情决定了该国只能选择逐渐开放的农产品贸易自由化道路，而不是激进的农产品贸易自由化道路。

（四）印度对乌拉圭回合谈判结果和农业协议的执行情况不满意

1. 从乌拉圭回合农业谈判过程来看，由于农业谈判是在以美国、凯恩斯集团为代表的出口集团与以欧盟、日本为代表的进口集团之间展开，即在美国、欧盟、澳大利亚和日本等几个主要西方成员控制下进行，发展中成员几乎很少有实质性参与，所以发展中成员的利益没有受到重视

在这个意义上讲，上一轮 WTO 农业谈判主要体现了西方发达国家的利益，对发展中国家的利益照顾较少，这些有失公平的情况在乌拉圭回合农业协议中得到了印证。

首先，在市场准入方面，初始的基础关税应与 1986～1988 年基期等量保护水平相对应。但是各国确定的基础关税等量与 1986～1988 年基期关税等量的估计值比较表明，许多国家在承诺安排中确定的关税或实际关税，往往大大高于基期税率，这意味着新确定的关税比基期关税提供了更高的保护。进一步分析可知，由于 1986～1988 年世界农产品价格一直处于低水平状态，乌拉圭回合农业协定所选择的关税化基础正是在工业化国家对农业支持和保护相对高的时期。这种做法无异是为发达国家提供了更高的关税保护水平。事实上，在乌拉圭回合之后，发达国家许多商品的基础关税等量大大高于 1986～1988 年基期的关税水平[①]。

---

① 滕家国：《论乌拉圭回合对国际农业贸易的影响》，《武汉大学学报哲学社会科学版》1998 年第 3 期。

其次,在国内支持方面,乌拉圭回合农业协定规定总体支持措施是以1986~1988年的开支为基础,这一时期世界农产品价格相对较低,即发达国家农产品获得国内支持相对较高的时期,这意味着发达国家对国内支持约束的实际承诺有所降低。另外,本轮协议将欧盟补偿支付和美国差价补贴视为生产中性而免除降低国内支持的承诺,这对于发展中国家也是不公平的[1]。

再次,在出口补贴方面,尽管乌拉圭回合协议对农产品出口补贴进行了限制,但只是对出口补贴的程度和水平进行承诺与控制。因此,乌拉圭回合的农业规则对出口补贴进行约束引起的出口补贴下降的最终效果,将取决于受约束的商品数量、补贴出口占农产品贸易总量的份额[2],以及在实施期内各成员所作的政策调整,这也使发达成员寻找使用出口补贴有机可乘。

2. 从乌拉圭回合以来的执行情况来看,发展中成员对于《农业协定》的执行非常失望

乌拉圭回合结束以来,发达成员对《农业协定》实施过程中的关注点和兴趣点与发展中成员不太相同,特别是对贸易自由化进程超前实施,而对发展中成员具有竞争力的领域,发达成员往往采取拖延态度,发起反倾销或补贴的调查数量也不断增多[3]。印度前总理瓦杰帕伊说,乌拉圭回合谈判后,发达成员既没能履行应尽的义务,也没有兑现许下的承诺,这是发展中成员在下一轮会谈中最为关注的焦点,世界贸易组织应该先填补乌拉圭回合谈判的漏洞[4]。印度前贸易部长马兰也表示,发达成员尽管多次重复其承诺,但一直没有完全履行其乌拉圭回合世界贸易谈判中的义务[5]。这些执行过程中的问题主要是指以下几个方面。

首先,农产品关税仍然过高,关税高峰和关税升级现象仍然普遍。乌

---

[1] 滕家国:《论乌拉圭回合对国际农业贸易的影响》,《武汉大学学报哲学社会科学版》1998年第3期。
[2] 滕家国:《论乌拉圭回合对国际农业贸易的影响》,《武汉大学学报哲学社会科学版》1998年第3期。
[3] 常文娟:《新一轮农业谈判中发展中国家的立场分析》,《国际贸易问题》2002年第5期。
[4] 2001年8月21日《江淮晨报》。
[5] http://ibdaily.mofcom.gov.cn/show.asp,在线国际商报。

拉圭回合关税减让表显示，在美国、欧盟、日本和加拿大这4个发达成员中，关税超过12%的农产品占全部税号的10%，一些重要农产品的关税高达350%~900%；在关税高峰的农产品中，关税超过30%的农产品，美国有20%，欧盟有25%，日本则达30%，加拿大为1/7[①]。关税高峰实施的主要对象是重要粮食产品、水果、蔬菜和鱼产品。加工食品也对农产品贸易造成了巨大影响，关税升级为发达国家的加工业提供了额外的保护，使其可以在国内成本高于国际生产成本时继续生产。同时，对印度这样一个具有劳动密集型产品的国家来说，农产品加工品出口更加困难。

其次，农产品价格的上升曾经促使发达成员对农产品的补贴大幅度减少，但随着价格的下滑，补贴又大量增加。另外，一些发达成员利用"绿箱"政策定义的某种不确定性，将有贸易扭曲效应的支持措施转变为免除削减并可无限制使用的"绿箱"措施继续使用，这些都使《农业协定》的执行效果明显有利于发达成员。

因此，印度以及许多发展中国家纷纷强调：要加强对《农业协定》的有效执行，尤其是加大对有利于发展中成员特别是最不发达成员的执行力度，并要求获得平等的贸易机会，要求发达成员提供更大的市场准入机会。

四 印度经验的启示与借鉴

作为WTO的创始成员，印度应对WTO《农业协定》相当熟悉并积累了一些经验，并利用《农业协定》的有关规则，为本国争取利益和保护农业发展进行了有益的探索。印度在应对新一轮农业谈判所采取的一系列政策、措施和策略选择，对中国来说无疑提供了许多启示和借鉴。

1. 印度在对关税削减作出的承诺非常有经验

印度制定了很高的约束税率，但是实施税率却不高。由于在农业谈判中各方要求关税削减的仅是约束税率，这样即使印度的农产品税率有所下调，真正影响实施税率的作用很小，也就是说不能从根本上改变印度对农

---

① 程国强：《寻求相对宽松与公平——中国农产品出口面对的关税壁垒》，《国际贸易》2003年第1期。

产品的关税保护。因为农产品约束税率的削减空间仍然很大，使得印度在新一轮农业谈判中具有较大的主动性。与印度相比较，中国的实施税率和约束税率之间几乎没有差异，因此，在通过关税约束来保护国内农产品市场方面，效果就明显不如印度。

印度的经验值得我们借鉴。第一，充分利用《农业协定》在市场准入及支持措施等方面对发展中国家提供的优惠，利用动植物卫生检疫、关税配额、复合税和季节关税等具体措施构建农产品边境保护体系，调控农产品进出口贸易，减缓或防止农产品国际市场不稳定因素对国内市场的影响；同时，通过强化反倾销和反补贴调查来防止国外不公平竞争给中国农业生产和贸易带来的不良影响。第二，中国与印度都是世界人口大国，同属G20集团成员国，存在着广泛的共同利益，应加强交流与合作，充分利用贸易谈判中利益集团的力量来增强本国在谈判中的实力。第三，由于中国承诺的农产品税率已经很低，进一步削减的空间很小，这就需要发挥印度具有较强的谈判能力，要求其他发达成员做出进一步削减和让步。

2. 印度农业谈判已经形成比较完善的国内协商机制，这使政府政策的依据来源于国内产业部门，并保证农业提案可以反映国内各方面的利益要求

与乌拉圭回合之前相比，印度的磋商机制已经有了很大的发展，在贸易政策相关原则上的讨论已向更多的听众开放。在为最终确定农业谈判方案，印度国内举行了历时两年多的多方面磋商。除中央政府各部门之间（主要有商业工业部、农业部及外交部）以及各地方政府之间大量非正式磋商外，还与相关利益方印度工业联合会（CII）和印度工商业联盟（FICCI））进行了14次正式的磋商会议，科研机构、农业院校和著名农业经济学家代表也都参与磋商，他们分析了农产品贸易自由化可能带来的冲击，并提供了有价值的意见。此外，印度政府还从地方政府、不同政党和民间团体那里征求意见。由此可见，印度在新一轮农业谈判上的立场和政策是在国内广泛磋商的基础上确立的，具有国内公众支持的社会基础，这也是印度农业谈判提案有时具有强硬的谈判立场，有时又具有一定灵活性的重要原因。

下篇

第十章
新一轮农业谈判对中国农产品进口的影响

WTO新一轮农业谈判将对中国农产品进口产生各种影响，但是，最直接、最主要的影响无疑是市场准入。从政策调整的角度来看，中国加入WTO时就已承诺放弃农产品出口补贴，以及国内支持仍然存在着一定的空间，所以农产品关税减让对中国农业的影响显得更为突出。从对农产品竞争的角度来看，市场准入直接关系到国内农产品保护。

一 中国农产品关税税率的分布及其分析

为了准确地分析新一轮农业谈判对中国农产品关税的影响，首先我们应该了解中国农产品关税税率的分布现状以及关税保护的重点。根据《中华人民共和国海关进出口税则》（2008年版）和WTO有关农产品范围的规定，我们对中国农产品关税税率分布进行了统计和分类。除去7个非从价税外，中国农产品进口从价税目为1105个，简单平均税率为15.11%，基本分布情况如下，见表10-1。

表10-1显示了中国农产品进口关税税率的分布情况，农产品进口最高约束关税为65%，最低约束关税为零。其中，零关税的税目有74个，占全部农产品进口从价税税目的6.69%；0 < 约束关税 ≤ 10%的税目有361个，

表 10-1　中国农产品关税税率分布情况

单位：%

税率＼HS	01章	02章	04章	05章	06章	07章	08章	09章	10章	11章	12章	13章	14章	15章	16章	17章	18章
0	20		1	4	8	11	2		5		22	1					
0.1~10	31	1	10	11	16	18	14	9	8	10	44	7	9	33	10	5	9
10.1~20		56	27	27	3	83	33	30	1	17	41	12	1	17	37	1	
20.1~30		16	1		2		33	1		1				3	1	6	1
30.1~40										3							
40.1~50																6	
50.1~60																	
60.1~70									14	6							
70以上																	

税率＼HS	19章	20章	21章	22章	23章	24章	29章	33章	35章	38章	41章	43章	50章	51章	52章	53章	共计
0																	74
0.1~10	1	14	2	10	28	5	1		8	1	18		10	9	3	6	361
10.1~20	15	41	7	7	2		1	19	4	1	4	7		1			496
20.1~30	6	41			3												125
30.1~40			4	2										6	2		17
40.1~50				1													7
50.1~60					3												3
60.1~70			2														22
70以上																	

资料来源：《中华人民共和国海关进出口税则》（2008 年版）。

占全部农产品进口从价税税目的 32.67%；10% < 约束关税≤20% 的税目有 496 个，占全部农产品进口从价税税目的 44.89%；20% < 约束关税≤30% 的税目有 125 个，占全部农产品进口从价税税目的 11.31%；30% < 约束关税≤40% 的税目有 17 个，占全部农产品进口从价税税目的 1.53%；40% < 约束关税≤50% 的税目有 7 个，占全部农产品进口从价税税目的 0.63%；50% < 约束关税≤60% 的税目有 3 个，占全部农产品进口从价税税目的 0.27%；60% < 约束关税≤70% 的税目有 22 个，占全部农产品进口从价税税目的 1.99%。

进口关税作为一种保护本国产品的重要措施，反映出一个国家重点保护的对象和内容。一般来说，对某种农产品的关税税率设定越高，这种农产品往往是国内重要的必需品，或者是与农民收入有着重要的关联性，或者是容易受到国外农产品的冲击，不得不依赖于关税措施的保护。从上述观点出发，我们可以观察到中国关税重点保护的一些农产品，结合新一轮农业谈判所涉及的关税削减方案，我们列出了约束关税超过30%以上的农产品。在我国的进口农产品中，约束税率超过30%的税目有49个，这些农产品包括：小麦、玉米、稻米及其加工品，甘蔗糖、甜菜糖及加工品，无酒精饮料，烟草及其制品，羊毛和棉花等，见表10-2。

表10-2 中国进口关税超过30%的农产品

货物名称	HS编码	约束税率(%)	附加说明
小麦	1001.1000、1001.9010、1001.9090	65	实行进口关税配额管理
玉米	1005.9000	65	实行进口关税配额管理
稻米	1006.1011、1006.1019、1006.1091、1006.1099、1006.2010、1006.2090、1006.3010、10006.3090、1006.4010、1006.4090	65	实行进口关税配额管理
小麦或混合麦的细粉	1101.0000	65	实行进口关税配额管理
其他谷物细粉	1102.2000、1102.9011、1102.9019	40	实行进口关税配额管理
谷物的粗粒、粗粉及团粒	1103.1100、1103.1300、1103.2010	65	实行进口关税配额管理
经其他加工的谷物	1104.2300、1104.2910	65	1104.2300为关税配额管理
甘蔗糖、甜菜糖	1701.1100、1701.1200	50	实行进口关税配额管理
加有香料或着色剂的糖	1701.9100	50	实行进口关税配额管理
砂糖、绵白糖、其他糖	1701.9910、1701.9920、1701.9990	50	实行进口关税配额管理
咖啡、茶的浓缩精汁及制品	2101.2000、2101.3000	32	
均化混合食品	2104.2000	32	
制造碳酸饮料的浓缩物	2106.9010	35	
其他无酒精饮料	2202.9000	35	
味美思酒及鲜葡萄酿的酒	2205.1000、22059000	65	
其他发酵饮料	2206.0000	44.5	
未改性乙醇	2207.1000	40	

续表10-2

货物名称	HS编码	约束税率(%)	附加说明
其他烟草及其代用品的制品	2403.1000、2403.9100、2403.9900	57	
羊毛	5101.1100、5101.1900、5101.2100、5101.2900、5101.3000、5103.1010	38	
棉花	5201.0000、5203.0000	40	实行进口关税配额管理

注：表中约束关税均为最惠关税税率。
资料来源：《中华人民共和国海关进出口税则》（2008年）。

值得注意的是，在上述税率超过30%的税目中，其中有30个税目是实行进口关税配额管理，占61.22%。这些农产品有时需要进口一定数量以补充国内供求的缺口，有时需要用关税限制大量进口以保护国内农业生产，尤其是粮食、棉花、糖等重要农产品最为典型。采取进口关税配额管理方式，一方面可以通过配额发放，解决国内市场的供求矛盾，并因配额内关税很低可以保持国内农产品价格的相对稳定；另一方面可以借助于较高的配额外关税税率，防止国外农产品对国内农业的破坏性冲击。由此可见，对部分农产品实行关税配额管理有利于国家对市场的宏观调控，关税配额管理是一种政策性、灵活性、操作性和成效性都很强的调控工具。中国政府对粮食、棉花和糖类进口选择高关税和关税配额管理兼用，不仅表明这些农产品对国内消费的重要性，而且表明这些农产品进口对国内农业影响的特殊性，只有选用这样的调控方式才能发挥兼顾和平衡的作用，以达到比较理想的效果。

从关税高峰来看，由于关税高峰定量标准尚未形成统一的意见，很多学者和组织机构在研究关税高峰问题时都有各自的标准。例如，WTO的一份报告将税率超过15%的从价税定义为关税高峰，而FAO的一份文献定义关税高峰为税率超过20%的从价税[①]。以2008年中国海关进出口税则作为基准，如果我们将超过15%的从价税定义为关税高峰，中国农产品有373个税目为高峰关税，占全部农产品进口从价税税目的33.75%；如果我们将超过20%的从价税定义为关税高峰，则有174个税目为高峰关税，占

---

① 农业部贸易办公室编《新一轮农业谈判研究》（第三辑），中国农业出版社，2005年8月，第157页。

全部农产品进口从价税税目的15.75%。显而易见，后一种关税高峰的定量标准显然较为宽松。

为了分析中国农产品关税高峰在WTO成员中的位置，我们根据WTO有关报告（按照高于15%税率的标准），在151个成员中，农产品关税高峰（约束关税）税目数量多于中国的成员有100个，农产品关税高峰（实施关税）税目数量多于中国的成员有72个。按照农产品关税高峰税目数量由小至大排列，中国约束关税的关税高峰数量排位第51位，实施关税的关税高峰数量排位第79位。另外，我们选择了一些主要成员的关税高峰情况将其列出，以便于进行比较，见表10-3。

表10-3 WTO主要成员的农产品关税高峰比重（2006）

单位：%

国家/地区	约束关税 税率>15%	实施关税 税率>15%	国家/地区	约束关税 税率>15%	实施关税 税率>15%	国家/地区	约束关税 税率>15%	实施关税 税率>15%
阿根廷	95.8	14.6	韩国	72.5	49.8	新加坡	3.7	0.2
澳大利亚	3.6	0.5	马来西亚	27.3	8.5	南非	71.0	24.0
巴西	95.6	15.0	马里	98.3	56.5	瑞士	43.9	32.8
加拿大	10.0	9.9	墨西哥	94.7	43.3	中国台北	34.9	37.5
埃及	66.6	31.0	新西兰	12.4	0	泰国	91.4	59.8
欧盟	29.5	28.6	挪威	47.8	39.0	美国	5.5	5.9
印度	98.5	93.1	巴基斯坦	92.8	38.8	越南	45.2	58.9
印度尼西亚	99.2	3.9	尼日尔	98.3	56.5	乌拉圭	96.2	15.1
日本	24.6	23.2	菲律宾	90.0	12.8	中国	35.9	35.4

资料来源：《World Tariff Profiles 2006》，WTO，2007。

在完成入世承诺关税削减的情况下，中国农产品平均税率已经有了明显下降，由2001年的19.70%下调至2008年的15.11%。根据WTO报告《World Tariff Profiles 2006》，按照关税税率由低向高排列，中国农产品的简单平均关税（约束关税）位于第90名，简单平均关税（实施关税）位于第109名。虽然中国农产品平均税率水平仍高于美国、澳大利亚、新西兰等发达成员，但是，中国农产品平均税率水平明显低于许多成员，包括日本、韩国、印度、匈牙利、泰国等成员，尤其是低于一些发展中成员和社会转型成员。如果考虑中国农产品关税基本上采取从价税形式，关税水份相当小，统计中被排除的农产品税目仅占全部农产品税目的0.63%；与此相对应,虽然有些成员的农产品平均关税水平较低,但是,由于采用的非从价税较多,在统计中被排除的税目较多,中国与这些成员的实际关税水平差距实际上要略小一些,这表明了中国在融入世界农产品贸易自由化进程中取得了积极的、实质性的成效。

二 相关谈判提案对中国农产品关税削减的模拟结果

在前面章节中,我们曾经使用美国、欧盟、G20集团和G10集团的提案,分别对美国、欧盟、澳大利亚和日本的农产品关税削减进行了模拟,这里我们不仅使用相关成员提案对中国农产品关税削减进行模拟,而且使用2007年WTO农业委员会主席提案对中国农产品关税削减进行模拟,以反映新一轮农业谈判的最新进展及其对中国的影响。特别需要强调的是,为了保证本项研究的学术性和真实性,我们模拟了两种极端的情况,一种是相关提案对2002年中国农产品进口关税的影响,另一种是相关提案对2008年中国农产品进口关税的影响。前者是中国在农业谈判中应该极力争取的目标,后者是中国在农业谈判中可能作出的最大让步,现实农业谈判的最终结果极有可能是介于上述两种情况之间。

为了使用相关提案对中国农产品进口关税削减进行模拟,首先我们列出了美国、欧盟、G20集团和G10集团对发展中成员农产品进口关税削减的提案,见表10-4。因为G20集团提案与欧盟提案关于发展中成员农产品进口

表10-4 WTO主要成员对发展中成员农产品关税削减的提案

谈判方		美国	欧盟	G20	G10
主要内容	关税分层	0~20%、20%~40%、40%~60%、60%以上	0~30%、30%~80%、80%~130%、130%以上	0~30%、30%~80%、80%~130%、130%以上	0~30%、30%~70%、70%~100%、100%以上
	削减幅度	略小于发达成员削减幅度,较长的实施期	相对应的削减幅度为25%、30%、35%、40%	相对应的削减幅度为25%、30%、35%、40%	
	关税封顶	无具体建议	150%	150%	无具体建议

资料来源:农业部农产品贸易办公室:《中国农产品贸易发展报告》(2006),第122页。

关税削减内容相同,而G10集团提案又缺少实质性内容,所以我们选用美国和欧盟(或G20集团)两种提案进行模拟,其结果见表10-5、表10-6。

表10-5 相关提案对中国农产品关税削减的模拟结果(2008)

提案	关税分层	分层减幅(%)	涉及税目	关税封顶	削减后平均关税(%)	减税幅度(%)
美国提案	0~20%	60	857	无	5.71	62.21
	20%~40%	70	142			
	40%~60%	75	10			
	60%以上	80	22			
欧盟、G20提案	0~30%	25	982	无作用	11.22	25.74
	30%~80%	30	49			
	80%~130%	35	—			
	130%以上	40	—			

注1:本表是以《中华人民共和国海关进出口税则》(2008年)规定的税率为基数进行计算。
注2:本表没有显示零关税的税目数量。

表10-6 相关提案对中国农产品关税削减的模拟结果(2002)

提案	关税分层	分层减幅(%)	涉及税目	关税封顶	削减后平均关税(%)	减税幅度
美国提案	0~20%	60	596	无	5.93	相对2002年削减67.42% 相对2008年削减60.75%
	20%~40%	70	300			
	40%~60%	75	29			
	60%以上	80	28			
欧盟、G20提案	0~30%	25	846	无作用	12.07	相对2002年削减33.68% 相对2008年削减20.12%
	30%~80%	30	107			
	80%~130%	35	—			
	130%以上	40	—			

注1:本表是以《中华人民共和国海关进出口税则》(2002年)规定的税率为基数进行计算。
注2:本表没有显示零关税的税目数量。

上述情况表明:按照2006年美国、欧盟和G20集团的提案,对中国农产品关税削减的模拟结果是不同的。在按照美国提案的前提下,如果以2008年中国公布的进出口税则为基准,中国农产品平均关税税率减幅高达62.71%;如果以2002年中国公布的进出口税则为基准,相对2002年关税水平，中国农产品平均关税税率减幅达 67.42%；相对 2008 年关税水平，中国农产品平均关税税率减幅达 60.75%。在按照欧盟提案的前提下，如果以 2008 年中国公布的进出口税则为基准，中国农产品平均关税税率减幅高达 25.74%；如果以 2002 年中国公布的进出口税则为基准，相对 2002 年关税水平，中国农产品平均关税税率减幅为 33.68%；相对 2008 年关税水平，中国农产品平均关税税率减幅为 20.12%。

由此可见，不同的关税削减方案对中国农产品关税削减的实际影响，远大于同一个方案以不同年份关税水平为基点进行关税削减的影响。显而易见，对中国最为有利的方案应是欧盟和 G20 集团提出的，并且以 2002 年中国关税税率为基准点的削减方案。如果按照这一方案实施，在目前中国农产品平均关税的基础上，实际减税幅度只有 20.12%；对中国最不利的方案则是美国提出的，并以 2008 年中国关税税率为基点的削减方案。

2006 年新一轮农业谈判陷入僵局后，经过一段时间休会，2007 年又重新启动了多边谈判。2007 年 7 月，WTO 农业特别委员会提出了主席方案（TN/AG/W），这是多方协商的结果，也是新一轮农业谈判的最新方案。这一方案的关税削减内容，见表 10 - 7。这里我们以该方案为依据，并以 2002 年和 2008 年的中国农产品关税税率为基准点，再次对中国农产品关税削减进行模拟，以便考察最新方案对中国农产品关税可能会产生的影响。农业特别委员会主席方案对中国农产品关税削减的模拟结果，见表 10 - 8。

表 10 - 7　WTO 农业特别委员会主席方案的关税削减

成员类型	关税分层	削减幅度
发达成员	0 < 约束关税 ≤ 20%	48% ~ 52%
	20% < 约束关税 ≤ 50%	55% ~ 60%
	50% < 约束关税 ≤ 75%	62% ~ 65%
	约束关税 > 75%	66% ~ 73%
发展中成员	0 < 约束关税 ≤ 30%	32.00% ~ 34.67%
	30% < 约束关税 ≤ 80%	36.67% ~ 40.00%
	80% < 约束关税 ≤ 130%	41.33% ~ 43.33%
	约束关税 > 75%	44.00% ~ 48.67%

资料来源：WTO 网站。

表 10-8　农业特别委员会主席方案对中国农产品关税削减的模拟结果

以不同年份关税为基准	削减前平均约束关税	削减后平均约束税率	削减幅度(%)
2008 年	15.11%	9.75% ~ 10.17%	32.69% ~ 35.47%
2002 年	18.21%	11.63% ~ 12.14%	33.33% ~ 36.13%

注：根据 WTO 农业特别委员会主席方案和《中华人民共和国海关进出口税则》（2002 年、2008 年）进行模拟计算。

上述主席方案的模拟结果表明，以不同年份关税为基准的关税削减方案，其结果是存在着一定差别。这既反映在关税削减后平均约束税率的高低，又反映在关税削减幅度的大小。

造成这种差别的原因有两个方面：一是减税前基点是不同的，2008 年中国农产品平均税率为 15.11%，2002 年中国农产品平均税率为 18.21%，两者相差 3 个百分点左右，不同基点上减税的效果是不同的；二是在关税分层中第二层数量不同，2002 年中国农产品税率超过 30% 的税目有 107 个，2008 年中国农产品税率超过 30% 的税目有 49 个，两者相差 58 个，以相同幅度削减不同数量的高关税，减税的效果也是不同的。同时，主席方案与美国方案的模拟结果表明，采用主席方案对中国农产品削减关税，将明显有助于中国农业进一步发展。

三　新一轮农业谈判对中国农产品进口影响的分析

如果新一轮农业谈判取得成功，关税削减就将对中国农产品进口产生实质性影响。因此，我们对这种可能带来的影响及其作用进行分析，具有重要的现实意义。为了与实际情况相接近，我们主要分析两种情况，一是税率超过 30%、进口数量较大的农产品，分析模拟减税对这些农产品可能会产生的影响；二是虽然关税税率较低，但是进口量特别大的农产品，分析模拟减税对这些农产品可能产生的影响。

首先，我们选出 2007 年关税税率超过 30%、进口额超过 400 万美元的中国农产品，见表 10-9。按 HS 编码排列前 8 位的农产品是小麦、玉米和稻米及其加工品等，中国政府对这些粮食产品及其加工品实行关税配额管理，如果按主席方案减税36.67%的要求，对有关农产品分2002年、2008年关税率进行模拟减税，小麦、玉米、稻米及小麦加工粉的关税税率可能降至41.16%~44.96%，其他大米细粉的关税税率可能降至25.33%；甘蔗原糖、砂糖的关税税率可能降至31.66%~41.73%；茶、马黛茶及其浓缩精汁的关税税率可能降至20.26%~24.82%；有关烟草的关税税率可能降至36.10%；有关羊毛的关税税率可能降至24.06%；未梳棉的关税税率可能降至25.33%~34.46%。

表10-9 中国关税税率超过30%、进口额较大的农产品进口情况

HS 编码	农产品名称	约束税率(%)	进口量(千克)	进口金额(美元)
10011000	硬粒小麦	65,配额内为1	69343819	16648882
10019090	其他小麦及混合麦	65,配额内为1	14080928	4001287
10059000	玉米,种用除外	65,配额内为1	35120593	5273126
10063010	籼米精米	65,配额内为1	417525281	200032423
10063090	其他精米	65,配额内为1	25581166	7752138
10064010	籼米碎米	65,配额内为1	22556500	8301045
11010000	小麦或混合麦的细粉	65,配额内为6	17067271	8044066
11029019	其他大米细粉	40,配额内为9	14559611	9837309
17011100	甘蔗原糖,未加香料或着色剂	50,配额内为15	820732059	252522909
17019910	砂糖	50,配额内为15	369824522	125730794
21012000	茶、马黛茶及其浓缩精汁	32,	691976	6031737
24039100	"均化"或"再造"烟草	57,	3821800	7679211
51011100	未梳含脂剪羊毛	38,配额内为1	260064843	1645329075
51012100	未梳含脂剪羊毛,未碳化	38,配额内为1	41990850	115194182
51013000	未梳碳化羊毛	38,配额内为1	6511076	26849908
52010000	未梳的棉花	40,配额内为1	2458395595	3476986278

资料来源：中国海关信息中心。

注：本表不包括其他无酒精饮料（HS编码22029000）。

由于中国是世界产茶大国，尤其是绿茶具有极强的竞争优势，同时中国消费者对绿茶具有明显的偏好，另外中国已经以低关税率从东盟进口有关茶产品，茶产品税率下降对中国茶叶生产的负面影响不大。烟草关税率的下降，将会对中国烟草行业带来一定的不利影响。中国不仅是世界上第一大烟草生产国，而且是香烟的消费大国。一些南美洲和非洲国家的烟草

离岸价较低，颇具竞争优势。在石油价格较高的情况下，国际运费上涨提高了外国烟草运至中国的成本，削弱了这些国家出口烟草的价格优势，再加上减税后留下的关税保护，使得国外烟草产品到岸价的优势并非显著。在石油价格和国际运费较低的情况下，外国烟草则会对中国烟草种植业产生一定的冲击。

小麦、稻米和玉米等是重要的、特殊的农产品，是国家粮食安全的重要基础。近几年来，中国粮食产量连续增长，为保证国内供给提供了坚实的基础。如果对粮食产品进行关税削减，则对我国粮食安全带来了一定的风险。从短期来看，由于中国高度重视粮食安全，不断加大财政支农和惠农的力度，并保持相当高的粮食自给率以及粮食净出口，特别是在国际市场粮价持续上升的背景下，国外粮食很难对中国形成明显的冲击。但是，从长远来看，由于中国耕地资源和水资源的相对不足，农业生产方式相对落后，国内人口的缓慢增长和城市化进展的加快，这些都将对以高自给率为特征的粮食贸易政策带来挑战，尤其是当国际市场粮食价格再次大幅度下降时，关税削减造成粮食保护程度降低的负面作用就会显现出来，中国粮食生产就会面临新的考验。

中国加入WTO以来，纺织品出口增长导致棉花需求较快增加，2002年中国进口棉花18万吨，到2007年进口棉花261.6万吨。从进口额看，棉花已经成为仅次于大豆的中国第二大进口农产品。为了满足国内纺织业对棉花的需求旺盛，同时避免低价棉花进口对国内市场的冲击，中国对进口棉花采取滑准税政策，即根据进口棉的不同价格征收不同税率的关税，价格越低，关税率越高。目前国内棉花供需缺口较大，大约为200~300万吨。如果削减棉花关税率，则对中国棉花生产带来了一定的负面影响。由于棉花与纺织品出口的关联度较高，由于关税下调带来的风险也就较大，尤其是当国际市场棉花价格低迷、纺织品出口大幅减少，国内纺织业对棉花需求降低时，棉花关税削减对棉花种植业的负面影响就会显现出来。

与棉花进口相似，入世以来中国食糖进口增长的态势逐渐显现。2005年中国食糖进口达139万吨，是食糖进口量较多的年份。此后，中国食糖进口量有所下降。2005/2006年度国际食糖市场供需缺口加大、原油价格飙升、运输费用上涨，以及欧盟取消食糖补贴政策等因素的影响，推动国际食糖价格大幅上升，从而缩小了国内外食糖价差，由此抑制了食糖进口增长的势头。如果糖关税率下降，则对中国糖料生产带来了一定的负面影响，尤其是当国际糖价大幅回落时，食糖关税削减造成食糖保护程度降低的负面作用就会显现出来。

长期以来，中国的羊毛贸易一直处于净进口地位，进口品种主要是精纺所需要的细毛。由于受毛纺织品市场需求（特别是出口品种）的影响，羊毛进口数量呈现较大幅度的波动。

尽管中国羊毛生产发展较快，但由于生产技术问题和市场组织问题，国产羊毛无法满足毛纺织工业发展的要求，特别是用于优质毛料的高支数细羊毛仍需要大量进口。因为羊毛进口与纺织业出口关联密切，特别是国内优质羊毛生产不足，需要进口优质羊毛。国外羊毛与国内羊毛生产更多地体现为一种互补关系。在这种情况下，如果羊毛关税率下降，对中国羊毛生产的负面影响有限。

在我国受关税保护程度较高的农产品中，由于关税率下降而产生较大负面影响或存在潜在较大负面影响，主要是粮食、棉花和食糖等大宗农产品，增强粮棉糖的综合生产能力和市场竞争能力，防止未来国外同类产品的冲击，保证国内供应和市场稳定，是中国农业发展的长期、重要和艰巨的任务。

其次，加入WTO以来，中国大豆、食用植物油进口增长过快，这是我们需要重点关注的低关税率农产品。近10年来，我国大豆进口量急剧增加，从1998年进口432万吨快速增至2007年3081万吨，成为中国农产品进口量增加最快最多的典型案例，也是国际农产品贸易中罕见的案例。虽然大豆进口量连续大幅增长有许多复杂因素，但是当时中国大豆关税率过低无法形成应有的保护，这是一个值得我们认真反思的重要原因。目前中国大豆（非种用）的最惠关税率为3%，普通关税率为180%。中国大豆进口主要来自美国、巴西和阿根廷这3个WTO成员国。对这3个国家来说，真正起作用的是最惠税率，中国基本上无法发挥关税保护大豆的作用。由于大豆关税率过低，关税率下降的空间极小，同时关税率上调困难重重，所以，大豆关税基本保持2%~3%的可能性很大。如果出现这种情况，新一轮农产品关税削减对中国大豆进口的影响极小。

中国食用植物油主要进口产品是棕榈油、豆油及少量菜籽油等，由于中国经济增长较快和人民生活水平提高较快，人均食用植物油的消费增长趋势明显，国内食用植物油供需存在较大缺口。1998～2007年，中国食用植物油进口量从206万吨增长至840万吨，食用植物油是中国农产品进口增长较快的农产品。近几年，棕榈油进口保持较快增长，豆油和菜籽油进口则下降。2006年中国棕榈油进口量占全部食用植物油进口量的75.88%，豆油进口量占全部食用植物油进口量的22.77%。目前这些食用植物油关税率为9%～10%，如果按照主席方案，食用油料关税削减后关税率约在6%～7%，这将带来一定的负面影响，但是负面影响不会显著，由于受自然条件和自然资源的限制，中国基本上不生产棕榈油，国内消费主要从东南亚国家进口大量棕榈油，棕榈油是互补性产品而非竞争性产品。但是豆油、菜籽油等都是竞争性产品，棕榈油进口对国内食用植物油生产有间接的影响，关税率下降无疑是降低了国家对油料产业的保护程度。

综合上述两方面的情况，新一轮农业谈判带来的关税削减影响，主要还是反映在粮棉油糖等大宗农产品，这些都是人们日常生活的必需消费品，都是土地密集型产品，也是中国比较优势和竞争优势薄弱的农产品。近两年，国际农产品价格大幅度波动，这是世界农产品贸易的一种新变化和新特点，引发价格波动的原因错综复杂。国际市场农产品价格的大幅度上涨或者大幅度下跌，都将对中国农业生产带来负面影响。当国际市场上农产品价格处于高位运行时期，农产品进口成本也大幅度上升，中国不得不支付更多的外汇，购买高价国外大豆、食用植物油、棉花、食糖等。当国际市场农产品价格下降并处于低价运行时期，国外廉价农产品对中国农业的冲击就会显现出来，特别是对粮棉油糖等大宗农产品生产的冲击。因此，我们需要从多方面、多层次加强农业生产体系建设，尤其是加强粮棉油糖等综合生产能力建设，这是关系到中国人民生存安全的重大战略和长期任务。

第十一章
新一轮农业谈判对中国
农产品出口的影响

如果WTO新一轮农业谈判取得成功，这将对中国农产品出口产生一定的积极影响。中国农产品出口市场主要集中在发达国家，发达国家不仅要承担关税削减的任务，而且还要承担国内支持削减的任务，这将有利于中国具有竞争优势的农产品出口。但是，发达国家始终强调对本国农业的保护，设法通过农业支持政策的调整，以及借助于检验检疫、质量标准、知识产权、动物福利等手段，建立起有效的农产品贸易保护措施，这对中国农产品出口较快增长又带来不利影响。

一 新一轮农业谈判对中国农产品出口的机遇

在WTO新一轮农业谈判中，发展中成员与发达成员所承担的削减任务是不相同的。因为发达成员具有很强的经济实力，许多发达成员对农业给予了大量的财政支持和政策补贴，这些成员不仅需要在市场准入方面进行削减，而且需要在国内支持方面进行削减。与此相对应，由于发展中成员本身经济不发达，无力对农业给予大量的财政支持，国内支持削减对发展中成员基本上不会起到实质性约束作用。从这个意义上讲，发达成员需要承担市场准入和国内支持的双重削减，而发展中成员则不必承担国内支持的削减任务。

日本、美国和欧盟是中国农产品出口的主要海外市场,日本是中国农产品出口的第一大海外市场,这些成员农产品关税削减与中国农产品出口增长有着密切的关联性,为中国农产品出口增长提供了新的机遇。为了估计新一轮农业谈判对中国农产品出口可能产生的机遇,现以2006年WTO主要成员提出的不同方案,将美国、欧盟和日本的关税削减和国内支持削减模拟结果分别列于表11-1和表11-2。

表11-1　WTO主要发达成员关税模拟削减情况

单位:%

成员方案	关税变化	美国	欧盟	日本
G20方案	削减前平均约束关税	11.28	22.80	41.83
	削减前平均实施关税	11.27	22.79	29.50
	削减后平均约束关税	6.47	10.69	21.80
	削减后平均实施关税	6.47	10.69	16.36
	约束关税平均减幅	44.79	48.79	48.76
	实施关税平均减幅	44.75	48.68	45.32
美国方案	削减前平均约束关税	11.28	22.80	41.83
	削减前平均实施关税	11.27	22.79	29.50
	削减后平均约束关税	5.30	7.99	18.33
	削减后平均实施关税	5.29	7.99	13.67
	约束关税平均减幅	59.11	32.87	62.70
	实施关税平均减幅	59.07	62.77	59.32
欧盟方案	削减前平均约束关税	11.28	22.80	41.83
	削减前平均实施关税	11.27	22.79	29.50
	削减后平均约束关税	7.46	13.16	25.83
	削减后平均实施关税	7.46	13.15	19.13
	约束关税平均减幅	35.03	38.56	38.55
	实施关税平均减幅	35.01	38.45	35.49
G10方案	削减前平均约束关税	11.28	22.80	41.83
	削减前平均实施关税	11.27	22.79	29.50
	削减后平均约束关税	8.66	16.24	31.07
	削减后平均实施关税	8.65	16.24	22.51
	约束关税平均减幅	24.79	26.80	26.78
	实施关税平均减幅	24.77	26.70	24.67

注:根据《中国农产品贸易发展报告》(2007)的表50有关数据整理。

表 11-2 WTO 主要发达成员国内支持模拟削减

单位：百万欧元，百万美元，10 亿日元

指　　标	欧盟—15 扭曲贸易国内支持削减	欧盟—15 综合支持总量削减	美国 扭曲贸易国内支持削减	美国 综合支持总量削减	日本 扭曲贸易国内支持削减	日本 综合支持总量削减
基期约束水平	110305	67159	48224	19103	5448	3973
基期年均实施水平	69657	48205	14228	10401	2121	2039
G20 方案						
约束水平削减幅度(%)	80	80	75	70	75	75
实施水平削减幅度(%)	68	72	15	45	36	51
美国方案						
约束水平削减幅度(%)	75	83	53	60	53	72
实施水平削减幅度(%)	60	72	-59	45	-21	51
欧盟方案						
约束水平削减幅度(%)	70	70	60	60	60	65
实施水平削减幅度(%)	52	58	-36	27	-3	32
G10 方案						
约束水平削减幅度(%)	75	70	65	60	65	65
实施水平削减幅度(%)	60	58	-19	27	10	32

注 1：根据《中国农产品贸易发展报告》(2007) 的表 52 有关数据整理。
注 2：削减基期为乌拉圭回合实施期（1995~2000 年）。

2007 年 7 月，在主要成员反复协商的基础上，WTO 农业特别委员会提出了主席方案，这一方案体现了妥协性和可行性。其中，有关发达成员的关税削减和国内支持削减内容，见表 11-3、表 11-4。因为 2007 年 7 月主席方案的关税削减要求与 2006 年 G20 集团方案相近，所以其模拟结果可以参考表 11-1 中 G20 集团方案的结果。

表 11-3 WTO 农业特别委员会主席方案的关税削减

成员类型	关税分层	削减幅度
发达成员	0 < 约束关税 ≤ 20%	48% ~ 52%
	20% < 约束关税 ≤ 50%	55% ~ 60%
	50% < 约束关税 ≤ 75%	62% ~ 65%
	约束关税 > 75%	66% ~ 73%

资料来源：WTO 文件 TN/AG/W/4，2007 年 7 月 1 日。

表11-4 WTO农业特别委员会主席方案的国内支持削减

单位：10亿美元

成员类型	扭曲贸易国内支持削减（OTDS）		综合支持总量削减（TAMS）	
	分层等级	削减幅度	分层等级	削减幅度
发达成员	60 < OTDS	75% ~ 85%	40 < TAMS	70%
	10 < OTDS ≤ 60	66% ~ 73%	15 < TAMS ≤ 40	60%
	OTDS ≤ 10	50% ~ 60%	TAMS ≤ 15	45%

资料来源：WTO文件TN/AG/W/4，2007年7月1日。

尽管由于科研条件、课题经费和自身能力的限制，我们还无法对农产品出口变化作出一个定量的、准确的预测，但是，我们仍可以借助于上述模拟削减情况，得出以下一些基本结论：

1. 新一轮农业谈判要求发达成员作出实质性削减

以日本关税减让为例，G20集团方案的模拟结果，要求日本农产品约束关税和实施关税的削减幅度分别为48.76%、45.32%；美国方案的模拟结果，要求日本农产品约束关税和实施关税的削减幅度分别为62.70%、59.32%；欧盟方案的模拟结果，要求日本农产品约束关税和实施关税的削减幅度分别为38.55%、35.49%。很明显，新一轮农业谈判要求发达成员在市场准入方面作出相当大的让步。

2. 发达成员大幅削减有利于中国农产品出口增长

如果按照上述方案的要求，发达成员将对本国关税和国内支持进行实质性削减，无疑是有利于中国农产品出口增长。这主要体现在两个方面：一是由于发达国家的农产品关税下降，中国农产品可以以更低的价格进入国外市场，从而提升了价格竞争力；二是发达成员降低对农业支持的力度，相对提升了中国农产品在海外市场的竞争力。上述两方面都有利于中国农产品出口，特别是有利于具有竞争优势的农产品出口。

3. 新一轮农业谈判带来的机遇还只是一种可能性

在新一轮农业谈判的同时，发达成员出台了一些农产品进口政策和法规，例如，2006年欧盟新的《食品及饲料安全管理法规》生效，日本实施"食品中农业化学品最大残留限量的肯定列表制度"，这些在客观上起到了保护本国农业的作用，增加了中国农产品出口的难度。这既表现为提升农产品质量安全性带来成本上升而导致价格竞争力下降，也表现在部分农产品尚不符合某些进口国的要求,无法大量进入这些发达国家市场。因此,即使新一轮农业谈判成功带来的各种机遇,也并非能够全部实现。

二 从日本市场看中国农产品出口增长的可能性

日本是一个农业资源紧缺的发达国家,每年需要进口大量的农产品以满足国内消费。与此同时,日本是中国农产品出口的最大市场,中国是日本农产品进口的第二大来源国。2006年中国对日本出口农产品达82.3亿美元,占当年中国农产品出口总额的26.2%。作为日本进口农产品的第二大来源国,中国仅次于美国,占当年日本进口农产品总额的15.9%。选择日本市场作为对象,分析新一轮农业谈判对中国农产品出口增长趋势的影响,具有典型意义和现实意义。

为了使日本农产品进口市场与日本农产品关税削减之间有机联系,我们利用已有的科研成果《中日韩农产品贸易比较及市场分析》[①],将日本进口金额达1000万美元以上、进口市场份额达20%以上的中国农产品列为表11-5,这些农产品具有较强的国际竞争力。我们分析这些农产品关税变化对中国农产品出口的影响,特别是考察那些日本关税率高、中国出口金额数量大、在日本进口市场上所占比重较大的农产品。

表11-5 日本市场的中国农产品进口金额及其份额

HS编码	商品名称	金额(百万美元)	比重(%)
0301	活鱼	74.06	22.32
0304	鲜冷冻鱼片及其他鱼肉	347.15	21.93
0409	天然蜂蜜	45.00	77.30
0504	动物肠、胃等	44.56	33.8
0505	带羽毛或羽绒的鸟皮等	62.88	40.12
0604	制花束或装饰用不带花的植物枝叶草	18.17	43.05
0703	鲜或冷藏的洋葱青葱、大蒜韭葱	68.45	72.64
0708	鲜或冷藏的豆类蔬菜,不论是否脱荚	19.03	74.43
0709	鲜或冷藏的其他蔬菜	112.42	25.54
0710	冷冻蔬菜(不论是否蒸煮)	258.85	56.00
0711	暂时保藏的,但不适于直接食用的蔬菜干蔬菜	118.21	93.91

---

① 翁鸣:农业部委托课题《中日韩农产品贸易比较及市场分析》,2004。

续表 11-5

HS 编码	商品名称	金额(百万美元)	比重(%)
0712	干蔬菜	200.87	83.65
0713	脱荚的干豆,不论是否去皮或分瓣	56.43	59.40
0714	鲜、冷、冻或干的含高淀粉或菊粉的根茎等	70.80	96.68
0802	鲜或干的其他坚果	63.10	21.42
0811	冷冻水果及坚果	28.08	22.48
0813	什锦果等	13.03	21.67
0902	茶,不论是否加香料	107.16	57.22
0904	胡椒、辣椒干及辣椒粉	17.24	35.76
0910	姜蕃红花姜黄麝香草月桂叶咖喱等调味香料	44.50	52.32
1008	荞麦谷子及加那利草,其他谷物	19.27	71.61
1202	未熟炒或烹煮的花生	23.63	61.99
1207	其他含油果仁	35.85	26.20
1211	主要作为香料、药料、杀虫、杀菌等用途的植物	80.79	65.09
1213	未处理的谷物茎杆壳等	14.47	22.38
1404	其他未列名的植物产品	19.21	40.59
1602	其他方法制作或收藏的动物肉、杂碎和血	534.61	54.72
1604	制作或收藏的鱼、鲟鱼子酱等	831.58	60.33
1605	制作或保藏的甲壳软体动物等	409.83	40.83
1902	面食,不论是否煮熟、包馅或其他方法制作	79.96	36.33
2001	用醋制作蔬菜、果品及植物的其他食用部分	29.02	73.19
2003	非醋方法制作或保藏的蘑菇及块菌	59.81	91.09
2005	非醋方法制作或保藏的其他未冻蔬菜	265.53	58.86
2008	其他方法制作的未列名果品及食物植物	277.30	55.04
2206	其他发酵饮料	17.70	22.35
2303	淀粉、糖和酿造过程中的废料	48.65	32.58
2304	提炼豆油所得的泔渣饼等	135.13	58.03
5002	生丝	27.52	70.00
5102	其他动物毛	50.32	94.82

注：根据日本财务省统计资料（2002~2003 年）进行整理，上述农产品中包含水产品。

按照表 11-5 的海关税目编码，我们查找了相对应的日本海关税率，并将其分为四类情况：第一类是税率很低，一般 4 位编码的整体税率不足 6%（其中个别 9 位关税编码的税率不超过 10%）；第二类是 4 位编码的整体税率在 6%~15%；第三类是 4 位编码的整体税率大于 15%；第四类是 4 位编码包含 9 位编码较多，既包括低关税率，又包括高关税率，我们将对9位高关税编码的农产品进行有选择的分析。

根据2007年日本海关税目,第一类有:0301、0304、0504、0505、0604、0703、0708、0709、0904、0910、1008、1202、1207、1211、1213、1404、2303、2304、5002、5102,这些4位编码农产品的关税率很低,即使关税削减48%~52%,也不会对中国农产品出口日本产生明显的影响,所以我们不需要进行专门研究;第二类有:0710、0711、0712、0713、0714、0802、0813、1604、1605、2001、2003,见表11-6;第三类有:0409、2206、1602,见表11-7;第四类有:0811、0902、1902、2005、2008,见表11-8。

表11-6 部分日本农产品关税率情况(1)

HS编码	商品名称	内含9位编码的税率和数量
0710	冷冻蔬菜	8.5%×4,6%×3,10.6%×2,12%×1
0711	非直接食用蔬菜	9%×5,12%×1,6%×1
0712	干蔬菜	9%×5,12.8%×2,0%×1
0713	脱荚的干豆	6%×5,10%×5,8.5%×2,0%×7,从量税×6
0714	含高淀粉的根茎	12%×3,0%×3,9%×2,15%×1,12.8%×1,10%×1
0802	鲜、干的坚果	2.4%×2,6%×2,10%×2,0%×3,12%×1,9.6%×1,5%×1,4.5%×1
0813	什锦果等	9%×6,7.5%×1,2.4%×1
1604	制作的鱼、鲟鱼子酱	9.6%×7,11×1,6.4%×1
1605	甲壳软体动物等	4.8%×3,5%×3,10%×2,5.3%×1,9.6%×1,10.5%×1,6.7%×1
2001	醋制蔬菜、果品等	15%×3,6%×2,7.5%×2,10.5%×1,16.8%×1,12%×1
2003	非醋制作的蘑菇	9.6%×3,13.4%×2,10.5%×2,13.6%×1

资料来源:日本海关网站。

表11-7 部分日本农产品关税率情况(2)

HS编码	商品名称	内含9位编码的税率和数量
0409	天然蜂蜜	25.5%×1
1602	其他方法制作或收藏的动物肉、杂碎和血	21.3%×15,50%×7,6%×5,38.3%×3,20%×3,8.5%×2,0%×2,从量税×3
2206	其他发酵饮料	29.8%×1,从量税×4

资料来源:日本海关网站。

表 11-8　部分日本农产品关税率情况（3）

HS 编码	商品名称	内含 9 位编码的税率和数量
0811	冷冻水果及坚果	9.6%×3，12%×3，7%×2，6%×2，23.8%×2，13.8%×1，7.2%×1
0902	菜，不论是否加香料	17%×4，12%×1，3%×1，0%×2
1902	面食，不论煮熟、包馅	23.8%×4，21.3%×4，5.1%×4，从量税×4
2005	非醋方法制作或保藏的未冻蔬菜	9%×5，12%×7，13.4%×4，13.6%×3，23.8%×3，15%×2，17%×2，16.8%×1，16%×1，14.9%×1，10%×1，10.5%×1，9.6%×1，5.4%×1
2008	其他方法制作的未列名果品及食品	15%×7，10%×6，5%×4，21.3%×6，12%×7，29.8%×4，21%×4，17%×3，25.5%×2，23.8%×3，11%×3，10.8%×2，6%×2，16.8×2，46.8%×1，9%×1，8%×1，14%×1，6.9%×1，7.7%×1，9.6%×1，4.5%×1，2%×1

资料来源：日本海关网站。

在表 11-6 中，尽管日本对这些农产品征收的关税率不高，一般不超过 15%（除个别 9 位 HS 编码农产品以外），但是，其中一些农产品对日本出口数量巨大，即使关税率下调不大，出口增长也会比较明显。值得我们重点关注的农产品有：0709（鲜或冷藏的豆类蔬菜，不论是否脱荚）、0710（冷冻蔬菜，不论是否煮熟）、0711（暂时保藏的，但不适于直接食用的蔬菜干蔬菜）、0712（干蔬菜）、1604（制作或收藏的鱼、鲟鱼子酱）、1605（制作或保藏的甲壳软体动物）等。

在表 11-7 中，0409（天然蜂蜜）是中国传统的农产品出口项目，日本征收的关税为 25.5%，这是受关税变化影响较大的农产品。按照 2007 年 7 月主席方案的关税削减要求，该产品的日本关税将从 25.5% 下调至 10.2% ~ 11.5%，这对中国天然蜂蜜出口增长非常有利。1602（其他方法制作或收藏的动物肉、杂碎和血）是中国特色的出口农产品，该产品不仅对日本出口金额很大，而且一些 9 位编码的关税超过 20%，这些农产品关税下调对中国农产品出口增长将会产生明显的影响。其中，日本关税率为 21.3% 的 9 位编码农产品有：160210000、160220010、160231210、160232210、160239210、160250210、160250292、160250299、160250311、160250339、160250391、160250490、160250600、160250700、160290210；关税率为 50% 的农产品有：160250291、160250420、160250520、

160250810、160250910、160250991、160250999；日本关税率为38.3%的农产品有：160250291、160250510、160250810。按照2007年7月主席方案的关税削减要求，日本关税率21.3%将下调至8.5%~9.6%，关税率50%将下调至20%~22.5%，关税率38.3%将下调至15.3%~17.2%。2206（发酵饮料）是属于食品加工业范围，这里不作讨论。

在表11-8中，日本关税率超过20%的9位编码农产品有：081190110、081190210、190220191、190220199、190230110、190230190、190220221、190220229、200540190、200551190、200599119、200811120、200811210、200819110、200820191、200820199、200820290、200830110、200830110、200830190、200830210、200840119、200870111、200870119、200870219、200880110、200892211、200892219、200892221、200892229、200899211、200899215、200899234，这些农产品关税下调55%~60%，将对中国农产品出口增长非常有利。另外，编码为2005和2008的中国农产品对日本出口数量巨大，如果日本农产品关税下降，将对这两个4位编码农产品出口增长会产生积极作用。

从总体上讲，新一轮农业谈判的关税削减方案将促进中国农产品出口进一步增长。对于不同的海外市场而言，需要具体分析某个国家进口市场结构和中国农产品竞争力，只有在具备了相当的国际竞争力以及关税削减幅度较大的情况下，才会对中国农产品出口增长产生积极的、实际的影响。

三 影响中国农产品出口的一些不利因素

在新一轮农业谈判中，对中国农产品出口增长带来机遇的同时，我们应该了解和重视国际上对中国农产品出口的不利因素，这些因素包括一些发达国家不断提高农产品质量安全性，强调知识产权对国际贸易的影响，要求重视国际贸易中的动物福利等，无论这些发达国家的主观动机如何，客观上都会起到保护本国农产品的作用，并具有一定的合理性、隐蔽性和公众认同感。

1. 国外农产品质量安全性要求更加严格

西方国家经济比较发达，这些国家普遍生活水平较高，消费者对农产品和食品质量安全性要求也越来越高。近10年来，国际上发生了疯牛病、口蹄疫、禽流感等多起食品安全和动植物疫病事件，客观上造成了社会公众对食品安全的信任危机，加上贸易保护的需要，许多国家尤其是发达国家致力于制定更加严格的技术标准和技术法规。特别是在新一轮农业谈判推动关税下降的趋势下，技术壁垒就自然成为各国保护农业的最理想、最隐蔽、最有效的替代手段。在现阶段，国外农产品质量安全性立法和措施具有以下特点：

（1）从分散的质量标准和措施向系统化、制度化、规范化的质量标准法律体系发展。2006年1月，欧盟实施新的《食品及饲料安全管理法规》，这部法规对进入欧盟市场的农产品，在生产、加工和运输等方面作出了全面的卫生规定。同年5月，日本的"肯定列表制度"生效，该制度将管辖范围扩大至所有与农业有关的化学品和食品。这两大法规均由多个部门参与制定，并具有坚实的法律基础。这些法规的实施标志着农产品质量安全性管理开始从技术层面的分散标准和措施，发展至宏观层面的质量标准法规体系，立法系统性、部门协调性和效力强制性得到了全面提升[①]。

（2）农产品质量安全标准立法数量增加，标准内容更加全面、严谨和细化。根据全球TBT—SPS通过的数量情况，表明世界农产品和食品质量安全性标准数量不断上升。2005～2006年，WTO秘书处通报的TBT数量由771项增加至875项，WTO成员提交的SPS通报数量由853件上升到997件[②]。与此同时，一些新增的农产品质量安全性标准不仅填补了原来的空白，而且还比原有的内容更加细化，从而扩大了对农产品进行检验检疫和管理监控的范围。"肯定列表制度"出台后，将原来日本的有关标准9325条扩大到50000条，将原来日本的有关标准涉及254种农业化学品增至近800种，对进口农产品检查的范围和项目大规模增加。

（3）农产品进口检验检测程序复杂、繁琐，需要支付较为昂贵的检测费用。一些发达国家加强农产品质量安全性检查后，相应的检验检测时间延长以及需要交付的费用高昂。中国农产品和食品进入日本检疫检查中心，一般需要等候数小时才能进行农药残留和添加剂的分析。如果出现可

---

① 《中国农产品贸易发展报告》（2007），中国农业出版社，2007年7月，第138页。
② 《中国农产品贸易发展报告》（2007），中国农业出版社，2007年7月，第138页。

疑数据，还要再次进行确认化验，完成全部过程耗费较多时间。一旦被确认有质量安全性问题，则需要双倍数量检测；再次发现质量安全性问题，就要进行逐批检测。中国蜂蜜出口欧盟，每个货柜蜂蜜检测费用高达6000多元，如果客户要求增加检测项目，检测费用就更加昂贵。农产品出口成本上升将导致竞争力下降。

（4）越来越多的国家运用质量安全性措施，根据需要来调节农产品国际贸易。在国际贸易中，现在不仅发达国家，而且一些发展中国家也开始运用质量安全措施来调控农产品贸易，以达到保护本国农业发展的作用。2005年，共有66个WTO成员提交了TBT通报，提交的成员总数达到94个，其中包括阿尔巴尼亚、多米尼加、厄瓜多尔、毛里求斯、蒙古、尼日利亚等最不发达国家[①]。54个WTO成员提交了SPS通报，美国、巴西、欧盟和加拿大等发达成员，以及智利、哥伦比亚、泰国、印度等发展中成员成为运用检验检疫手段最频繁的成员。

2. 动物福利在国际贸易中影响和作用逐渐显现

在许多西方国家，特别是英国早期动物福利思想传播和影响较大的欧盟国家，不仅动物福利理念得到很多人的认同，而且具备了比较完善的动物福利法，重视动物福利已成为一种社会行为准则。一些动物福利国际组织积极开展各种活动，甚至举行游行示威和抗议活动，呼吁人们关心和改善动物的福利状况，宣传动物福利理念并扩大影响。在这种国际背景下，动物福利的理念和行为必然会反映在农产品国际贸易之中。

（1）一些西方国家已将动物福利作为农产品进口的标准。以欧盟为代表的一些西方国家在进口动物产品时，根据本国（本地区）有关法律或法规，利用已有的各种优势，将"动物福利"作为进口标准的一个重要内容，以此判断是否准予进口。对不符合"动物福利"标准的畜禽产品，这些国家（地区）将不给予进口。例如，2002年几位乌克兰农场主根据贸易合同，向法国出口活猪，但是活猪运到后却被法国有关部门拒之门外，其原因是这批活猪没有在运输途中得到充分休息，违法了动物福利法规。2003年1月，欧盟理事会明确提出，欧盟成员在进口第三国动物产品之前，应将动物福利作为考虑的一个因素。

---

① 《中国农产品贸易发展报告》(2007)，中国农业出版社，2007年7月，第139页。

（2）"动物福利"内容已列入新一轮农业谈判讨论的议题。近几年，一些欧洲国家和欧洲动物保护组织督促 WTO 考虑有关动物福利问题，这些国家和组织不仅要求扩大"动物福利"的影响，而且力图使其理念和立法得到国际社会的认可。2003 年 2 月，WTO 农业委员会提出的《农业谈判关于未来承诺模式的草案》第一稿和修改稿均将"动物福利支付"列入"绿箱"政策之中。这表明：一些西方国家要求重视动物福利的呼声比较强烈，这为他们进一步提出某些农产品国际贸易的规则创造条件。在未来的农产品国际贸易中，动物福利已经成为或将成为不可回避的问题。

（3）动物福利可能成为西方国家采取的新的贸易壁垒形式。未来新一轮农业谈判可能会出现的结果之一，是 WTO 成员的市场将进一步开放，进口关税和国内支持将大幅度削减，技术壁垒也将进一步规范，农产品贸易保护程度总体上将会有较大的下降。在国内农业支持和关税作用降低的情况下，一些发达国家就会寻找新的贸易壁垒，规避 WTO 新规则的约束，达到保护本国农业的目的。一些发达国家很可能会利用不同国家之间"动物福利"差距，作为设立贸易壁垒的新形式。

3. 知识产权正在成为农产品国际贸易的一种潜在制约手段

一些实力雄厚的国际大公司利用生物技术优势，大力培育农产品的优良品种，并娴熟地运用知识产权，试图使其研制的优良品种成为控制农业生产并获取超额利润的一种手段。如果这些公司掌握了重要农产品的品种资源，并与某些发达国家的利益相互结合，很可能演变成为发达国家用来调控国际贸易的一张牌。

一个典型的案例，是一家世界著名的生物公司曾经企图获取高产大豆的垄断权。2000 年 4 月，这家大公司向全球包括中国在内的 101 个国家申请一项有关大豆及其栽培、检测的国际专利，然而这项专利源自对中国上海附近的一种野生大豆品种的检测和分析。该公司从野生大豆中发现了与控制大豆高产形状密切相关的基因"标记"，并以这种中国野生大豆作为亲本，培育出含有该"标记"的大豆，提出了 64 项专利保护请求。如果专利获得批准，则意味着该公司对大部分大豆的高产品种都拥有了垄断权，并允许他们对中国这一野生大豆遗传资源的控制，即中国农民自己栽培出含有这种"标记"的大豆，也会因为侵犯该公司的知识产权，这种大豆出口更是无法避免受到惩罚的命运。

另一个典型案例，是2003年6月日本国会众议院通过《种苗法》修正案，并于当年7月正式实施。《种苗法》修正案的出台背景，是针对近些年大量经过日本研究机构或公司改良后的农作物品种，包括蔬菜、水果、花草等，被带到了国外进行栽培生产，并在当地销售或者返销日本，被认为是严重地侵害了日本培育者的权益。日本称这些进口的农产品为"海盗版农产品"。新的日本《种苗法》针对上述情况，扩大了处罚对象范围，提高处罚金额数量，强化对侵权行为的打击力度，其主要目的是保护日本企业的培育者权利，促进优良品种的开发，防止和控制适合本国消费者的外来农产品大量进口。虽然日本尚未真正将新的《种苗法》用于农产品国际贸易，但是它作为一种战略储备的贸易调控手段，已经对中国农产品出口产生了潜在的制约作用。

4. 中国农产品对外贸易存在的主要问题

在关注国际市场和国外政策变化的同时，我们应该认真分析国内贸易体制和贸易政策。在从计划经济体制向市场经济体制转轨的过程中，特别是在加入WTO前后，中国农产品对外贸易体制改革和政策导向中存在着一定失误，即没有根据中国的基本国情和借鉴国外成功经验，充分保留和利用原来中国农产品对外贸易的好经验和好方法；没有采取改造和创新相结合的途径，而是否定原有农产品外贸体制，在基本上不设产品质量标准门槛的基础上，推行农产品出口权企业普惠制做法。这种失误带来的后果是，在短期内农产品外贸企业大量诞生，特别是一些不规范的小企业获得了出口经营权。尽管中国各级质量监督管理部门付出了巨大努力，但是仍然难以监管成千上万个农产品出口企业，这就不可避免地经常出现农产品质量问题。据我们有关调研，一些地方（包括中国部分主要农产品出口省、市、区）出现的农产品出口问题，以及提高农产品质量安全性所遇到的阻力和困难，都与我们的体制性问题和政策失误有着内在联系。

我们认为，许多西方国家采取农产品出口权普惠制是有前提条件的。一是这些国家有着相当长的市场经济发育过程，企业的诚信度总体上比较高；二是行业协会组织能够发挥较好的作用，从而形成了政府部门监管与行业协会及企业自律相结合的三位一体的产品质量管理体系，行业协会组织是市场经济发展成熟度的一个重要标志；三是西方国家对食品（农产品）质量问题的处理不仅有严格的法律、法规，而且有依法严惩的实施办法，实际效果非常明显；四是西方社会对食品质量安全非常关注，公众具有强烈的质量意识和社会舆论氛围。值得注意的是，发达国家也出现过食品（农产品）质量问题，暴露了这些国家农产品贸易体制的漏洞和不足。澳大利亚政府为克服西方国家农产品贸易体制的漏洞，坚持保留对外贸易的国营经营体制，这对调控农产品贸易和保证出口农产品的质量安全性，具有非常明显和不可替代的作用。如果我们缺乏对科学发展观和中国国情的深刻理解和准确把握，片面地、盲目地强调企业的对外贸易经营权，忽视这种企业外贸经营权应有的物质基础、管理能力和社会环境，就不可避免地要付出相当昂贵的学费和代价。

我们还应该看到：现阶段中国与西方发达国家在许多方面存在的差异，包括动物福利、知识产权等问题，这些是我们以前不太关注，甚至感到陌生的新问题，可能是多个方面结合起来的综合性问题，这些问题将会对中国农产品出口贸易产生相当的影响。如果我们现在不关注、不重视、不研究它们，未来我们在农产品国际贸易中就会处于被动、不利的困境，实际上我们在某些方面已经出现过被动局面。以动物福利为例，瑞典电视4台在2002年10月播放的《冷酷事实》，展现了中国东北地区虐待动物、活剥狗皮的场面，引起了瑞典和部分欧洲国家的较大反响，瑞典议会部分议员要求中国立即制止这种不人道对待动物的做法，并就动物保护问题立法。一些国际动物保护组织的人士还声称要求有关国家抵制进口中国的相关产品。因此，在全球经济一体化和农产品对外贸易发展的背景下，多角度、多层次、多方面地审视世界的变化，特别是中国农产品出口主要市场的变化，做好及时的、有效的应对策略，是我们必须认真完成的一项重要任务。

第十二章
经济全球化视角下的中国农业发展

农产品贸易自由化不仅给人们带来了利益分享,而且也带来了国际市场价格波动和社会风险。在经济全球化的格局下,我们应全面、客观、辩证地认识新一轮农业谈判问题,主动争取有利于中国农业发展的政策规则,积极利用农业谈判提供的机遇;同时,做好应对挑战及化解风险的准备,推动中国农业更好、更快地发展。

一 新一轮农业谈判的前景及其思考

虽然我们一直期待着新一轮农业谈判能够获得各方都满意的结局,但是,这一轮农业谈判无疑是陷入了困境。在这种情况下,一方面我们要加深对农业谈判的认识和理解,另一方面要努力谋划和做好农业谈判的准备工作,抓住农业谈判的机遇并争取最有利的结果。

1. 新一轮农业谈判本质上是国家利益的博弈

农产品贸易自由化只是一种国际社会的"游戏规则",并非是一种完美的、理想的目标。尽管李嘉图模型解释了国家之间资源差异是导致贸易产生的原因,但是,国际贸易的现实情况远比教科书中的理论要复杂得多,其根本原因就是在贸易谈判背后隐含着国家利益之争。一些西方农业出口国为了维护本国农业发展，确保其农民收入高水平和社会稳定，一方面依靠极为丰富的农业资源和强大的财政实力，极力提高农产品竞争力，保证本国农产品在国际市场竞争中取胜；另一方面竭力鼓吹贸易自由化理论，以便让其他国家接受这种理论，并为此不得不降低农产品进口的门槛。与此相对应，一些西方农业进口国和绝大多数发展中国家反对农产品市场过度开放，以保证本国农业不会在贸易自由化过程中被击垮。这清楚地表明：西方出口国家是为剩余农产品寻找国外市场，并不是纯粹理论意义上的农产品贸易。本书始终强调这样一个基本观点，即农业谈判本质上是不同国家之间的利益博弈，WTO 就是这种博弈的国际平台和协调机制。

新一轮农业谈判陷入困境是成员之间利益之争加剧的直接反映，并与本轮农业谈判的几个特点有密切的关联：第一，WTO 成员强调各自利益。大多数成员强调的是建立在各自利益基础上的主张和要求，无论是发达成员还是发展中成员，无论是出口成员还是进口成员，无论是主要成员还是一般成员，这种愿望和要求都表现得非常强烈。前文论述的主要成员提案和建议，其理论观点和提案内容各不相同，但都是根据本国或本集团的基本情况确立的，并且具有明确的、特定的目的。这一特征显示，我们只有从本质上认识和理解农业谈判，才能真正把握住新一轮农业谈判的实质和精髓，看清楚谈判对手的真实意图，不至于盲目地崇拜某些外国的理论和观点。第二，矛盾的复杂性和多变性。WTO 有 150 多个成员，每个成员有着各自的利益关注点和具体要求，以及相对应的理由观点，由此交织产生大量矛盾和争论，这既有发达国家与发展中国家之间的矛盾，又有农产品出口国与进口国之间的矛盾；既包括不同集团之间的矛盾，也包括集团内部不同成员之间的矛盾；既包括发达国家之间的矛盾，也包括发展中国家之间的矛盾，这些矛盾决定了新一轮农业谈判的复杂性。一旦外部情况发生重要变化，或者农业谈判取得某种进展，各成员根据情况变化和利益需要及时调整具体目标和应对策略，成员（集团）之间形成某种新的利益平衡关系，所以新一轮农业谈判过程又具有多变性。第三，谈判的艰巨性和曲折性。多哈回合农业谈判与乌拉圭回合相比：一是 WTO 成员数量大幅度增加，成员之间分歧和矛盾不断增多，需要解决矛盾的困难也随之增大；二是发展中国家力量迅速发展，特别是代表发展中国家的 G20 集团崛起，标志着发展中成员抗衡发达成员的力量大大增强，在相当大程度上改变了原来由几个发达成员主导 WTO 农业谈判的格局，与此同时，农业谈判达成协定的难度也随之增加；三是多哈回合农业谈判议题的范围和难度超过了乌拉圭回合农业谈判，特别是要解决乌拉圭回合农业协议执行过程中出现的某些问题和难点；四是现有的 WTO 农业谈判机制似乎缺少一种权威性，很难承担起协调和统一众多成员不同意见的重任。

2. 世界粮食危机增加了新一轮农业谈判的困难

近两年来，世界粮食市场发生明显变化，粮食供给偏紧导致粮食价格大幅上升，这成为人们关注的热点问题。联合国粮农组织（FAO）指出，整个世界已罕见地感觉到"一种广泛传播的共同担忧，担心粮食价格通涨"。FAO 总干事迪乌夫称，由于供给和需求因素的共同作用，加上粮食价格和石油价格高涨，世界面临着"一个非常严重的危机"。

2007 年国际市场小麦价格涨幅为 112%，大豆价格涨幅为 75.1%，玉米价格涨幅为 47.3%。世界粮食供求变化对缺少粮食的发展中国家冲击最大，并在一些贫穷国家引发了社会动乱。塞拉利昂的大米价格上涨了 300%，科特迪瓦、塞内加尔和喀麦隆则上涨了近 50%。2008 年 1 月以来，在塞内加尔、布基纳法索等国都爆发了抗议粮食价格上涨的暴力示威，并发生骚乱和冲突。为此，非洲国家召开财政部长紧急会议，会后发表声明指出，国际粮价的上涨已经"对非洲发展、和平及稳定构成了极大威胁"[①]。截至 2007 年底，世界上有 37 个国家面临粮食危机，有 20 个国家实行了一定程度的食品价格管制，全球约有 8 亿多人口处于挨饿的困境。

粮食价格大幅度上涨的主要原因包括：生物燃料大规模开发、全球气候变暖导致粮食单产减少、石油涨价带动生产成本上升和发展中国家消费需求上升等，其中生物燃料对粮价上升"贡献"最大。2008 年 4 月，世界银行完成的、但尚未公开的一份报告认定，生物燃料已经促使全球粮食价格上涨 75%，相比之下，能源与肥料价格上涨只使粮食价格上涨了 15%[②]。该报告认为，生物燃料生产从三大方面影响粮食市场的正常供给。首先，生物燃料的原料来源于谷物，生物燃料产量增加必然导致全球谷物需求量上升。美国已有三分之一的玉米被用于生产乙醇燃料，欧盟也有近

[①] 丰帆等：《中国沉着应对全球粮荒》，2008 年 4 月 8 日《环球时报》。
[②] 徐超：《生物燃料导致粮价上涨 75%》，2008 年 7 月 5 日《北京晚报》（新华社专稿）。

一半的植物油被用于生物燃料生产；其次，生产生物燃料的谷物需求上升，一定程度上促使农民将耕地改为生物燃料作物用地，食用目的粮食作物的产量相应减少；第三，生物燃料需求上升，刺激了国际金融市场对谷物的投机活动，进一步推动粮价上涨[①]。值得特别注意的是，这份世界银行报告在认定生物燃料是推高粮价的首要因素的同时，还指出"发展中国家收入的快速增长没有导致全球谷物需求量的大幅度增加，它不是粮价飙升的主要因素"。

这场世界性粮食危机引起了许多国家和地区的高度关注，也引发了许多国家和国际组织领导人的批评和指责。2008年6月，在FAO主办的世界粮食峰会上，美国大力发展生物燃料政策遭到了FAO总干事迪乌夫的严厉批评。迪乌夫批评一些西方国家的农业政策，并将矛头对准了美国。他指出，美国竟然耗费巨资补贴生物燃料的开发，将大量原本应该供应人类食用的谷物用于生产汽车燃料，这实在令人难以理解[②]。联合国食物权问题特别报告员奥利维耶·德许特也认为，推动粮价上涨的主要因素是生物燃料。他指出，生物能源的研发带来更多粮食需求。美国和欧洲设定的生物燃料生产目标不负责任，生物燃料"只服从极少数游说者的利益"[③]。非政府组织乐施会政策顾问罗伯特·贝利指出，我们必须看清楚整个事实，当政客们集中精力让某个行业开心时，贫穷国家的人民却吃不饱[④]。2008年3月下旬，美国国务院曾派出调查小组来到中国社会科学院，本书作者在会见美国官员时指出：美国不仅作为世界上头号经济强国，而且是世界主要粮食出口国和贸易自由化的主要倡导者，并且从贸易自由化中获取了巨额利益，如果美国政府对世界粮食危机采取不负责的做法，这不仅损害许多其他国家的利益，而且从长远来看也将最终损害美国的利益。

尽管世界粮食危机是属于短期波动，而新一轮农业谈判涉及长期的农产品贸易政策，但是这会对这一轮农业谈判产生一定的影响。我们认为，这次粮食危机增大了新一轮农业谈判的难度，即产生了相当的负面影响，其理由有以下几点：

---

① 徐超：《生物燃料导致粮价上涨75%》，2008年7月5日《北京晚报》（新华社专稿）。
② 《美生物燃料政策遭到猛烈抨击》，2008年6月6日《粮油市场报》。
③ 傅云威：《粮食危机源于"20年错误"》，新华社专稿，2008年5月3日。
④ 徐超：《生物燃料导致粮价上涨75%》，2008年7月5日《北京晚报》（新华社专稿）。

（1）世界粮食危机在一定程度上破坏了农产品自由贸易的基础。新一轮农业谈判的主基调是推进农产品贸易自由化。要实现农产品自由贸易化，其前提条件是世界农产品总量比较富裕，农产品供求关系总体上比较宽松，这样才能保证农产品在世界范围内正常流动。但是，粮食危机的根本原因是供求失衡，这造成了世界缺粮的恐慌性心理预期，大约有20个国家采取各种措施限制粮食出口，特别是主要粮食出口国的限制出口措施，进一步加剧了全球性恐慌气氛，严重地损害了农产品贸易自由化的基础。这次世界粮食危机加剧了一些成员对贸易自由化信念的疑虑，特别是对美国做法的质疑。美国学者扎卡里亚指出，美国从全球化中受益最大。但到目前为止，美国一直在搞双重标准；它是全球规则的制定者，有时却不按规则行事；它推动了世界全球化，却忘记了让自己全球化[1]。

（2）世界粮食危机加深了农产品进口成员对贸易自由化的担忧。在新一轮农业谈判过程中，始终存在着农产品出口与农产品进口两大集团之间的激烈争论，农产品进口集团反对农产品贸易自由化的一个重要理由，就是粮食出口国无法克服全球气候变化、农产品质量安全、运输问题等方面出现的不确定因素，其结果是农产品出口国可能会无法满足农产品进口国的需要。如果出现这样的情况，就可能给农产品进口国带来灾难性危机。这次粮食危机恰好就是这种忧虑的最好验证，所以世界粮食危机无疑会加深农产品进口成员与出口成员之间的分歧和矛盾。日本《选择》月刊指出，美国用"粮食战略"维系世界霸权。美国的竞争对手不可能对它的霸权构成威胁，其原因在于：如果世界粮食供应体制出现异常，那么能够应对这种局面的是美国的供应能力。作为美国粮食的出口对象，日本、尼日利亚、埃及、韩国、台湾地区和菲律宾等国家和地区均受到美国的控制。

（3）世界粮食危机加深了发展中成员与发达成员之间的矛盾。由前文可知，这次世界粮食危机的主要原因，是一些西方国家不顾发展中国家（特别是贫穷国家）的利益，积极鼓励发展生物能源，并耗费巨资补贴开发生物燃料，使大量原本应该供应人类食用的谷物用于生产汽车燃料，由此改变了粮食的供求关系，并造成部分贫穷国家人民挨饿，甚至引发了这些国家社会发生动荡和混乱。虽然一些发达国家的进口成员也受到世界粮

---

[1] 《参考消息》，2008年5月7日。

食危机带来的伤害，但是，这些发达成员毕竟可以通过进口高价粮食来渡过危机，而许多贫穷国家却无力进口高价粮食。更令人费解的是少数西方大国认为：印度、中国等发展中国家随着经济发展，其饮食结构的改善是世界粮食危机的主要原因，企图将引发世界粮食危机的主要责任推卸给发展中的人口大国，这不得不引起中国、印度等发展中国家的反驳和批评。

（4）世界粮食危机使新一轮农业谈判不确定前景更令人担忧。到目前为止，本轮农业谈判已经进入第8个年份，尽管取得了一些值得肯定的阶段性谈判成果，但是仍有一些实质性分歧和矛盾尚未化解，一些关键性问题亟待需要努力解决。从新一轮农业谈判过程来看，初期阶段谈判进展相对比较顺利，现阶段谈判涉及主要成员的关键性让步而困难重重。在农业谈判陷入困境的时期，世界粮食危机发生则进一步增加了新一轮农业谈判进展的困难，并使农业谈判的前景更具有不确定性。2008年6月，在FAO举行的"世界粮食安全高级会议"上，国际组织和多国领导人呼吁建立国际协调机制应对粮食危机，这表明现有的国际粮食贸易体制无力解决粮食危机，也表明了许多国家对新一轮农业谈判前景的担忧。

3. 锁定农业谈判已有成果并争取有利的结果

尽管WTO《农业协定》存在着一些制度性缺陷和不完善的地方，但至今仍是国际社会公认的世界贸易规则，也是目前150多个成员正在使用的相对成熟的国际贸易体系。作为一个具有重要影响力和负责任的大国，是不可能轻率地否定WTO体系。我们认为：由于前文分析的多种原因，多哈回合农业谈判进程可能会相当缓慢，甚至可能停止不前。但是WTO体系仍将被保持并继续运行，不会被轻易地抛弃或颠覆，这里的主要原因有：一是世界贸易组织拥有150多个国家成员或地区成员，这些成员占有全球大部分国家（地区）并承担着绝大多数货物贸易量，WTO体系已经被各个成员所认可；二是从总体上看，WTO体系仍在运行并发挥积极作用，这是应该给予肯定的；三是目前世界上还没有比WTO体制更完善、公正、公平和更富有效率的一个新的国际贸易体制，如果有话，那应该就是WTO新一轮贸易谈判的新成果。

作为WTO的新成员，中国曾为复关与入世经历过长达15年的不懈努力，也曾为入世谈判作出了相当程度的让步，包括农业方面的让步，有些让步结果甚至是苛刻的、超前的，也是不公平的。例如，在中国加入WTO时承诺放弃农产品出口补贴，但是老成员仍然享有农产品出口补贴的权利，包括对农业支持力度很大的一些发达国家成员继续行使农产品出口补贴，这不仅削弱了中国农产品的国际竞争力，而且是对中国的不公正、不公平待遇。中国在新一轮农业谈判中有一项特殊的、重要的任务，就是要力争消除当时中国被迫接受某些不公平的入世协议内容，使WTO新老成员享受同等的、公平的待遇，为中国农业发展创造更为有利的贸易环境。从这个意义上讲，多哈回合农业谈判取得了发达成员同意在2013年完全取消农产品出口补贴的积极成果，这对中国不仅具有现实的经济意义，而且具有一定的政治意义。因此，我们要锁定新一轮农业谈判已经取得的积极成果，特别是对中国农业有比较重要意义的成果。

市场准入是新一轮农业谈判的主要议题，它能否达成共识、取得实质性进展和最终实施，对中国农产品出口发展关系密切。2006年中国农产品平均关税已降至15.2%，不仅远低于WTO成员的平均水平，而且低于欧盟、日本、韩国等发达成员。与此同时，中国农产品进口从价税税目中最高税率不超过65%，但是，一些发达成员的部分农产品却享受超过100%的高关税保护。从主要成员农产品关税削减的模拟结果看，主席方案对发达成员农产品关税的削减力度（尤其对农产品高关税的削减）远大于发展中成员，再考虑到中国农产品关税税率普遍不高，所以关税削减总体上对中国是有利的。从中国农产品出口市场来看，主要出口市场是日本、欧盟、美国、东盟和韩国，这些国家和地区农产品关税下降将对中国农产品出口增长有明显影响。上述分析表明，市场准入谈判对中国的有利影响大于不利影响，所以中国应该利用发展中大国的号召力和影响力，积极参与农业谈判并发挥协调发展中成员的作用，推动新一轮农业谈判走出困境，坚持要求发达成员应该率先削减关税、开放市场，特别是对高关税保护的削减，并积极争取给予发展中成员有效的特殊差别待遇。

国内支持是新一轮农业谈判的另一项主要议题，虽然这项议题基本上不涉及发展中成员的国内支持削减，但是，发达成员是否对国内支持方面进行实质性削减，这对农产品贸易环境改善具有重要意义，也与中国农产品国际竞争力关系密切。发展中成员肩负着帮助、协调和督促发达成员认真对待有扭曲贸易的国内支持的削减，特别是欧盟、美国和日本等国内支持量最大的几个主要成员。中国应该积极团结发展中成员和其他国内支持量很小的成员,坚持要求欧盟、美国和日本等发达成员对扭曲贸易的国内支持进行实质性削减,并严格控制这些发达成员在"黄箱"与"绿箱"之间转移的方式,防止逃避对国内支持的实质性削减,以缩小发达成员与发展中成员在国内支持水平上的巨大差距。

4. 有关中国新一轮农业谈判战略的思考

新一轮农业谈判是一个庞大、复杂和多变的系统工程,WTO许多成员为此进行大量的精心准备,他们不仅充分地考虑了本国的实际情况,而且详细地分析了对手的真实情况,并且有针对性地选择或创新相关理论,结合本国农业的发展目标和政策,构建了一个完整的农业谈判战略及政策体系,为本国政府参加新一轮农业谈判服务并取得了一定效果和影响。由此可见,对于在谈判桌上进行利益之争的成员来说,具有一个较为完整的农业谈判战略及政策体系是非常重要的和必要的。本书以大量篇幅对WTO主要成员有关农业谈判的理论观点、战略思想和谈判提案等进行了详细的分析,主要目的就是为中国农业谈判战略及政策体系提供经验借鉴。

中国新一轮农业谈判战略就是对新一轮农业谈判问题进行全局性的思考和谋划,以求掌握其中内在的、本质的东西,为中国参加农业谈判制定具体的谈判方案和谈判策略提供方向性指导和基本思路。目前,中国新一轮农业谈判战略研究相当薄弱,需要加强这方面的研究。从国内外经验借鉴来看,农业谈判战略研究应该遵守一些基本原则:一是从实际出发、实事求是的原则。中国农业谈判战略一定要从基本国情出发,要从中国农业发展的目标、规划,以及在世界农业发展中所处的位置来考虑,要研究新一轮农业谈判的主要矛盾和分歧,以及不同的谈判集团情况,从而才能把握住农业谈判的大趋势;二是理论与实际相结合的原则。新一轮农业谈判战略需要有理论作为支撑,它可以由一些理论观点组成,理论来源可以选择已有的理论也可以进行理论创新。理论观点要求明确、清晰和有针对性,能够符合中国农业发展的现实并对农业谈判具有指导性意义。如果理论与实际不符,或缺乏针对性或照搬国外理论,就无法指导中国农业谈判工作;三是总体思路与主要目标的原则。根据中国的基本国情,在国家农业发展长远规划和农产品贸易发展战略的基础上,确定中国在新一轮农业谈判中的总体思路和主要目标,这可以使农业谈判的方向和主线更加明确，农业谈判的整体性得到加强，农业谈判的工作效率得到提高；四是科学与民主决策的原则。在国际社会开放的环境下，我们面对异常复杂的国际农业谈判局面，构建农业谈判战略应该注重科学决策和民主决策，以科学发展观为指导，借鉴国际上一些成功经验，广泛听取各方面的意见和建议，尤其是吸收专家学者的意见和建议，集中大家的智慧和才能，力求避免决策的盲目性、随意性和封闭性。

在新一轮农业谈判战略研究的同时，还应加强中国农产品贸易发展战略研究。在全球经济一体化条件下，中国农产品贸易战略方针和长期目标应该得到确立。中国作为世界上第五大农产品贸易国，既是主要的农产品出口国，也是主要的农产品进口国，我们应该明确哪些农业重要领域是关系到国计民生，这些农业和产业必须全力以赴进行保护；哪些农业领域具有国际竞争力，这些农产品出口产业需要大力支持进入国际市场；中国农产品出口贸易是否应该走质量发展型模式，这种发展模式如何通过国内贸易体制创新得到实施；农产品出口与农产品进口的平衡问题及其调控手段等等。这些问题对新一轮农业谈判战略至关重要，也是中国农业发展中亟待研究的重大理论和实践问题。

二 关于中国农业发展的政策建议

研究新一轮农业谈判问题，我们不仅要分析外国农业，而且要分析中国农业，既要研究农业谈判策略，也要研究农业竞争力，因为农产品贸易发展状况最终取决于一个国家的农业竞争力，农业谈判也是以农业竞争力作为实力支撑。这里，我们从农业竞争力和农业谈判两个方面提出一些政策建议。

1. 提高农业竞争力的政策建议

从中国农业和农村的实际情况看，制约中国农业竞争力的因素有多方面，包括耕地资源和水资源的相对不足，农业基础设施薄弱，农业科技推广组织体系不完整，农业合作组织发育和发展不足，以及农业保护与支持政策等。

（1）加快中国农业"走出去"战略，实现农业对外开放新阶段。1997年后，中国农业进行了战略性结构调整，农业生产的基本目标由保证国内供给目标转变为保证国内供给和提高农民收入两个目标,农业结构调整带来农民收入的较快增长和劳动密集型农产品出口较快增长。与此同时,由于工业化和城镇化进程加快、人口增长以及自然退化等原因,中国耕地不足问题日趋严重,中国耕地面积已经减至18.26亿亩,距离18亿亩耕地的底线十分接近,特别是用于粮食生产的耕地矛盾更加突出。以粮食和食用植物油为例,虽然中国全力保证大米、小麦、玉米生产,但是,近些年来,大豆和食用植物油大量进口,2007年中国进口大豆3082万吨,食用植物油840万吨,这表明在保证两个基本目标的前提下,农业生产受到耕地的刚性约束越来越严重。有的学者按照耕地资源计算得出结论:净进口的部分主要农产品所可能使用的耕地资源,已经占到国内这部分农产品国内用量所需要的全部耕地资源的13.5%,这意味着中国已经由过去的农产品净出口国变为农产品需求存在缺口的国家,主要耕地密集型农产品的国内自给率下降到86.5%以下[1]。

拓展耕地资源是推动中国农业发展和确保粮食安全的关键性措施之一。要实现耕地资源的拓展,除了提高中国现有耕地利用效率,提高粮食单位面积产量,减少耕地抛荒情况,提高南方地区一些农作物的复种指数外,另一个重大举措就是推动农业面向海外的长期合作发展战略。农业国际化和贸易自由化发展,为中国农业"走出去"提供了广阔的空间。特别是许多发展中国家积极加大引进力度,热切希望借鉴中国农业发展的成功经验,并关注中国13亿人口的巨大市场,以谋求自身农业发展。从土地资源富裕程度以及国际农业合作的可能性来看,南美洲国家和俄罗斯等都是值得重视的合作伙伴。中国通过资本投资、技术输入和农产品贸易等多种形式,与这些国家建立长期的、稳定的农业友好合作,以缓解我们面临的耕地长期紧张的状况。

(2)积极发展农民专业合作组织,构建现代农业生产组织体系。国际经验表明,农民合作组织是一种适合市场竞争的生产制度模式,也是现代农业发展所依赖的一种组织载体。在中国历史上,由于农业商品化程度低,广大农民不是独立的商品生产者,因此对合作社制度的需求不强烈。

---

[1] 张晓山、李国祥:《当前农业经济形势和有关部门政策建议》,《经济蓝皮书》(2008),社会科学文献出版社,2007年12月。

改革开放以后,随着人民公社的解体和供销社改革的推进,中国农民面临着农业生产、流通制度多样化、异质化的复杂局面。[①] 由于缺乏农民专业合作组织,地方政府在引导和组织农民发展农业经营的过程中,面对千家万户的个体农民,不仅需要支付相当高的组织成本,而且实际效果并不理想。从传统农业向现代农业的转变过程中,由于缺乏农民专业合作组织,难以推行先进生产技术、质量安全性标准、农产品市场营销等,无法大幅度提高农业生产率和农业竞争力。在中国现有的土地制度条件下,农民合作组织发育不足是影响农业规模经营的重要因素。虽然中国农业产业化对农业生产发展具有重要作用,但是,也隐含着矛盾和问题,即在工业化企业与个体农民之间存在经济实力的悬殊,农民只是作为企业的雇员或原料提供者,难以真正保证农民的利益。只有在农民组织与龙头企业之间的协商和谈判的情况下,才能在一定程度上实现平等互惠和公平交易,从而促进中国社会稳定、和谐的发展。

我们结合中国农村现状,提出一些针对性的对策措施。

第一,开展合作社基本知识培训,为农村干部群众提供智力支持。中国农民合作组织发展缓慢是与农民缺乏掌握合作社知识有着直接关系。一方面,中国农业生产发展迫切需要借助于农民合作组织形式,增强生产服务、技术支持、市场信息和产品销售等功能;另一方面,广大农民缺乏对合作社原理的了解,甚至不能正确认识现阶段农民专业合作组织与过去人民公社的本质区别,从而影响了农民建立和参与经济合作组织的积极性。实践表明,开办一些有关合作社培训活动,为农民合作组织提供一些思想准备和舆论准备,是农民合作社发育和发展的重要基础。

第二,消除制度性障碍和不利因素,为农村合作组织发展铺平道路。虽然我国已于2007年7月正式实施《中华人民共和国农民专业合作社法》,但是,有些地区影响农民合作组织发展的制度性障碍及不利因素仍然存在,并且还起到阻碍农民合作组织发展的负面作用。例如,有的地区对农民专业合作组织注册登记手续过于繁琐,并且收取不少费用;对农民专业合作的宣传不力,缺少对农民专业合作组织筹备过程中必要的指导和帮助。因此,地方政府应结合本地区情况,出台一些鼓励和扶持农民专业

---

① 杜吟棠:《合作社:农业中的现代企业制度》,江西人民出版社,2002年9月,第36页。

合作组织的政策措施，切实将农民专业合作社法的精神落实到农民群众之中。

（3）推广先进适用的农业技术，重建农业技术推广组织体系。西方国家发展现代农业的一条重要经验，就是高度重视农业技术研究，有效推广先进、适用的农业技术，以保证现代农业发展的技术支撑，也是这些农业大国具有强大农业竞争力的重要原因。与发达国家相比较，虽然中国农业科技贡献率已经提高到49%，但是，远低于发达国家高达70%的水平。中国不仅农业技术研究投入相对较少，而且研究成果转化更是效率低下，不仅造成科研成果的浪费，而且直接影响了农产品单产和品质的提高。其中，一个重要原因就是中国农业技术推广服务系统已严重受损，在不少地方农业技术推广系统被称为"人散网破"。一些县农业局虽然还有农业技术推广站的牌子，但是，由于人员少、经费几乎没有，根本无法开展正常的农业技术推广，农民遇到虫害、自然灾害等困难和问题时，不能及时得到有效的帮助和指导，更谈不上事先做好预防工作。

保证中国粮食等主要农产品的有效供给，必须根据人均耕地资源不足的现实，加快农业技术向农业生产率的转化。首先，农业院校和科研部门要深入农业生产，针对农业生产中存在的重要问题开展科研活动，理论联系生产实际，促使农业技术研究具有现实意义；其次，重新建立农业技术推广体系，保证机构正常运作的人员经费和工作经费。通过业绩考核、奖励等方式，激励农业技术人员为农民提供帮助和服务，包括农业科技培训、技术咨询等多项服务，充分发挥农业技术推广服务体系的重要作用。实践证明，农业技术推广服务体系的削弱或瘫痪，是以阻碍中国农业生产率和农业竞争力的提高为代价；再次，在国家持续加大农业投资、加强粮食等重要农产品有效供给的前提下，我们应该调整观念和思路，更多地将农业技术推广看作是国家投资的公共产品，相应地调高财政支持农业技术的力度，而不应该过分地强调是市场运作下的产物。

（4）加快农产品出口行业组织建设，提升农产品国际竞争力。行业组织的管理水平是一个国家市场经济成熟度的重要标志。发达国家的行业商会、协会与政府部门相配合，在农产品生产和管理中发挥了重要作用。这些行业组织通过自我服务、自我管理、自我监督等方式，使企业行为符合国家法律、政策和社会公众的要求，行业管理组织成为社会参与企业管理的一种重要方式。与发达国家比较，中国行业管理组织发育不足，特别是许多行业组织仍是官办机构或官方派出机构，由于这些行业组织不是真正由企业发起的，其权威性和认可度较低，所以，中国行业组织对农产品外贸企业的管理作用十分有限。随着我国加入WTO，特别是当时有关部门对农产品出口权实行普惠制，即基本上不设立技术门槛，从而导致农产品出口企业大量增加，其中包括企业管理、检测设备、生产基地等方面条件较差的小企业，这些企业的一部分产品达不到进口国对农产品质量安全性的要求。在这种情况下，中国质量监督管理部门承受了巨大的压力，但又不能从根本上解决问题。由此可见，随着中国市场经济发展和对外开放加快的情况下，要大力促进行业组织的发育和发展，替代计划经济时期政府管理的部分职能，形成政府监管、行业管理和企业自律的管理模式，以适应市场经济条件下的发展要求。加强对农产品质量安全性的管理，已成为提升农产品国际竞争力的重要环节。

　　（5）加强农民教育培训工作，提高农业劳动力的科学文化素质。发展现代农业需要大力提高农民的文化科技知识水平。新中国成立后，特别是改革开放以来，中国农村教育事业发展很快，农民的文化素质得到提高，但是与建设社会主义新农村的目标相比，与发展现代农业的要求相比，特别是与西方农业强国相比，中国农民的文化科技知识还有待于大幅度提高。根据有关资料[①]，截至21世纪初，我国农业院校培养了130万大中专毕业生，已有80多万人离开了农业，只有40多万人留在农业系统，而真正在农业第一线的只有15万人。中国每个乡镇平均只有0.6个农业技术员，每万亩耕地只有2名技术员，每7000头牲畜只有1名技术员。农民中经过专业技术教育的很少，经营土地的农民基本情况是年龄大、文化低、妇女多，被人戏称为"38（妇女）61（儿童）70（老人）部队"。由于农业劳动力素质不理想，这不仅制约了农业生产率的提高，而且制约了农产品质量安全性的提高。

　　健全和完善农村教育体系，提高农民文化科技素质，需要加强几方面工作：一是坚持面向市场、面向就业的原则，大力发展农村职业教育。特别是要考虑在初中毕业后无法升入高中的农村学生，可以通过调整农村教

---

① 焦守田：《培养现代农民》，中国农业出版社，2004年12月，第40页。

育结构，继续主要学习农业与农村发展所需要的专业知识，培养新一代有知识的农业劳动者；二是大力发展具有针对性的农村成人教育。根据农村发展的实际需要，通过教育部门、农业部门和科技协会等系统，开展多种形式的成人教育，以适应现代农业发展的要求；三是注重与农业生产实际相结合，提高农民参加教育培训的积极性和主动性。

（6）加强农业基础设施建设，确保主要农产品有效供给。通过农业基础设施建设提高农业综合生产能力，是确保国家粮食安全和主要农产品有效供给的重要保证。农业基础设施建设主要包括：大规模实施土地整治，加快中低产田改造；加强农田水利和生态建设，加快大中型灌区、排灌泵站配套改造、水源工程建设；鼓励农民购买农机具，加快推进农业机械化；加强良种繁育体系建设，发挥农业科技的支撑作用；推广节水灌溉技术，搞好旱作农业示范工程；加强农产品批发市场网络建设，逐步完善农产品物流系统；完善农村电网工程建设，为新农村建设提供动力支持；加快农村公路建设（特别是乡村道路建设），形成方便有效的农村交通网络等。近几年来，国家财政对农业支持的力度不断增大，极大地改善了农业基础设施建设的条件。地方政府应加强对农业基础设施项目的选择和管理，国家有关部门应加强对在建项目的监督和审计，防止建设项目资金被挪用、浪费和腐败现象的产生，确保国家财政投入能够有效地形成农业综合生产能力，提高我国主要农产品有效供给水平，提高我国农业竞争力。

2. 中国参加新一轮农业谈判的对策建议

中国不仅是 WTO 的成员，而且是世界上具有相当影响力的发展中大国、农产品贸易大国，又是新加入 WTO 成员，这些特殊性、多重性决定了中国农业谈判策略的重要性和多层次性。这里，作者仅谈一些个人看法和建议。

（1）进一步完善中国农业发展长期战略。一是把我国农业发展放在农业国际竞争的大背景下统筹考虑，综合分析我国农业资源的优势和潜力，以及我国农业生产组织方式的优势和劣势，特别是与人民生活密切相关的农业品种分产业的发展趋势，发挥我国农业产业优势，不断提高农业竞争力。二是把农业对外开放置于国家改革开放的大背景下统筹考虑，农业谈判往往成为国家之间经济外交一揽子议题统筹解决方案的一部分，有时不得不服从国家政治和外交的需要。但是，我们要认真做好农业谈判研究，准确地对新一轮农业谈判中有关农业问题进行定位，不仅是农业谈判的立场、提案要服从农业发展的长远战略思路，而且对农业谈判中某些迫不得已的让步，也应该进行科学的评估并制定有关补救措施，以免造成对农业和农村发展不利的后遗症。

（2）构建和完善中国农业谈判的理论支柱。日本、美国等主要成员的国际经验表明：在新一轮农业谈判中，农业谈判的理论支柱作用十分显著，表现为逻辑性、指导性、完整性和严谨性。理论体系将农业谈判内容归结为一条主线，使许多不同部分之间的逻辑关系明确；理论具有高度提炼和概括性，对具体策略和新问题具有一定的指导性，并使农业谈判应对策略趋向完整和严谨。与日本、美国等发达国家相比，中国农业谈判的理论体系很不完整。例如，中国经常在新一轮农业谈判中强调两点，即关注新成员的利益和维护发展中国家的利益，但是，由于缺乏相关的理论阐述，在出现新成员利益被边缘化或发展中国家之间利益不一致时，我们在实际工作中就难以把握。没有正确的理论指导，就可能发生政策不连贯或随意性，甚至出现被动的局面。由此可见，创建符合中国国情并反映国家利益的理论体系，可以说是在新一轮农业谈判中认真贯彻落实科学发展观的重要体现。

（3）坚持中国的基本立场并保持适当的灵活性。WTO成员来自于众多的国家和地区，不仅各自的利益要求、谈判提案内容差异很大，而且各自的关注点和策略都会因具体谈判问题发生较大变化，所以，中国坚持基本立场与灵活性相结合，具有十分重要的意义。中国是发展中的人口大国，发展中国家要求发达国家尽快消除其扭曲的农业政策，符合中国农业发展的利益。中国作为一个农产品贸易大国，近10多年以来，农产品对外贸易发展迅速，既有农产品出口也有农产品进口，日本、韩国和欧盟消除贸易保护对中国农业发展具有重要影响，美国削减国内支持也对中国农业发展具有重要影响。从总体上讲，中国应与发展中成员结成利益集团，坚持维护发展中国家的利益，积极开展与发达国家的对话和协商，争取WTO给予发展中国家较多的优惠。同时，G20集团内部成员的利益并不一致，有些发展中国家基本上实行贸易保护主义政策，习惯于运用高关税、反倾销和反补贴措施等手段限制进口农产品，包括中国在内的其他发展中国家也受到某些限制，这与中国坚持对外开放的基本立场不一致。因此，在一些具体谈判问题上，中国应考虑与相同利益的国家或集团开展合作，加强自身谈判的力量，争取更多的国家利益。

（4）利用有利地位进一步发挥中国的重要作用。中国既是发展中国家，又是世界上具有相当影响力的国家；中国不仅一贯主张维护发展中国家的利益，而且是开放程度较高的发展中国家，同时在国际事务中与主要西方国家保持良好的沟通和对话；中国既不是国际农产品贸易的主要净进口国、主要净出口国，也不是具有大量国内支持和农业补贴的国家。虽然中国是WTO新成员，但是中国加入WTO时，已经承担了一些超过老成员的削减任务；虽然中国农产品平均关税高于某些发达成员，但是，低于WTO大部分成员。这种情况使中国在新一轮农业谈判中处于比较灵活的地位，一方面可以与发展中国家一起，有条件地在谈判中加强对发达国家施加压力，促使其推进WTO农业改革；另一方面可以发挥某种协调人的作用，加强在主要国家及集团之间的磋商和协调，力争走出新一轮农业谈判僵局的困境，为推动农业谈判作出贡献。与此同时，中国应在认真研究农业改革的基础上，独立地提出全面的谈判建议，逐步取得在谈判中的主动权和话语权，扩大中国在WTO中的影响力。

（5）借鉴国外成功经验，推动中国改革开放发展。加入世界贸易组织，既是中国融入全球经济一体化潮流的过程，也是我们学习和借鉴国际经验，继续深化改革开放的过程。本书前文曾提到一些西方国家注重理论联系实际，不仅将理论创新成功地运用到新一轮农业谈判之中，而且更重要的是体现在国家制度安排上，保证充分听取专家学者、农民团体，以及其他社会团体的意见和建议，并展开必要的公开讨论和争辩，使农业政策制定具有广泛的社会基础，并对可能出现的问题和矛盾具有充分的估计和准备，这些都是值得我们学习和借鉴。新一轮农业谈判关系到未来中国农业的发展，有关部门应该尽可能多听取各方面的意见，特别是专家学者、农业企业和农民团体的意见，使农业政策和谈判方案具有科学性、有效性和可操作性。

主要参考文献

1. 农业部农产品贸易办公室编《新一轮农业谈判研究》，中国农业出版社，2003年5月。
2. 农业部农产品贸易办公室编《新一轮农业谈判研究》（第二辑），中国农业出版社，2004年5月。
3. 农业部农产品贸易办公室编《新一轮农业谈判研究》（第三辑），中国农业出版社，2005年8月。
4. 农业部农业贸易促进中心编《WTO新一轮农业谈判框架协议解读》，中国农业出版社，2005年4月。
5. 薛荣久、樊瑛等著《WTO多哈回合与中国》，对外经济贸易大学出版社，2004年7月。
6. 农业部农产品贸易办公室编《中国农产品贸易发展报告》（2006），中国农业出版社，2006年8月。
7. 农业部农产品贸易办公室编《中国农产品贸易发展报告》（2007），中国农业出版社，2007年7月。
8. 农业部农产品贸易办公室编《中国农产品贸易发展报告》（2008），中国农业出版社，2008年10月。
9. 倪洪兴著《非贸易关注与农产品贸易自由化》，中国农业大学出版社，

2003 年 3 月。

10. 彼得·辛格著《动物解放》，青岛出版社，2004 年 9 月。
11. 尹成杰著《粮安天下》，中国经济出版社，2009 年 1 月。
12. 曹菡艾著《动物非物——动物法在西方》，法律出版社，2007 年 11 月。
13. 保罗·克鲁格曼、茅瑞斯·奥伯斯法尔德著《国际经济学》（第四版），中国人民大学出版社，1998 年 11 月。
14. 翁鸣、陈劲松等著《中国农业竞争力研究》，中国农业出版社，2003 年 11 月。
15. C. 弗雷德·伯格斯坦主编《美国与世界经济——未来十年美国的对外经济政策》，朱民等译，经济科学出版社，2005 年 9 月。
16. 王勇著《中美经贸关系》，中国市场出版社，2007 年 6 月，第 260 页。
17. 胡国成、韦伟、王荣军著《21 世纪的美国经济发展战略》，中国城市出版社，2002 年 1 月。
18. 焦守田著《培养现代农民》，中国农业出版社，2004 年 12 月。
19. 赵昌文著《欧盟共同农业政策研究》，西南财经大学出版社，2001 年 10 月。
20. 秦富、王秀清、辛贤、何秀荣等著《国外农业支持政策》，中国农业出版社，2003 年 5 月。
21. 李秉龙、乔娟、王可山著《WTO 规则下中外农业政策比较研究》，中国农业出版社，2006 年 3 月。
22. 张海冰著《欧洲一体化制度研究》，上海社会科学院出版社，2005 年 10 月。
23. 韩锋、刘樊德主编《当代澳大利亚》，世界知识出版社，2004 年 3 月。
24. 刘樊德著《澳大利亚东亚政策的演变》，世界知识出版社，2004 年 11 月。
25. 蓝海涛著《国际农业贸易制度解读政策应用》，中国海关出版社，2002 年 8 月。
26. 金永丽著《印度农村发展道路探索》，中国农业出版社，2006 年 5 月。
27. 董运来著《WTO 框架下中印农业贸易政策比较》，中国社会科学出版社，2008 年 7 月。

28. 中国社会科学院农村发展研究所、国家统计局农村社会经济调查司著《中国农村经济形势分析与预测》(2006-2007)，社会科学文献出版社，2007年4月。
29. 中国社会科学院农村发展研究所、国家统计局农村社会经济调查司著《中国农村经济形势分析与预测》(2007-2008)，社会科学文献出版社，2008年4月。
30. 关于20国集团有关基本情况的报告（内部）。
31. 程杰、武拉平：《G20集团多哈回合农业谈判的最新立场》，《世界农业》2008年第3期。
32. 赵妍洁（译）、刘健男（校）：《一份谈判提案的诞生——印度参与多哈回合农业谈判的国内协调机制》，《WTO经济导刊》2007年第5期。
33. 滕家国：《论乌拉圭回合对国际农业贸易的影响》，《武汉大学学报哲学社会科学版》1998年第3期。
34. 常文娟：《新一轮农业谈判中发展中国家的立场分析》，《国际贸易问题》2002年第5期。
35. 王东林、文富德：《世界贸易组织与印度经济发展》。
36. 张淑兰：《WTO与印度的农业发展——全球化背景下印度的农业战略对策》，《南亚研究季刊》2002年第2期。
37. 王凯圆、庞玉良：《WTO新一轮农业谈判主要议题和各方主要观点》，《世界农业》2002年第7期。
38. 董运来、杨志宏：《印度农产品市场准入：分析及借鉴》，《当代亚太》2007年第2期。
39. 农业贸易促进中心：《WTO新一轮农业谈判框架协议》，2005年1月20日。
40. 翁鸣：农业部委托课题《中日韩农产品贸易比较及市场分析》，2004。
41. 农业贸易促进中心：《七月框架协议评析——农业谈判的选择》，2005年9月20日。
42. 农业贸易促进中心：《巴黎WTO小型部长会议G10部长宣言》，2006年5月11日。
43. 胡伟：《澳大利亚农业促进政策与措施研究》，《世界农业》2006年11期。

44. 朱述斌等：《澳大利亚畜产品质量保证制度及对中国畜产品质量保证制度建设的启示》，《中国农村经济》2004 年第 4 期。
45. 服部信司著《WTO 农业交涉——农政改革与 WTO 提案》（日文），日本农林统计协会，2004 年 10 月。
46. 《21 世纪日本农政大改革》（日文），日本农业新闻社，1999 年 8 月。
47. 日本农林水产省 WTO 办公室编《WTO 农业谈判——日本提案》（日文），2005 年。
48. 日本农林水产省 WTO 办公室编《WTO 农业交涉的状况》（日文），2005 年 9 月。
49. 日本农林水产省统计部编《农林水产统计》（日文），2005 年。
50. 应和邦昭编著《食品与环境》（日文），东京农业大学出版社，2005 年 9 月。
51. 日本《粮食·农业·农村基本法》（日文），1999。
52. 日本农协中央编《WTO 农业交涉现状与课题》（日文），2004 年 5 月。
53. Draft General Council Decision of 31 July 2004, WT/GC/W/535, WTO.
54. Merlinda D. Ingco, Editor. 2003. Agriculture, Trade, and the WTO in South Asia. The World Bank Washington.
55. Chairperson's working documents November 2007 - January 2008, WTO.
56. Chairperson's texts 2007, WTO.
57. Stocktaking of Australian Agriculture and Food Sector, Prepared by DAFF, Australian Government, 2005.
58. AT A GLANCE/ 2007, Australian Government Department of Agriculture, Fisheries and Forestry.
59. The Agricultural Situation in the EU, Report (2004), European Commission.
60. Agriculture Chair's 2007 revised draft 'modalities', WTO.

后　记

在对外开放和经济全球化的格局下，新一轮农业谈判与中国农业的关系非常密切，无论多哈回合农业谈判进展如何，我们都要认真研究世界农产品贸易发展趋势，为中国农业发展争取公正、公平和良好的国际环境进行不懈努力。新一轮农业谈判涉及150多个国家（地区）以及大量具体问题，这造成了课题研究的难度。从新一轮农业谈判的主要矛盾和焦点分歧来研究主要成员国（集团）的谈判立场和观点，以及从主要成员国（集团）的基本情况和战略思想来研究新一轮农业谈判的发展趋势，这是一项崭新的、开拓性的研究课题。

我们是在无数困难中开始研究工作，由于这项课题的挑战性、前瞻性、学术价值和现实意义实在令人动心，值得我们冒险去探索这块有待开发的学术领域。本书是在中国社会科学院重点课题《新一轮农业谈判问题研究》和农业部有关课题成果的基础上，吸收了通讯评审专家和所学术委员会的意见，经过补充和修改有关章节，最后完成了本书的写作。

回顾数年来的课题研究，我们有过艰苦和曲折，甚至是苦恼，但最后是收获的欣慰和喜悦，本项研究经过国内一流专家学者评审，其结论为良好，这既是课题组付出艰辛努力的结果，也是社科院、农业部支持和许多领导、同志们帮助的结果。我们在课题研究和本书写作过程中，得到了所领导张晓山、李周、杜晓山，以及所学术委员们的支持、指导和鼓励，得到了宏观室各位同事和科研处同志的帮助，我们表示衷心地感谢。

在课题研究过程中，农业部有关部门领导钱克明、倪洪兴、刘北桦、左常生，以及彭廷军、韩一军、秦天放等同志曾给予支持和指导；著名WTO农业专家程国强、谭向勇、田维明等给予指导；评审专家不仅对我们研究工作给予肯定，而且提出了一些宝贵意见和建议；社科院国际合作局陈振声同志提出了不少有益建议。对于这些领导和专家的支持和帮助，我们表示真诚地感谢。社科院科研局成果处张国春同志和社科文献出版社王绯、徐逢贤同志对本书出版给予了支持和帮助，我们表示谢意。

本项研究包括一些主要国家农业谈判提案的现实基础及政策基础，农业谈判战略思想及其理论支撑等，我们需要通过与国外学术团体、学者、官员的交流和探讨，了解和把握有关重要内容。为此，我们得到了社科院国际合作局、日本国际交流基金、东京农业大学、澳大利亚驻华大使馆、日本农林水产省农业谈判办公室、澳大利亚Flinders University、美国农业部经济研究局等机构的支持和帮助，我们表示感谢。

作为课题主持人，我还要感谢直接参与本课题研究工作的几位同志。陈劲松同志参与了课题提纲的讨论和确定；彭廷军同志撰写了美国农业谈判的背景资料，他的精彩观点被本书吸收；罗万纯、兰明昊等同志耗费了许多精力，收集和计算了有关农产品贸易数据；兰明昊还参与了第九章草稿的撰写。虽然全书基本上由我撰写，但是，如果没有课题组成员的共同努力与团结合作，我是难以完成这项工作量巨大的研究任务。

另外，我们参考了许多专家学者的论文、著作，其中包括在互联网上发表的文章。书中参考或引用的数据和资料尽可能注明来源，但也有一些地方难以一一注明。这里，对所有提供资料来源的作者、出版单位和网站表示感谢。

还需要指出的是，由于研究对象的庞大、复杂和多变的特点，尽管我们竭尽全力做好研究工作，但是仍然无法做到及时收集WTO主要成员的全部材料，也无法在同一时间截面上掌握全部动态。我们只能掌握一些基本情况和某些有价值的材料，从整体上把握主要成员农业谈判的战略思想和主要目标。

虽然我们完成了这项课题研究任务，但是相关研究工作还远远没有结束，不少问题需要进一步深入研究。我们深感：这项研究工作还刚刚开始，应该继续努力。

中国社会科学院农村发展研究所

翁　鸣

2009 年 5 月 28 日

社会科学文献出版社网站
www.ssap.com.cn

1. 查询最新图书　　2. 分类查询各学科图书
3. 查询新闻发布会、学术研讨会的相关消息
4. 注册会员，网上购书

本社网站是一个交流的平台，"读者俱乐部"、"书评书摘"、"论坛"、"在线咨询"等为广大读者、媒体、经销商、作者提供了最充分的交流空间。

"读者俱乐部"实行会员制管理，不同级别会员享受不同的购书优惠（最低7.5折），会员购书同时还享受积分赠送、购书免邮费等待遇。"读者俱乐部"将不定期从注册的会员或者反馈信息的读者中抽出一部分幸运读者，免费赠送我社出版的新书或者光盘数据库等产品。

"在线商城"的商品覆盖图书、软件、数据库、点卡等多种形式，为读者提供最权威、最全面的产品出版资讯。商城将不定期推出部分特惠产品。

咨询/邮购电话：010-59367028　　　邮箱：duzhe@ssap.cn
网站支持（销售）联系电话：010-59367070　　QQ：168316188　　邮箱：service@ssap.cn
邮购地址：北京市西城区北三环中路甲29号院3号楼华龙大厦　社科文献出版社市场部　邮编：100029
银行户名：社会科学文献出版社发行部　　开户银行：工商银行北京东四南支行　　账号：0200001009066109151

图书在版编目（CIP）数据

迷局背后的博弈：WTO 新一轮农业谈判问题剖析/翁鸣著.
—北京：社会科学文献出版社，2009.8
ISBN 978 - 7 - 5097 - 0928 - 3

Ⅰ.迷… Ⅱ.翁… Ⅲ.世界贸易组织 - 农产品 - 国际贸易 - 贸易谈判 - 研究 Ⅳ.F743 F746.2

中国版本图书馆 CIP 数据核字（2009）第 118090 号

迷局背后的博弈
——WTO 新一轮农业谈判问题剖析

著　　　者 / 翁　鸣
出 版 人 / 谢寿光
总 编 辑 / 邹东涛
出 版 者 / 社会科学文献出版社
地　　　址 / 北京市西城区北三环中路甲 29 号院 3 号楼华龙大厦
邮政编码 / 100029
网　　　址 / http://www.ssap.com.cn
网站支持 / (010) 59367077
责任部门 / 社会科学图书事业部 (010) 59367156
电子信箱 / shekebu@ssap.cn
项目经理 / 王　绯
责任编辑 / 徐逢贤
责任校对 / 丁新丽
责任印制 / 郭　妍　岳　阳　吴　波

总 经 销 / 社会科学文献出版社发行部
(010) 59367080　59367097
经　　销 / 各地书店
读者服务 / 市场部 (010) 59367028
排　　版 / 北京中文天地文化艺术有限公司
印　　刷 / 北京季蜂印刷有限公司

开　　本 / 787mm×1092mm　1/16
印　　张 / 14.25　字数 / 226 千字
版　　次 / 2009 年 8 月第 1 版　印次 / 2009 年 8 月第 1 次印刷
书　　号 / ISBN 978 - 7 - 5097 - 0928 - 3
定　　价 / 38.00 元

本书如有破损、缺页、装订错误，
请与本社市场部联系更换

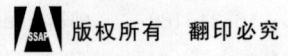

版权所有　翻印必究